유럽 중세교회의 향연 1

11세기 교황 그레고리우스 7세의 개혁을 중심으로

The Western Church in the Middle Ages 1
: The Pope Gregory VII' Reform of the Eleventh Century

유럽 중세교회의 향연 1

11세기 교황 그레고리우스 7세의 개혁을 중심으로

이 영 재 지음

혜안

책을 펴내며

왜 중세 교회인가? 본 연구는 유럽 중세의 장구한 천년의 역사 속에 갇혀 그 무게만큼이나 무겁게 짓눌린 중세 교회에 대한 이미지를 새롭게 조망해보려는 작은 시도에서 시작하였다. 본서의 책명『유럽 중세교회의 향연』에서도 드러나듯이, 중세 교회의 칙칙하고 어두운 이미지보다는 교회에서의 흥겨운 잔치를 연상시킨다. 이는 진실로 교의적으로는 예수 그리스도의 만찬인 성체성사가 이루어지는 친교의 식탁 공동체에서 비롯되어, 우리네 동네에서의 사람들의 출생으로 인한 돌잔치(세례성사), 성장하여 혼인 잔치(혼인성사), 아프거나 죽어서 장례식을 하는 곳(병자성사)이 바로 중세의 교회였다. 생로병사 인간사의 중요한 모든 일들과 때로는 개혁이, 때로는 갈등이 표출되는 살아 숨쉬는 역동적인 교회의 모습을 그리고자 함이다.

중세 교회는 그야말로 현재의 유럽이라 할 수 있는 그 방대한 지역을 하나의 조직체로 엮어내어 통합적인 단일 정신문화를 일구었다. 배타적인 지방분권적인 봉건제가 진행되는 과정 속에서 로마 교회는 그 중심에 서서 유럽 전체를 아우르는 하나의 거대한 조직체로 발전하였다. 이는 지도부인 교황청에 대규모의 탁월한 식자층인 성직자들과 수도승들이 있었기에 가능한 일이었다고 볼 수 있다. 점차 교회 조직이 거대해지면서 교황들 역시 법률가 출신의 교황들이 속출하였다. 12세기 대학이 성장하면서 볼로냐 대학에서 법학을 연구한 많은 성직자와 수도승들이 교회에, 속인들은 군주 및 세속제후들의 법정에 진출하게 되었다. 이는 12, 13세기 유명한 대다수의 교황들이 바로 법률가 출신의 교황들이었고, 14세기 교황청을 아비뇽으로 이전한 이후 7명의 아비뇽 교황들 가운데 한 사람을 제외한 6인 모두가 법률가 출신이었다는 점에서도 명백히 드러났다. 세속군주 측에서도 14세기에 프랑스 군주 필립 4세의 후원으로 속인 법률가 집단들이 성장하여 군주권의 주장에 힘을 실어주었다. 교권과 속권 모두에서의 이러한 법률에 관한 활발한 연구와 진전이 유럽 사회를 일찌감치 법률이 지배하는 사회로 진입하게 한 것이 아닐까 생각하며, 특히 이미 12세기부터 교황청의 탁월한 법률가 집단들은 최고 법정인 교황청 법정을 운용하며 유럽 전역에 영향력을 미치고 법률(교회법)에 의한 통치를 시도하고 있었다. 이 점이 중세 교회의 중요한 기여의 한 부분이 아닌가 생각해본다. 유럽 사회가 이러한 방향으로 나가는 데 11세기 교황 그레고리우스 7세의 개혁은 매우 의미있는 출발이었다.

본서는 유럽 중세 교회에 관한 시리즈물로 권1과 권2로 간행될 것이다. 먼저 권1의 책에서는 11세기의 교황 그레고리우스 7세의 개혁을 심도있게 다루었다. 이는 사실 필자의 석사박사학위 주제로서 서구 중세 역사의 한 특징을 이루었던 교권과 속권의 관계를 살펴보는 것이었다. 그레고리우스의 개혁이념인 교황주권론(교황수장제론)은 이후 고중세의 교황들 및 14세기의 아비뇽 교황들도 지속적으로 추구하였던 보편 그리스도교 왕국의 통치이론이었다.

이어지는 권2에서는 제1부 고중세 도시에서 발달한 교회 문화를 살펴보았다. 오늘날 유럽 여행을 가면 유명한 도시들 한가운데에 어김없이 고딕 건축물이 들어서 있는 것을 한눈에 볼 수 있다. 이러한 우뚝 솟은 고딕 대성당에서의 중세인들의 일상생활과 도시의 성자 아씨시의 성 프란체스코와 그의 탁발수사들의 삶을 통해 도시문화의 근간을 살펴보았다. 또한 성 프란체스코의 정신은 시대를 뛰어넘는 인식으로서, 르네상스의 레오나르도 다빈치와 비교해 보았다.

제2부에서는 14세기 아비뇽 교황청을 살펴보았다. 아비뇽이라는 쇠락한 도시로 이전한 교황청은 거의 역사에서 빠지면 좋을 듯한 인상으로, 이 역사에 대한 서술도 매우 적은 분량이다. '무능하고 타락하고 부패된 교회'의 아비뇽 교황청에 대한 새로운 고찰이라고 할 수 있다. 이 연구는 대부분 논문으로 발표된 바 있다. 그리하여 필자는 중세와 근대를 날카롭게 단절시키고 대비시키는 부르카르트적인 역사 해석에 대한 반론으로서, 14세기, 15세기, 16세기를 장기 지속적인 관점에서 살펴본 것이다.

필자가 이러한 연구를 하도록 그동안 학부에서부터 대학원 석사와 박사학위까지 서양사에 대한 관심을 특히 중세사와 정치사상사의 길로 이끌어주시고 지도편달해 주신 지도교수님이셨던 박은구 교수님께 깊이 감사드린다. 중세사에 대한 명확한 개념과 폭넓고 예리한 시각을 지니신 정치사상가이신 선생님의 그 깊이와 폭에 늘 압도되었다. 또한 프랑스 근대 시민혁명사로 날카로운 비판의식과 도전정신을 일깨워주시고 인간적 소탈함을 보여주신 김인중 교수님께도 감사드린다. 이 분들의 학문적 담금질에 거의 지옥훈련을 했던 석박사 시절이 떠오른다. 매번 방학 기간도 거의 없다시피 영어와 서양사와 씨름하며 자신의 한계에 부딪쳤던 아픈 시간들이 지나갔다. 당시는 힘들었지만 이런 과정들이 필자를 성장시키는 자양분이 되었고, 이 어려운 학문을 포기하지 못하게 했던 이유이기도 했다.

또한 미국 시카고의 로욜라 대학교의 클루니 수도원의 세계적인 권위자이신 바바라 로젠바인B. Rosenwein 교수님의 학문적 깊이와 당시 대학원 학생들을 담당해주신 에렌버르 루이스E. Lewis 교수님와 수잔 H. Susan 교수님 부부의 따뜻한 배려와 보살핌은 참으로 감동적이어서 아직까지도 잊을 수가 없다, 이후 포닥 연수를 하였던 영국의 리즈 대학교 중세연구소IMS의 소장이신 리처드 모리스R. Morris 교수님의 중세 그리스도교적 고고학자로서의 폭넓은 시각과 영국의 현장답사는 그야말로 지금도 생생하게 떠오르는 중세사를 각인시키는 시간이었다,

그리고 지금까지도 항상 후원해주시고 거의 맹목적인 신뢰와 사랑

을 퍼부어주신 저희 어머니와 가족들에게 감사드린다.

끝으로 이러한 시리즈 책이 나올 수 있도록 출판을 허락해주신 도서출판혜안의 오일주 사장님과 김태규 실장님, 김현숙 편집장님께도 깊이 감사드린다. 이 분들의 노고로 항상 주옥같은 책들이 나오고 있어 인문학에 힘을 실어주고 계시는 것 같다. 하느님의 가호로 무궁한 발전을 기원하며.

상도동에서

이 영 재

글 싣는 차례

책을 펴내며 5

서 론 15

1. 그레고리우스 7세에 대한 평가 16
2. 문제 제기 27

제1장 교황 그레고리우스 7세의 시대와 삶 31

1. 힐데브란드Hildebrand의 생애 32
   1) 성장기 32
   2) 교황 특사기 35
   3) 대부제Archdeacon 시기 38
      (1) 교황 니콜라스 2세 시기의 활동(1059-1061) 39
      (2) 교황 알렉산더 2세 시기의 활동(1061-1073) 42
      (3) 힐데브란드의 대외 관계 46
   4) 교황 재위기(1073-1085) 48

2. 추구한 정신적 이상들 52
   1) 자애심charity 53
   2) 복종*obedientia* 55
   3) 정의로움*iustitia* 57

제2장 개혁 사상의 토대 61

1. 성직자정치론 61
   1) 성직자정치이론의 형성 62
   2) 카로링조의 군주-사제*rex et sacerdos* 이론 75

3) 성직자정치론의 성격 79

2. 클루니 수도원의 개혁운동 82

1) 수도원의 규율 83

(1) 베네딕트 규율 83

(2) 성 오도의 개혁이념 87

2) 수도원의 불입권Immunity 93

3) 수도원의 면제권Exemption 98

제3장 그레고리우스 7세 개혁 107

1. 교황주권론의 형성 107

1) 교황주권론의 구조 107

2) 「*Dictatus Papae*」 분석 115

(1) 「*Dictatus Papae*」 115

(2) 교황주권론의 사상사적 의미 122

3) 교황령 127

(1) 교황령의 성장 127

(2) 교황청의 세입원 132

2. 교황주권론의 실천 : 서임권 투쟁 137

1) 신성로마제국의 상황 137

(1) 성직자 개혁 137

(2) 군주권의 한계 143

(3) 작센 전쟁(1073-1075) 148

2) 교황권과 세속권의 갈등 150

(1) 서임권 투쟁 150

(2) 제후들에 의한 대립군주의 옹호 158

(3) 교황 그레고리우스 7세의 입장 162

3) 교회 개혁운동의 진전 167
(1) 수도승 및 수도 참사원 167
(2) 세속인들 174

제4장 교황 수장제 교회정부의 실체화 187

1. 추기경 제도 188
1) 개혁 교황좌 시기(교황 레오 9세-1073) 188
(1) 로마귀족 가문의 영향 188
(2) 1059년의 교황선출 법령 192
(3) 교황 그레고리우스 7세의 선출 194
2) 그레고리우스 7세 시기의 변화 197
(1) 주교급 추기경 197
(2) 사제급 추기경과 부제급 추기경 202
(3) 추기경단의 탄생 207

2. 로마 시노드Rome Synod 212
1) 사순절 시노드의 정례화 212
2) 시노드 참석자들 215
3) 시노드의 주요 의제 218
4) 토론에 의한 방식 221

3. 교황청 특사Papal legates 225
1) 특사직의 세 유형 226
2) 특사의 임무 229
3) 대주교들과의 갈등 231
4) 그레고리우스와의 소통 236

제5장 그레고리우스 7세의 현실 인식론 239

1. 로마 보편 교회론 241
   1) 순례지 로마 241
      (1) 성유물의 보고인 성 라테란 성전 242
      (2) 성 베드로 성전 245
   2) 로마 교회와 성 베드로의 관계 248

2. 속죄 규정 252
   1) 1078년 11월 시노드 253
   2) 1080년 사순절 시노드 255

3. 성전론 256
   1) 성전 이념의 발달 257
   2) 교회에서의 모호한 태도 260
   3) 동방교회와의 관계 261

제6장 군주 하인리히 4세(1050-1106)의 진영 265

1. 하인리히(잘리에르조)의 통치방식 265
   1) 제국교회의 위상 고슬라Goslar 265
   2) 왕위 승계방식 269
   3) 하인리히의 통치전략 273

2. 독일에서의 '신의 평화' 운동 276
   1) 왕실주도의 평화 운동 276
   2) 제국의 평화 277

3) 유대인 보호 정책 280

3. 하인리히의 인간적인 면모 284
1) 경건하고 후원하는 군주 285
2) 융통성과 지연 작전 287
3) 불운한 말년 288

맺음말 293

부록 약어표 304
참고문헌 306
찾아보기 314

서 론

최근의 바티칸 뉴스에서는 프란체스코 교황이 이른바 '교황청의 대대적인 개혁'을 곧 단행할 것이라고 보도했다.[1] 2000년대라는 새로운 두 번째 밀레니엄이 시작한 지 20년이 지나가는 시점에서 교회는 또다시 급격하게 변화하는 사회 환경에 맞추어 새로운 변화를 요구받고 있다고 진단한 것이다. 교황 그레고리우스 7세Gregory VII(1015?-1085)가 생존했던 11세기에도 새로운 첫 번째 밀레니엄 시기로 접어들면서 클루니 수도원이 추구했던 세기말적인 종말론의 비전보다는 천년왕국이라는 새로운 사회가 도래할 것이라는 강한 기대감이 퍼져가고 있었다. 또한 한편에서는 봉건제가 정착되고 상업이 재개되며, 전반적인 인구 팽창과 더불어 농업혁명에 의해 농업 생산성이 크게 향상되었다. 그야말로 이 시기는 유럽이라는 새로운 사회적 틀을 갖추어 나가고 있던 때라고 볼 수 있다.

9세기에 유럽은 이미 대륙은 물론 영국을 포함하여 스칸디나비아 반도에 이르기까지 그리스도교가 전파되어 '그리스도교 공화국'을 형성하고 있었다. 그러나 아직 교황권이 성장하지 못하였기 때문에 이러한 거대한 지역을 하나의 보편종교로 통합하기는 어려웠다. 당시의 교황들은 여전히 신성로마제국의 황제의 힘 혹은 이탈리아 지방 귀족들

1) 가톨릭 평화방송, 2020년 8월 3일 뉴스, 새 교황령 '복음을 선포하여라' 선포 임박.

의 당파에 휘둘리고 있었다. 그러나 교황 그레고리우스 7세의 등장은 이러한 힘의 역학 구조에 커다란 변화를 예고하였다. 그가 제시한 새로운 사회상은 그동안 세속권에 의해 좌지우지되던 교회구조를 개혁하여 교황중심적인 정부를 확립하려는 것이었다. 그리하여 그의 교황주권론을 근거로 하는 교회 개혁은 후대 교황들에 의해 지속적으로 추구되는 개혁 프로그램이 되었다. 그렇다면 이러한 개혁을 주도했던 그레고리우스 7세는 과연 어떤 인물이었을까? 필자는 그에 관한 자료를 정리하면서 이른바 '그레고리우스의 바다'라고 칭할 정도의 엄청난 연구 성과를 접하고 중세 유럽사 속에서 그가 갖는 무게를 실감할 수 있었다. '그레고리우스 개혁'을 서구 4대 혁명에 비할 수 있다고 설명한 칸토르 교수[2)]의 지적에 깊이 공감하면서, 먼저 그레고리우스 7세에 대한 학자들의 연구를 통해 그에 대한 접근을 시도해 보도록 하겠다.

1. 그레고리우스 7세에 대한 평가

교황 그레고리우스 7세에 대한 연구는 많은 학자들에 의해 진행되었다. 이들을 대별해 보면 크게 두 유형으로 나눌 수 있는데, 하나는 교권과 속권, 혹은 '서임권 투쟁'이라는 인물보다는 사건 중심의 집단적인 성격으로 파악한 연구경향이고, 다른 하나는 교황 그레고리우스 7세 개인에 대한 연구다.

첫 번째 부류는 교황 그레고리우스 7세의 사상과 행적을 기본적으로 신성로마제국 황제 하인리히 4세와의 '서임권 투쟁'이라는 맥락에서

2) N. Cantor, *Church, Kingship and Lay Investiture in England* (Princeton, 1958), pp.6-9.

파악한 것이었다. 그리하여 이러한 연구들은 그레고리우스 7세의 교황 주권론을 제권에 대한 교권의 투쟁의 산물로 간주하여, 교권과 속권 간의 이론적 투쟁이 성직자 서임이라는 특정 쟁점을 계기로 열전으로 비화하였다고 보았다. 이는 성직 서임이 누구에 의해 행해지는가에 따라 교권과 속권 가운데 실질적 주권자가 결정되었던 만큼, 이는 서로 대립하고 있던 교권과 속권 간의 단순한 이론 대립이 아니라 그리스도교 사회 전체에 대한 패권투쟁이라는 성격을 띠고 있었다는 것이다. 텔렌바흐Tellenbach는 그레고리우스 7세의 투쟁을 '교회의 자유'를 위한 투쟁이라고 생각했으며, "교회의 자유란 성직매매의 짐, 세속인의 성직 서임 및 제국 지배로부터의 자유"[3]라고 주장하였다. 또한 그는 교회 개혁운동이 클루니에서 대부분의 영감을 얻었으나, 많은 측면에서 한 수도원의 자료가 정치적인 힐데브란드 주의의 기원이 되는 것이 부적절한 것처럼 보인다고 지적하였다.[4] 이에 대해 영국의 코주리는 클루니 수도원은 그레고리우스에게 직접적으로 영향을 주었으며, 이는 그레고리우스의 도덕적 지위가 그의 정치적 결과를 확립하였다는 점에 근거한 것으로, 클루니 자신의 실질적인 이득은 교황권력의 팽창과 함께한다는 것이었다. 이러한 근자의 연구[5]는 텔렌바흐의 주장에 도전하는 것으로 클루니 운동의 '교황권주의자' 측면을 재강조하는 것이었다. 당시 신성로마제국의 정부는 위약하였으며 클루니의 영향력이 팽창되어 가던 1050년대 말엽 로마에서는 개혁가들이 첫 번째 승리자들이었으며[6] 밀라노에서는 자발적인 속인 반-성직자 개혁

---

3) Gerd Tellenbach, Libertas. *Kirche und Weltordnung im Zeitalter des Investiturstreites*, (Stuttgart, 1936). tr, by R. F. Bennett, *Church, State and Christian Society at the time of the Investiture Contest*, Studies in Midieval History (Oxford, 1940).

4) *Ibide.*, pp.50-56, 82-85, 166, 186-192.

5) H. E. J. Cowdrey, *The Cluniacs and the Gregorian Reform* (Oxford, 1970).

운동이 진전되었다는 것이었다.[7] 이에 서던R. Southern은 서임권 투쟁이 교회에게 안정 혹은 주교좌 선출에 대한 결정권을 주지 못한 채 종결되었다는 것을 심도있게 주장하여, 카노싸가 교회 승리의 한 상징으로서 영국에서는 유용되지 못했음을 밝혔다.[8] 그러나 서던은 교황 그레고리우스 7세를 교황청의 각각의 행정사와 지성사적인 맥락에서 파악하였다.[9]

한편 프랑스 학자들이 '그레고리우스의 개혁' Gregorian Reform이라는 용어를 사용하면서 그 연구는 교황 그레고리우스 7세의 개혁가적 역사상을 형성하는 데 크게 기여하였다. 특히 플리히Augustin Fliche는 '그레고리우스의 개혁'이라는 용어를 처음 사용하고, 그레고리우스에 관한 많은 양의 전기적 논문들을 집필하는 등 초기의 학문 전통을 세우는 데 이바지하였다.[10] 그의 학문적 태도는 기본적으로 교황 그레고리우스 7세에 대해 찬미적이고 외경적이었다. 그가 "힐데브란드Hildebrand의 성품을 믿음, 경건, 겸손, 인내, 자비, 평화와 정의를 사랑하는 인물"로 그린 것은 그러한 태도를 드러내는 한 예에 지나지 않는다. 이러한

---

6) K. Hampe, *Germany under the Salian*, pp.60-64 ; Tellenbach, Church, State and Christian Society, pp.108-112.

7) H. E. Cowdrey, "Papacy, the Patarenes and the Church of Milan", *TRHS* 18 (1968), pp.25-48.

8) R. W. Southern, *The Making of the Middle Ages* (London, 1953), p.134.

9) R. W. Southern, *Western Society and the Church in the Middle Ages* (Harmondsworth, 1970), pp.101-106.

10) A. Fliche, *Etudes sur la polémique religieuse à l'époque de Grégoire VII ; les Prégrégoriens* (Paris, 1916).

A. Fliche, *Saint Grégoire VII, Les Saints* (Pairs, 1920).

A. Fliche, *La Réform grégorienne*, i-iii Spicilegium Sacrum Lovaniense 6, 9, 16, (Louvain-Paris 1924-1937).

A. Fliche, *La Réform grégorienne et la reconquête chrétienne* (1057-1123). Histoire de l'Eglise depuis les origines jusqu' à nos jours, viii (Paris, 1946).

찬미적 풍조는 플리히를 포함한 20세기 초엽 프랑스의 그레고리우스 연구가들에게 보이는 공통된 특징이었다. 그는 '그레고리우스의 개혁'을 그리스도교 왕국Christendom의 정신적 쇄신을 위한 교황청의 직접적인 운동으로 규정하고, 이를 포괄적으로 그리고 일관성 있게 해명하였다. 10-11세기 서유럽 전역에서 태동한 개혁의 바람은 이탈리아를 중심으로 도덕적 교회 개혁운동으로 진전되었다. 이 운동의 대표자가 피터 다미안P. Damian(1007-1072)과 힐데브란드 등이었고 이 같은 개혁운동은 교황 그레고리우스의 생애 내내 로마 교황청에 영향을 미쳤다. 플리히의 『개혁교황 그레고리우스 7세』라는 논지는 반세기 가까이 거의 도전을 받지 않았다. 이러한 '그레고리우스의 개혁'이라는 학문 전통에 새로이 해석을 시도한 인물이 바로 질크리스트J. Gilchrist였다.[11] 그는 교회법 모음집을 연구하면서[12] 상당 정도의 지속성을 발견함으로써 한 범주로서 '그레고리우스 이전 시기', '그레고리우스 시기', '그레고리우스 이후 시기'로 명명되는 구분들을 순전히 연대기적 구분으로 사용하지 않는다면, 이러한 구분은 수용하기 어렵다는 입장을 취했다.

특히 카비타니O. Capitani는 '그레고리우스의 개혁'이라는 용어가 교황 그레고리우스 7세의 사상과 업적을 지나치게 단순화시킨다고 비판하였다. 그에 따르면 교황 그레고리우스의 개혁운동의 핵심은 그리스도교 사회의 통일성 회복이었고, 이 역사적인 과정은 다양하고 복합적인 현상을 수반하였다.[13] 특히 그는 그레고리우스 7세의 교황주권론을

11) John Gilchrist, "Eleventh and early twelfth century canonical collections and the economic policy of Gregory VII", SG, ix (1972), pp.396-417.

12) John Gilchrist, "Was there a Gregorian reform movement in the eleventh century?", *The Canadian Catholic Historical Association. Study sessions*, xxx vii (1970).

13) Ovidio Capitani, "Esiste un 'età gregoriana'? Considerazioni sulle tendenze di una storiografia medievistica", *Rivista di storia e letteratura religiosa*, i (1965), pp.454-481.

속권에 대한 교권의 지배를 위한 논리로 파악한 플리히의 해석에 의문을 제기하였다. 그에 따르면 그레고리우스 7세의 개혁은 성직 권리의 침해에 대해 반박하는 것이 아니라, 카로링 왕조 분열 이후의 사회 및 정치적 발전과 그것의 통합적 개혁운동을 동일시함으로써 보편적 성직체제를 확립하려는 시도였다.[14] 카비타니에 의해 제기된 수정론을 보다 확대한 재해석이 투베르P.Toubert의 연구였다. 투베르는 경제적, 정치적, 사회적, 지적 역사의 종합을 추구하였다. 즉 교황 그레고리우스의 개혁운동을 교회사의 한 고립된 문제로 한정시키는 것을 거부하고, 이를 10-11세기의 광범위한 경제적, 사회적, 정치적 변화에 대한 개혁적 추구와 결부시켰다. 그러니까 그레고리우스의 개혁이 한 개혁적 교황의 개인적인 주도로 강요된 개혁이 아니었다는 사실을 그는 설득력 있게 제시하였다.[15] 한편 프리드리히 켐프Friedrich Kempf는[16] 그레고리우스의 개혁을 11세기의 다른 개혁운동들의 맥락 속에서 파악한 상세한 연구를 전개하였다.

그레고리우스의 개혁은 유물사관의 입장에서도 연구되었다. 동독의 마르크스주의사가 에른스트 베르너Ernst Werner는[17] 그레고리우스 7세의 목적을 전반적으로 널리 퍼져 있던 계급지배의 구조라는 맥락에서 해석하였다.(21쪽, 25쪽) 그는 그레고리우스의 개혁이 도시와 농촌의 민중운동을 지배하고 지도하기 위해, 그리고 개혁된 교회체제 내에

---

14) Ovidio Capitani, "La riforma gregoriana e la lotta per le investiture nella recente storiografia", *Cultura e scuda, vi* (dicem, 1962-febbr 1963). pp.108-115.

15) Pierre Toubert, *Les Structures du Latium méridional et la sabine du ix à la fin du x ii siècle* (Rome, 1973).

16) Friedirch Kempf, *Handbuch der Kirchengeschichte*, vol. 3. ed. H. Jedin, (Freiburg, 1966) tr. *The Church in the Age of Feudalism* (New York, London, 1969).

17) E. Werner, "Konstantinopel und Canossa. Lateinisches Selbstverständnis im II. Jahrhundert", *SB der Akademie der Wissenschaften der DDR, Gesellschaftswissenschaften*, Jahrgang 1977, 4 (Berlin, 1977), pp.3-35.

성직자를 확고히 통합하기 위해 가난의 이념을 의도적으로 사용하였다고 주장하였다.(16쪽)

두 번째 부류는 교황 그레고리우스 7세 개인에 대한 개별사적 연구경향이다. 이러한 연구 역시 20세기 초엽 일군의 독일인 학자들에 의해 시작되었다. 이들은 교황 그레고리우스 7세를 기본적으로 군국주의자로 파악하였다. 요하네스 할러Johnnes Haller는 그의 논문에서 그레고리우스 7세에 대해 "정치적 측면보다 군사적 측면에 더 관심이 많았으며, 그는 사실상 교회의 전 역사에 비추어 보더라도 정신적인 목적을 추구하기 위해 세속적 무기를 사용한 최초의 교황이었다"고 서술하였다.[18] 그레고리우스 7세의 군사적인 행위들을 십자군과 신성한 전쟁에 대한 서구사상의 발달이라는 맥락에서 파악한 카알 에르드만Carl Erdmann의 연구에서도 유사한 시각을 확인할 수 있다.[19] 이 같은 태도는 당시 독일이 처해 있던 세계대전의 사회적 분위기와도 밀접히 연관되어 있는 듯하다. 또 다른 연구자인 쉬이퍼R. Schieffer는 그레고리우스 7세의 역사적 위대성에 대해 참신하고 설득력 있는 평가를 하였다.[20] 그에 따르면 "그레고리우스 7세는 교회법학자가 아니었으며, 또한 교회법을 발전시키고자 한 야심가도 아니었다. 그럼에도 불구하고 그는 중세 교회법의 황금기를 예고하였다. 이는 그의 교회법적 지식 때문이 아니라, 그의 교회 정치적 행위 때문에 가능했다. 또한 그는 사상적 지평에서 원칙과 논리를 모색한 사람이라기보다는 오히려 확고한 행동주의적

---

18) Johnnes Haller, "Gregory VII und Innozenz III", in *Meister der Politik*, ed. E. Marcks and K. A. L. A. von Müller, i, 2nd edn (Stuttgart, 1923).

19) Carl Erdmann, *Die Entstehung des Kreuzzugsgedankens, Forshungen zur Kirchen und Geistesgeschichte* vi (Stuttgart, 1935), tr, M. W. Baldwin and W. Goffart, *The origin of the Idea of Crudacle* (Princeton, 1977).

20) Rudolf Schieffer, "Gregory VII-Ein Versuch über die historische Größe", *Historische Jahrbuch* xcvii (1978), pp.87-107.

실천적 인물이었다. 그는 특히 신권적 왕위의 개념을 파악하였던바, 그것은 하인리히 4세와 그의 관계를 고의적으로는 아니었다 하더라도 대립적으로 나아가게 하였다"(105-106쪽)고 강조하였다.

한편 맥도날드A. J. MacDonald는 그레고리우스를 평가하면서 "여전히 그의 방법과 정책 속에는 사탄적인 요소가 있다"는 피터 다미안의 당대적 지적을 인용하여 다소 부정적인 평가도 하였으나,[21] 힐데브란드가 이후 교황들의 재정적 체계의 토대를 마련하였음도 지적하였다.[22] 또한 바라클로프G. Barraclough도 맥도날드의 주장에 뒤이어 "그레고리우스의 자아 포기적 방법들Self-Defeating Methods은 교회를 어두운 뒷골목으로 이끌었다"고 평가하였다.[23]

이에 비해 영국인 학자 브르크C. Brooke는 매우 능란한 필치로 그레고리우스의 인격성Personality을 묘사하였다.[24] 쉬람P.E. Schramm은 그레고리우스의 개혁적인 원리들을 분석하고, 그것이 그리스도교 왕국의 정치에 미친 영향력을 논의하였다.[25] 한편 울만은 교황 그레고리우스 7세를 통해 중세 라틴 그리스도교 왕국의 독특한 성직자정치 원리의 결정적인 계기들을 확인하였다.[26] 그는 그레고리우스 7세를 교권Sacerdotium과 속권Regnum의 관계에 대한 새로운 이론을 실천함으로써[27]

---

21) A. J. MacDonald, *Hildebrand A Life of Gregory VII* (London, 1932), p.216.
22) *Ibid.*, p.101.
23) Geoffry Barraclough, *The Medieval Papacy* (London, 1968), pp.74-90.
24) C. Brooke, "Hildebrand", *Medieval Church and Society. Collected essays* (London, 1971), pp.57-68.
25) P. E. Schramm, "Des Zeitalter Gregors VII", *Göttingische Gelehrte Anzeigen*, ccvii (1953), pp.62-140.
26) W. Ullmann, *The Growth of Papal Government in the Middle Ages. A Study in the Idelogical Relation of Clerical to lay Power.* 1st (London, 1953), pp.262-309.
27) W. Ullmann, *A Short History of the Papacy in the Middle Ages* (London, 1972), pp.142-161.

중세 초기와 말기의 그리스도교 왕국을 연결하는 가교적 인물이 되었다고 평가하였다.[28] 그러나 모리슨K. Morrison은 카노싸 사건을 새로운 성직자정치 원리의 시험대로 보는 것을 거부하였다.[29] 그는 그레고리우스가 정치적인 측면보다 도덕적인 측면에 더 관심이 많았으며, 그레고리우스의 하인리히 4세에 대한 폐위도 각각 교황권의 도덕적 위엄에 대한 하인리히의 도전의 결과로 파악하였다. 가장 최근의 그레고리우스 7세에 대한 연구는 영국의 코주리H. E. J. Cowdrey에 의해 이루어졌다. 그는 케임브리지 트리니티 대학 교수로 재직하다 은퇴한 가톨릭 사제로, 그레고리우스에 관한 연구들을 두툼한 한 권의 저서[30]로 묶어 간행하였다. 그는 꼼꼼한 사료 분석을 통해 교황 그레고리우스 7세의 생애와 복잡한 시대상 및 서구 그리스도교 왕국에서 그레고리우스가 전개한 방대한 외교관계에 이르기까지 전반적인 연구를 행하였다.

흥미로운 사실은 연구자들이 교황 그레고리우스 7세를 보수주의자로 볼 것인가, 또는 혁명가로 볼 것인가 하는 문제에서 다양한 입장을 취했다는 점이다. 플리히Fliche는 앞서 언급했듯이, 교황의 관심을 도덕적 개혁에 두어, 독일에서의 개혁 프로그램에 대항하여 어린 군주의 완고한 저항을 일으킨 하인리히 4세와의 갈등을 살펴보았다. 세속서임 문제도 플리히는 하인리히 4세보다 다른 제후들과의 문제를 해결하는 데서 풀릴 수 있을 것이라고 파악하였다.[31] 이와 달리 울만은 그레고리우스 프로그램의 전체적인 성격을 추상적인 신정적 원리를 구체적인 통치행위로 전환했다는 데서 찾았다.[32] 이 같은 두 가지

28) W. Ullamnn, "Gregory VII, Pope, St", *New Catholic Encyclopaedia*, vi (New York, 1967), pp.772-775.

29) K. F. Morrison, "Canossa, a revision", *Traditio* 18 (1962), pp.121-148.

30) H. E. J. Cowdrey, *Pope Gregory VII 1073-1085* (Oxford, 1998).

31) A. Fliche, *La réforme grégorienne* (Paris, 1946), p.131.

입장은 일견 상호 배타적인 것처럼 보인다. 그러나 이들은 모두 중요한 진실들을 부분적으로 담고 있다. 교황 그레고리우스 7세는 도덕적 개혁에 깊이 열중하였고, 확실히 다른 문제들에 비해 이 문제에 보다 주력한 것처럼 보인다. 그러나 플리히와 울만은 모두 그레고리우스를 초대 교회로 되돌아가야 한다는 교황청의 오랜 정책을 일관되게 유지한 진정한 전통주의자로 파악하였다. 이들과 달리 카스파르Caspar는 교황 그레고리우스를 모든 것 위에 홀로 선 위대한 혁명가로 보았다.[33] 또 칸토르Cantor의 경우, 11세기 개혁운동을 서구 역사상 거대한 4대 '세계 혁명들' 가운데 하나로 묘사하였다.[34] 그런데 타이어니는 이 문제에서도 중도의 입장을 취하였다. 타이어니에 따르면, 교황 그레고리우스가 스스로를 전통주의자로 생각했다는 점은 의심할 여지가 없다. 그러나 모든 중세교회 개혁가들은 고대 교회법을 부활시키고자 했다는 점에서 모두 보수주의자라고 불릴 수 있다고 그는 분석했다. 중세 교회 개혁가들은 예외없이 자신들의 프로그램에 전거를 제시해줄 교회법을 편찬하는 데 많은 시간과 열정을 쏟았다. 이러한 의미에서 보면 그들이 진실로 추구한 정책들은 전통적인 것들이었다. 교회법적 선출과 성직자 독신문제는 서구 교회의 초대 전통에 속하였으나, 세속 서임은 교회법적인 전거로 지지받을 수 없는 새로운 혁신적 일이었음은 분명하다. 본래 고대 규정들이 성장할 수 있도록 조성되었던 그것과는 꽤나 다른 역사적 맥락에서 그것들이 적용될 때, 개혁가들은 11세기에 고대 규정들에 근본적으로 변화된 의미를 함유하게 하였다는 점을 타이어니는 지적하였다.[35]

---

32) W. Ullmann, *Growth of Papal Government* (London, 1955), p.262.

33) E. Caspar, "Gregory VII in seinen Briefen", *Historische Zeitschrift*, CXXX (1924), pp.1-30.

34) N. Cantor, *Church, Kingship and Lay Investiture in England* (Princeton, 1958), pp.6-9.

이러한 그레고리우스의 평가에 이어, 군주 하인리히 4세를 혁명가로 볼 것인가 아니면 반동가로 볼 것인가에 대한 독일 학자들의 연구도 있었다. 보슬Karl Bosl은 하인리히를 혁명가로 보았으나, 하인리히의 영토정책 추구에는 기술적 측면에서 지속성을 지녔다고 파악하였다.[36] 그에 따르면 독일 군주들은 더 일찍이 보다 넓은 영역에서 이러한 방법들을 통해 자신들의 자원을 구축하고자 시도하였다는 것이다. 이러한 시도는 중세 독일 역사상 새로운 영토에 대한 종전과는 다른 깊이 있는 인식이었으며, 이는 과거 속권 대 교권이라는 오래된 문제와 매우 구별되는 것이었다. 아일랜드 학자 로빈슨I. Robinson은 "1103년 1월 마인쯔에서 하인리히가 주최한 공의회는 그의 통치에서 가장 중요한 혁명이었던 평화입법을 반포하였다"[37]고 언급하면서 독일에서의 신의 평화운동의 발전된 한 모습을 설명하였다. 그러나 로빈슨 역시도 하인리히 4세의 통치정책은 거의 대부분이 부친 하인리히 3세를 따르는 정책이었다고 보는 견해에서 그를 보수주의자로 보는 견해가 강하다고 하겠다.

또한 독일인 역사가 함프K. Hampe는 그레고리우스의 개혁을 교권과 속권 간의 관계보다 황제권과 귀족들 간에 더 많은 영향을 주게 되었다는 독일의 역사적 관점에서 파악하려 하였다. 함프는 하인리히를 개혁가로 볼 것인가 아니면 반동가로 볼 것인가에 관해 다시 한번 더 깊이 있는 논의를 하였다. 그에 따르면, 군주 하인리히 4세와 교황 그레고리

35) B. Tierney, ed. *The Crisis of Church & State 1050-1300* (Englewood Cliffs, 1964), pp.46-48.

36) K. Bosl, *Die Reichsministerialität der Salier und Staufer* (1950-1, 34) / K. Hampe, *Germany under the Salian*, p.7 재인용.

37) I. S. Robinson, *Henry IV of Germany, 1056-1106* (Cambridge Univ. Press, 2003), p.304.

우스 7세 간의 대립으로 발생한 카노싸의 굴욕사건은 언제나 잘 준비된 역사적 드라마처럼 보였으며, 그리하여 군주 폐위사건은 이제 역사적 전환점으로서 가장 많이 언급되었다는 것이다. 그러나 함프는 카노싸의 성문 밖 혹은 안이라는 무대에서 그 순간에 두 사람이 대립한 문제들은 완전히 해결되지 않았으며, 여전히 하인리히의 참회 복장이 상징적으로 교황에 대한 전적인 승리를 가져왔다고 볼 수 없다고 주장하였다. 함프의 설명은 전적으로 카노싸의 사건이 하인리히를 복위시켜 독일인의 반대파에 대한 정치적 이익에 무게를 두고 있다.[38] 그에 따르면 근 75년(1056-1125)에 걸친 분쟁은 독일 현장에서 황제권과 귀족들 간의 오랜 이원주의의 성장으로 종식될 수 있었다. 이는 귀족들 토지의 상당 부분이 귀족들의 완전 사유지 권한으로 인정되면서 이제 군주권의 통제로부터 항구적으로 벗어났음을 의미한다. 그러나 그레고리우스 7세는 단지 일부 토지 귀족도 아니었으며 군주정책을 약화시키지도 않았다. 하인리히 4세의 파면은 실제적으로 군주정의 세속화를 이끌었으나 귀족들은 자신들의 군주 선출권과 군주에 대한 제약권을 강화하면서 이득을 얻었다. 바로 이 점이 세속 귀족들보다 정신적인 것에 훨씬 더 적용됨으로써 종종 간과되었음을 지적하였다. 세속 귀족들은 1122년에 제국의 가신이 되었다. 귀족들이 교황 파스칼 2세에게 매우 격렬히 저항하게 된 것은 토지재산에 대한 모든 특권을 상실하게 될까 염려하였기 때문이다. 이제 귀족들은 거의 충분히 독립적인 통치자로서 활동할 정도의 자신들의 미니스테리알을 이용하여 물질적 자원을 발전시킬 수 있었다. 그리하여 서임권 투쟁은 군주정을 심하게 약화시켰다. 사실상 군주권의 오랜 신정적인 기능에 대한 부정이 군주권에

38) K. Hampe, *Germany under Salian and Hohenstaufen emperors* (New Jersey, 1973), pp.82-86.

대해 더욱 새롭고 보다 본질적으로 세속적 속성을 더욱 첨예하게 부각시키게 되었다는 것이다.[39)]

한편 교황 그레고리우스 7세에 대해서는 국내의 연구논문들[40)]도 있다. 최근에는, 교황 그레고리우스 7세 개인에 대해서보다는 교황권의 성장이라는 맥락에서 전반적인 교황권에 대한 연구[41)]와 황제권과 교황권의 보편적 통치 이데올로기의 형성, 발달, 쇠퇴 과정을 설명하면서 교권과 속권을 이념적 대립 혹은 갈등 구조로 파악하는 연구경향을 보이고 있다.[42)]

2. 문제 제기

교황 그레고리우스 7세에 대한 서구 학자들의 수많은 방대한 연구 성과에 비하면 국내의 본격적인 연구는 극히 부분적으로만 이루어지고 있다. 이러한 사실은 일반 문화사 교재에 서임권 투쟁이 단편적으로만

---

39) K. Hampe, *Germany under the Salian*, p.9.

40) 이신자, 「교황 그레고리우스 7세의 교회개혁과 정치적 관심」, 『이대사원』 6집(1966), 108-141쪽 ; 이형렬, 「클루니 수도원 운동과 그레고리우스 7세의 개혁」, 경희대학교 석사학위논문(1991.2) ; 김봉수, 「그레고리우스 개혁기의 교회, 국가관 : 다미아니와 훔베르트의 경우를 중심으로」, 『경희사학』 20집(1996.2), 277-305쪽 ; 졸고, 「그레고리우스 7세의 교황주권론 소고」, 『숭실사학』 9집(1996.5), 213-259쪽 등이 있다.

41) 장준철, 「교황통치체제 확립에 관한 Gregory VII의 사상」, 『전북사학』 5집(1981.7), 123-164쪽 ; 「중세 교황의 *Plenitude Potestatis* 사상에 관하여」, 『역사학연구』 12집(1993.7), 29-71쪽 ; 「12, 13세기 교황 현세권 연구」, 전남대학교 박사학위논문(1996.8) ; 「교황 *Duo sunt*에 나타난 두 권력 이론」, 『서양중세사 연구』 1집(1997.2), 51-82쪽 등이 있다.

42) 이경구, 『중세의 정치 이데올로기』(느티나무, 2000). 이 글에 대한 서평으로 졸고, 『서양중세사 연구』 9집(2002.3), 133-139쪽 참조.

서술된 모습으로 드러난다. 대체적으로 '서임권 투쟁' 혹은 '카노싸의 굴욕' 사건은 교황 그레고리우스 7세가 약화된 황제권에 대해 개인적 정치적 야심으로 인해 다소 우발적으로 일으킨 권력투쟁으로 묘사하고 있으며, 더욱이 군주 하인리히 4세와의 개인적 갈등으로 그리고 있다. 그러나 필자는 오히려 이 사건이 우연히 발생한 개인 간의 충돌이기보다는 그동안 누적되어 온 교회 개혁이념의 하나의 표출로서, 11세기의 시대적 산물이라고 보았다. 또한 독일에서의 군주와 성직자를 전통적 설명틀인 속권과 교권으로 나누기보다는, 이들을 모두 하나의 기존 정치집단으로 간주하고, 교황 그레고리우스 7세의 노력을 이에 대항한 개혁세력의 투쟁으로 파악하는 것이 당대의 시대상을 제대로 이해하는 방법이라고 생각하였다. 다시 말해 기존의 신정적 군주권 및 이들의 대리인 역할을 한 주교 집단 등은 그의 개혁운동에 완강히 저항한 보수세력이 되었다. 따라서 이 책에서는 독일의 군주 및 성직자 집단을 교회와 사회 모두에 걸쳐 있던 기존의 보수적 지배세력으로 해석하였다.

많은 학자들은 교황수장제에 대해서도, 그레고리우스 7세가 공포한 「*Dictatus Papae*」보다 그 이후의 교황들인 인노켄티우스 3세, 인노켄티우스 4세 혹은 보니파키우스 8세에서 그 전형을 발견하고자 했다. 서던R. Southern을 비롯한 대부분의 학자들은 12세기 중엽에야 교황의 보편적 지배권이 형성되어 교황수장제론이 발전되어 갔다고 주장하였다. 그러나 필자는 교황 그레고리우스 7세의 개혁이념인 교황주권론이 단순히 이념으로서만이 아닌 가시적 실천을 통해 이미 교황수장제의 기본 개념을 이루게 되었고, 따라서 나중에 중세 교황들에 의해 제기된 교황수장제론은 그레고리우스 7세의 교회개혁 논리가 지속적으로 확대된 것이라고 보았다.

그레고리우스 7세가 이 같은 개혁을 단행할 수 있었던 이념적 근거는 무엇이었을까? 먼저 성직자정치론에서 발전한 교황주권론을 들 수 있다. 성직자정치론이 형성되면서 카로링조의 군주-사제 이념은 군주에게 성직자 이미지를 부여하였고, 군주는 식자층인 성직자들을 자신의 통치조직 일부로 활용하였다. 그리하여 교회는 군주의 보호를 받으며 군주의 영향력 안에서 제국교회의 모습을 갖추게 된다. 클루니 수도원의 개혁운동은 이제 세속권력으로부터 교회의 자유를 얻기 위해 투쟁하였고, 이에 사법적 특권인 불입권Immunity과 주교좌의 간섭으로부터 면제권Exemption을 획득하여 교회 개혁운동에 모델을 제공하였다.[43] 이를 토대로 교황 그레고리우스 7세는 세속권력으로부터 교회의 자유를 확고히 보장했을 뿐만 아니라, 더 나아가 성 베드로의 권한을 계승한 로마의 주교 즉 교황만이 정신적 세속적 최고권을 가진 그리스도교 공화국의 수장임을 천명하였다.

그렇다면 교황 그레고리우스 7세가 제시한 그리스도교 공화국은 어떤 사회였으며, 이 사회를 구현하는 방법은 무엇이었는가? 그레고리우스의 개혁운동은 교황중심의 새로운 이론과 실천적 수단을 필요로 하였다. 교황 그레고리우스 7세는 사회개혁을 단행함으로써 교황주권론을 실현하고자 했으며, 결과적으로 '법률에 의한 지배'를 이룩하고자 하였다. 그리하여 성직매매가 아닌 교회법에 의해 교황과 성직자가 선출되고, 적법한 정치적 절차에 따라 황제가 선출되어야 한다고 주장하였다. 군주, 아니 황제라 하더라도 정의와 법률에 입각할 때 비로소 진정한 군주이며, 그렇지 않을 경우 교황은 군주를 폐위하고 파문할 수 있다는 것이었다. 이는 성직자정치론을 통해 군주에게 부여되었던

43) 졸고, 「클루니(Cluny) 수도원의 개혁운동에 관한 연구」, 『숭실사학』 13집 (1999.8), 139-175쪽 참조.

군주권의 신성성을 그레고리우스 7세가 공격한 것이었다. 실제로 교황 그레고리우스 7세와 그의 추종자들은 교회개혁을 위해 신성로마제국 황제의 사제적 권리를 부정했으며, 마침내 군주 폐위까지 단행하였다. 이 같은 교회 개혁운동이 역설적이게도 군주권의 세속화를 초래했으며, 다시 이것이 서구 입헌주의의 발달에 의미 있는 기여를 했다는 사실은 흥미로운 점이 아닐 수 없다. 그리하여 교회 정부는 세속 정부보다도 법률적 지배의 원리를 보다 체계적으로 발전시킬 수 있었다. 한편 군주 하인리히 4세는 오토조에서 내려오는 신정적 군주권을 포기하려 하지 않았다. 하인리히는 부친의 통치정책을 대부분 고수하였다. 그러나 강력한 황제권을 지녔던 하인리히 3세에 비해 아들 하인리히는 대단히 취약해진 군주권으로 그레고리우스 7세를 필두로 한 교회개혁 세력과 작센의 강력한 세속 제후들에 맞서 싸워야했다. 이러한 수많은 갈등과 전쟁 과정에서 하인리히도 평화를 원하게 되며 결국 제국의 평화를 가져올 수 있는 시노드를 개최하여 평화입법을 마련하게 되었다.

그러면 이제 교황 그레고리우스 7세의 개혁에 관해 구체적인 내용을 각 장별로 나누어 차례대로 살펴보기로 하겠다.

제 1 장

교황 그레고리우스 7세의 시대와 삶

1. 힐데브란드Hildebrand의 생애

그레고리우스 7세(프라이징 오토 연대기 중)

교황 그레고리우스 7세가 교황에 등극하기 전 이름은 힐데브란드(1015?-1085)였다. 그의 생애는 크게 네 시기로 나눌 수 있다. 첫째 출생기부터 어린 시절 로마에서 교육을 받으며 청년으로 성장한 시기다. 둘째는 주로 1050년대에 교황청 특사로 활동한 시기이며, 셋째는 1059년경부터 1073년 교황으로 재위하기 전까지 대부제Archdeason로서 활동하였던 시기고, 넷째는 1073년부터 1085년까지의 교황기다. 그의 출생 연대와 출생지는 정확하게 기록되어 있지 않지만, 1015년에서 1020년 사이에 남부 토스카나의 작은 마을인 소아나에서 태어난 것으로 추정되고 있다.[1] 귀족 가문 출신은 아니었으나, 어린 시절에 풍족하지 못한 삶을 살았던 것은 아닌 것으로 보인다. 남아 있는 그의 유골에 대한 의학적 검증[2]을 통해 보건대, 그는 어린 시절에 충분한 양의 단백질과 비타민 D를 잘 섭취하였다. 장성하여 한창이었을 때의 키는 약 163cm로 강인하고 잘 단련된 몸매였을 것이다. 그는 승마를 즐겼으며, 그의 두개골을 보면 롬바르드족 혹은 게르만족 혈통이 아닌 알프스 산맥의 지중해인 혈통이었다.[3] 이러한 의학적 검증을 토대로 그의 사망 연도인 1085년 시기에 그의 나이는 65세에서 75세 사이였을 것으로 추정되며, 대략 70세로 잡는다면 그의 출생 연대는 1015년경으로 추산할 수 있다.

코주리 교수는 이 가설을 전제로 해서, 1046년 로마에서 황제 하인리히 3세와 만났을 당시 그는 약 30세의 나이였을 것이며, 40세가 넘어 대부제가 되었고, 50대 후반 아마도 대략 58세의 나이에 교황으로 선출되었을 가능성이 높다고 추정하였다.[4]

1) 성장기

그레고리우스는 초등 교육을 성 베드로 바실리카의 부속학교에서 받았을 것이다. 그도 교황이 되었을 때 자신의 어린 시절 교육에 관해 언급하면서 서구의 다른 어떤 도시보다도 지적이고 정교한 학문연구가

---

1) A. F. Viliemain, *Life of Gregory the Seventh* vol.1 (London, 1874), p.231.
2) 1985년에 그레고리우스의 사망 900주년을 기념해서 이탈리아 살레르노에 안장된 그의 묘지를 발굴하였다. 이러한 고고학적 발굴을 통해 실제 연구가 진행될 수 있었다.
3) H. E. J. Cowdrey, *Pope Gregory VII 1073-1085* (Oxford, 1998), p.27.
4) *Ibid.*, p.28.

성 그레고리우스 7세 교황(밀납 모형)이 유리관에 잠들어 있는 모습(이탈리아 살레르노 대성당)

진행되었던 로마에서 성장하였다고 하였다. 그의 교육은 로마와 더 넓은 지역에서 온 유력가문 출신의 소년들과 함께 라테란 궁전에서 완성되었다.[5] 그는 청년기를 이곳에서 보냈으며, 교황의 일에 봉사하기 전에는 아벤틴에 있는 성 마리아 수도원St. Mary's on the Aventine의 수도승이었다. 성 마리아 수도원은 로마 도시 성벽 외곽과 팔라틴과 성 베드로 성당 주변이 수많은 수도원들 중 하나로, 베네딕트 규율을 따랐다. 이 수도원은 클루니 수도원장 오도와 몬테카시노 수도원장 알리제르누스 같은 인물들과 친분을 맺고 있는 부유한 수도원이었다. 수도원장은 이름을 알 수 없는 그레고리우스의 삼촌이었다. 클루니의 수도원장 성 오딜로가 성 마리아 수도원을 방문하였다가 창백한 안색과

---

5) Gregory VII, *Registrum*. 3. 21, p.288. 이후 *Reg.*로 축약해서 사용함. *Reg.* 4.11, p.311. 교황 궁전에 관해서는 *Reg.* 2. 51, p.194, *Reg.* 6. 13, pp.416-417.

보잘것없이 초라한 외모의 한 소년을 발견하였으나, 오딜로는 그의 꿰뚫는 듯한 검은 눈동자에 형형스러운 광채가 품겨나와 그에게 매료당하였다. 그는 성 마리아 수도원장에게 그 소년에 대해 물었다. 수도원장은 다음과 같이 대답했다.

> "힐데브란드? 그는 내 누이의 아들이오. 그가 병약해 보이는 것은 토스카나의 무더운 늪지에서 왔기 때문이라오. 그의 부친은 소아나 근처 로바코에서 마을 목수로 일하며 아주 조그만 사업을 하고 있소. 누이는 아들에 대해 기대를 갖고 나에게 교육을 맡겼소. 나는 그를 교황청 소속 학교인 라테란 궁전의 성가대에 입학시켰소. 그들이 그레고리안 성가를 훌륭한 방법으로 가르치고 있다고 들었소. 힐데브란드는 음악에 재능이 아주 뛰어나고, 의지력 또한 굉장하지요. 모든 교사들, 특히 교장인 대사제 존 그라틴[6]이 그에 대한 칭찬을 아끼지 않았소. 나는 힐데브란드가 로마에 갈 때마다 주님의 소명 안에서 성장하기를 기도하면서 이곳에 머물게 하고 있소."[7]

그레고리우스 7세가 교황으로서 쓴 서한에서 성 마리아 수도원에서의 자신의 지위에 관해서는 분명하게 언급하고 있지 않다. 그러나 그가 수도승으로 생활하였던 것은 확실하다.[8] 그가 클루니 수도원의

---

6) John Gratian은 힐데브란드의 스승으로서 이후 교황 그레고리우스 6세(1045-1046)로 등극하였다. 1046년 독일 군주 하인리히 3세에 의해 성직매매의 죄목으로 폐위 당하자 힐데브란드가 그를 보필해서 쾰른으로의 망명길에 함께 올랐다. 그러나 1047년 그레고리우스 6세는 사망하였다.

7) Ed. "Notre Dame" Series of Lives of the Saints, *Saint Gregory VII Pope* (London and Edinburgh, 1921), pp.24-26.

8) 1076년 독일 하인리히 4세의 지지자들은 그레고리우스를 '가짜 수도승'으로 고소한 일이 있었다.

수도승이었다는 것은 후에 전승된 것이었다는 사실이 근년 연구를 통해 밝혀졌다. 이에 관해서는, 먼저 그레고리우스 7세가 클루니 수도원장 휴에게 쓴 서한에서 그곳 클루니에서의 자신의 수도 생활에 관해 언급한 부분을 찾아 볼 수 없으며, 클루니 수도원의 사망자 명부 혹은 유사한 자료에서도 그가 한때 클루니 수도승이었음을 증명해줄 기록이 없다는 것이다. 그러나 그가 일시적으로 클루니에 방문자로서 머물렀을 가능성은 높아 보인다.[9] 아마도 그가 클루니 수도원에 머무르는 동안, 하루 7번의 시편 기도와 신의 말씀을 묵상하는 데 오랜 시간을 보냈을 것이다. 클루니의 포도밭이 이미 그것을 지칭하는 한 이름이 되었던 마콩 주변의 포도나무 언덕 밭의 기름진 토양에서 그의 근육들은 단련되었을 것이다. 그는 수도원 문 앞에 해마다 찾아오는 만 7천 명의 가난한 자들에게 자선을 베풀고 그들의 고통을 들어주는 인내의 시간을 보내며 온유함, 동정심, 관용을 배울 수 있었을 것이다.[10] 클루니 모원 수도원에서는 항상 18명의 가난한 자들이 수도승과 똑같이 먹고, 자고, 머물렀다. 아마 힐데브란드는 이때 클루니의 탁월한 수도원장들의 개혁정신과 가난한 자들에 대한 헌신을 직접 체득할 기회를 얻을 수 있었을 것이다.

2) 교황 특사기

1050년대는 힐데브란드가 로마 교회와 교황을 대리한 대부분의 교회 업무에서 열정적으로 봉사하던 때였다. 그는 이제 원숙한 인물로서 원로 혹은 주요한 로마의 성직자로 활동하였다. 그러나 1058년에서

9) H. Cowdrey, *Pope Gregory VII*, p.29.
10) "Notre Dame" Series, *Saint Gregory VII Pope*, pp.28-29.

1059년까지 적어도 로마 정치의 핵심부에 있었던 것은 추기경 훔베르트 실바 칸디다와 보니페이스 알바노 같은 인물들이었다. 1050년부터 힐데브란드는 로마 성벽 외곽에 위치한 성 바오로St. Plul's-without-the-walls 수도원에서 행정직을 맡고 있었으나, '수도원장'으로 불리지는 않았다. 이 수도원과 그레고리우스의 공적 유대는 약 20년 동안이나 지속되었다.

교황 레오 9세의 계승자인 빅톨 2세(1054-1057)의 교황좌 동안 힐데브란드는 교황 정부의 일상적인 일들을 하며 더 많은 경험을 쌓았다. 교황 서한들에는, 그러한 일에 활동적으로 일했던 자신의 모습이 묘사되어 있다. 1050년대에 힐데브란드는 로마에서 멀리 떨어진 지역에 교황을 대신하여 선교를 행하였다. 이때 그레고리우스는 교회와 세속인 모두에게 자신을 두드러지게 부각시키며 인간관계를 넓히고, 자신의 명성을 널리 알리는 기회가 되었을 것이다. 대부제가 되기 전 그의 주된 업무는 로마에서의 활동들보다 이러한 다른 지역에서 선교를 행하는 것이었다. 그는 프랑스에 두 번이나 교황청 특사로 파견되어 활동하였다. 첫 번째는 교황 레오 9세 시기에 파견되어 1054년 4월 혹은 5월에 투르에서 공의회를 주관하였다. 이때의 사목 목적과 의도는 불분명하다고 여겨졌으나, 투르의 대부제 베랑가르의 성찬식 가르침과 관련된 직접적인 증거가 남아 있다. 힐데브란드는 베랑가르를 동정하는 입장이었다. 그는 고대 전거들에서 성찬식에 관한 내용을 담은 모든 자료집을 준비하였으나, 그것들과 베랑가르의 가르침이 조화를 이룰 수 있다는 것을 명확히 결정하는 데에는 어려움이 있었다. 심사숙고한 결과 힐데브란드는 베랑가르 사건을 로마의 청중들 앞에 드러내어 다른 임무들과 함께 처리하고자 하였다. 그러나 그 공의회가 끝나기 전 4월 19일, 교황 레오 9세의 사망 소식이 전해졌다. 이에 따라 힐데브란드의 특사직은 소멸되었으며, 베랑가르는 로마에서의 자신의 가르침에 대한 즉각적인 시험대를 피할 수 있게 되었다.

힐데브란드는 1056년 2월, 교황 빅톨 2세의 특사로서 프랑스에 재차 파견되었다. 그는 살롱-슈르-샤온에서 공의회를 열었고 그곳에 리용, 비엔, 투르, 브르게스의 대주교들과 7명의 주교들, 클루니 수도원장 휴를 포함한 10명의 수도원장이 참석하였다. 주된 업무는 성직매매의 거부였다. 적어도 6명의 주교들이 성직매매와 다른 죄목으로 면직되었다.

힐데브란드는 독일의 선교사업에서도 경험을 쌓았다. 교황 레오 9세가 사망한 후 힐데브란드의 독일 선교는 잘리에르 왕조와 그의 관계를 확고히 하는 것이었다. 힐데브란드는 1059년 이전 두 명의 교황선출에서 많은 일을 하였다. 교황 빅톨 2세는 1054년 11월 마인쯔에서 임명되었으나 1055년 4월 13일 독일 군주의 상당한 저항 이후 로마에서 착좌식을 가졌다. 그의 계승자 스테판 9세는 신속하게 선출되어 1057년 8월 교황이 되었다. 몬테카시노 연대기에 따르면, 황제 하인리히 3세는 아이히슈테트의 주교 게하르그가 교황 빅톨 2세로 즉위하는 것을 반기지 않는 입장을 표명하였고 이때 로마의 권위자들은 힐데브란드를 독일로 파견하였다. 거기에 힐데브란드는 1050년 11월 11일에 태어난 어린 아기 하인리히가 독일의 군주로 즉위한 일에도 결부되어 있었다. 하인리히 4세는 1053년 11월 트리브르에서 선출되어, 1054년 7월 17일 아헨에서 도유되고 대관되었으며, 1056년 10월 5일 하인리히 3세의 사망 이후, 모후의 섭정 아래 통치권을 이양받았다. 이는 그가 교황에 오른 초기 시절에 언급한 것인데, 그가 군주 하인리히 4세에 대해 특별한 책임감을 느끼는 이유로 두 가지를 들고 있다. 첫째 그가 하인리히의 군주 선출 문제에 관여하였으며, 하인리히 3세는 자신의 궁정에서 이탈리아인들 가운데 그레고리우스에게 특별한 영예를 표했다. 둘째 하인리히 3세는 교황 빅톨 2세가 동석한 보드헬드에서의 임종 때 자신의 아들을 로마 교회에 위탁하였다.[11] 힐데브란드는 교황이 되기 이전과 이후 어린 하인리히 4세에 대한 위탁을 받았던 것이고 따라서 그에 대한 걱정과 염려가 계속되었다. 하인리히 3세가 사망하자, 모후 아그네스의 섭정 아래 놓인 독일 왕국에서 교황 스테판 9세의 선출은 사전에 독일 황실의 커다란 개입 없이 즉각적으로 처리되었다. 힐데브란드는 빅톨 2세와 스테판 9세의 선출에서 황실과 긴밀한 관계를 유지함으로써 이 문제를 해결할 수 있었다. 그러나 대부제가 되기 전까지 로마에서의 힐데브란드에 대해 그 탁월성을 과장하면 안 될 것이다. 프랑스와 독일에서 교황을 대신하여 수행한 특사직으로 인해 그는 로마에서 행한 활동들보다 더욱 크고 광범위한 지역에 책임감을 지니게 되었다.

3) 대부제Archdeacon 시기

힐데브란드가 로마에서 대부제로 임명된 날짜와 상황은 불확실하고 모호하다. 그가 대부제로 불린 기록은 1059년 10월 14일에 등장한다. 1059년 12월 피터 다미안은 대부제 힐데브란드에게 정기적으로 서한을 썼는데, 그 이전까지는 힐데브란드에 대해 대부제라는 호칭을 쓰지 않았다. 다미안은 그해 초에 독일에서 되돌아왔을 때 힐데브란드를 부제보subdeacon로 칭하였다. 이 같은 점을 미루어 보건대, 힐데브란드가 대부제가 된 것은 1059년 가을 즈음으로 추정할 수 있다.[12]

---

11) *Reg.* 1. 19, 1073년 9월 1일 루돌프 슈바벤 공에게 보낸 서한, pp.31-32.
12) 그러나 코주리 교수는 그해와 이 시기 훨씬 이전의 자료들에서도 종종 그를

(1) 교황 니콜라스 2세 시기의 활동(1059-1061)

힐데브란드는 교황 니콜라스 2세 시기에 활발히 활동하였다. 베랑가르 투르와 관련된 성찬식 논쟁에서 훔베르트 실바 칸디다는 베랑가르의 가르침에 대해 강력하게 비난하였다. 힐데브란드는 베랑가르를 동정하는 입장이었으나, 아이러니하게도 니콜라스 2세는 이 논쟁에서 힐데브란드를 더욱 신뢰하는 태도를 보였다.[13] 이 사건은 자신이 교황 그레고리우스 7세로 등극한 후인 1079년 사순절 시노드에서 한 번 더 다루어지는데, 이때도 그는 사실상 베랑가르의 가르침을 수용하지는 않았다.[14]

힐데브란드는 1059년 5월 1일 라테란 바실리카에서 니콜라스의 주재 하에 열린 모임에 참석하였는데, 특히 로마 도시와 그것에 직접적으로 종속된 주변 교구들의 성직자 생활방식에 관해 토론하였다. 그는 성직자들이 사유재산을 많이 지니고 있는 사실에 대해, 루이 경건왕의 816/817년 '교회법 제도'*Institutio canonicorum*의 특정한 승인장을 정당화하며 생겨난 안일한 것이라면서 신랄히 비판하였다. 니콜라스 2세는 힐데브란드의 계획안을 환영하였다. 루이 경건왕의 승인장 원문은 면밀한 검토가 이루어졌고 교회법에 상충된다는 사실이 밝혀졌다. 또 이 승인장에서 모든 참사원들에게 허락한 매일 4파운드의 빵과 6번 정도의 포도주 마시기에 대해, 그리스도교적 절제라기보다는 그리스 신화의 퀴클로프스 무절제를 충족시키는 것이라고 비난하였다. 이는 랭스의 성직자들에 의해 착안된 것으로서 갈리아의 식습관을 담고 있다고

대부제로 언급함을 찾아냈다. 그리하여 그는 힐데브란드가 대부제가 되었던 시점을 1058년 봄 독일에서 돌아온 바로 직후 일 것이라는 시점에 가능성을 열어 놓았다. 그리하여 그는 대부제가 된 시점을 1058/1059년으로 잡고 있다.

13) H. Cowdrey, *Pope Gregory VII*, p.45.

14) 이와 관련된 논문으로는 H. Cowdrey, "The Papacy and the Berengarian Controversy", pp.116-118.

보았다.[15]

힐데브란드가 시도한 이 같은 토론은 광범위하게 퍼져 나가, 세부적인 개혁안에 대한 점검이 이루어졌다. 즉각적인 결과가 크게 나타나지는 않았으나, 니콜라스는 시노드를 열어 성직자들의 공동으로 먹고 자는 생활과 교회재산의 공동 소유를 주도하였다. 이는 모든 사적 재산의 금지를 의미하지는 않았으나, 여기에는 사도들의 전적인 공동생활에 대한 열망이 들어 있었다. 그럼에도 불구하고 힐데브란드가 강조한 이 논쟁은 수도 참사회의 생활을 확대하는 표식이 되었다. 만일 성직매매와 성직자 결혼이 금지된다면, 가난과 외로움의 위험은 성서적 기준에 따라 훈련되고 공동체적 생활을 행함으로써 완화될 수 있었다. 이는 예루살렘의 초대 교회 규범에 따른 성직자의 생활방식에 대한 그의 열망이었으며, 힐데브란드의 전 생애를 통해 나타난 신앙의 특징이기도 하였다.

니콜라스 교황은 힐데브란드를 특사로 파견하지 않고 늘 자신의 곁에서 정책을 수행하는 데 전념토록 하였는데, 다른 지역으로 주교급 추기경들과 다른 로마 성직자 수행원들을 데리고 여행을 다닐 때도 역시 그러하였다. 니콜라스는 로마에 그리 오래 머물지 않았다. 1059년 8월 23일 니콜라스는 멜피의 공의회를 열고, 교황 선거법령의 재강화 및 아퀼리아와 카푸아 노르만인들과의 새로운 동맹관계를 추구하였다. 전임 교황 레오 9세 때 교황청은 노르만인들과 반목하여 제국의 도움을 받으며 이들에게 군사적 모욕을 주었다. 이제 교황 니콜라스와 노르만 제후와의 이러한 동맹은 교황의 재가를 통해 자신들의 정복을 정당화하고 통치자로서의 권위를 획득하려는 노르만 제후들의 요구로 인해 용이하게 진행되었다.[16]

15) *MGH Conc.* no. 39, 2. pp.312-421.

남부 이탈리아의 노르만인들과 많은 그의 주변인들과 관계를 확립하는 일은 힐데브란드가 대부제로서 그리고 이후 교황으로서 자신의 경력의 많은 부분을 차지하였다. 그것은 교황청과 신성로마제국 황제와의 관계에 빠르게 반영되었다. 1059년 선거법령은 교황선출 시에 신성로마제국 황제의 역할을 극적으로 삭제하였다. 이제 교황은 독일 황실의 자문 없이도 황제들이 통치권을 지녔다고 주장하던 노르만 제후들의 봉토에 대해 충성서약을 받을 수 있었다.

하인리히 4세가 1056년 군주에 즉위할 때 그는 6세의 소년이었다. 소년 군주의 치세 초기에는 모후 아그네스 프와투가 사실상 섭정을 실시하였다. 모후는 남편이었던 하인리히 3세의 통치방식을 그대로 고수하려고 노력했으나, 많은 어려움이 있었다. 주로 주교들의 지원으로 통치를 이어갔다. 모후의 섭정은 1062년 대주교 아노 쾰른Anno of Cologne이 카이제르스워스 섬에서 일으킨 쿠데타로 인해 갑작스럽게 종식되었다. 대주교 아노는 어린 군주 하인리히 4세를 인질로 하여 자신이 스스로 제국의 통치자가 되려고 하였다. 그리하여 황제 하인리히 3세가 사망한 이후 10년 동안 군주의 권위는 매우 취약해졌으며, 상대적으로 고위 성직자들과 속인 관리자 계층은 공동의 이해관계를 위해 상호 유대를 더욱 긴밀히 하고 정치적 입지도 강화하였다. 주교 및 수도원장과 같은 고위 성직자들과 공작 및 백작들과 같은 대제후들이 황제 정부에 대항하는 새로운 정치집단으로서 공동의 유대를 강화하고 있었다. 이들은 봉토를 확대하고, 도시의 성곽들을 건설했으며, 자율적인 사법권을 확보하였고, 교권과 속권 모두에서 특권과 자유를 확장하였다.

---

16) H. Cowdrey, *Pope Gregory VII*, p.47.

(2) 교황 알렉산더 2세 시기의 활동(1061-1073)

피터 다미안

교황 니콜라스 2세의 사망 후, 차기 교황선출은 1059년의 교황 선거법령에 어긋나더라도 만일 적합한 후보자가 있다면 교황청은 로마교회의 한 성직자에게 먼저 제공되어져야 한다는 고대 교회법적 권고를 적용한 것이었다. 1061년에 그러한 후보자들이 없었던 것이 아니었으나, 루카의 주교 안셀름 1세를 교황으로 결정한 것은 로마 성직자들에게 널리 퍼져있는 실용주의를 보여주었다. 당시 힐데브란드는 안셀름과 이야기하기 위해 루카로 갔던 것으로 보인다. 1061년 10월 1일경에 제후 리차드 카푸아의 보호와 주도적인 로마인들의 협력으로 상당한 협상과 조율 이후 안셀름은 교황 알렉산더 2세로서 로마의 빈콜리에 있는 성 베드로 교회에서 공식적으로 선출되고 대관되었다. 피터 다미안은 전반적으로 이러한 절차에서 선거법령과 일치하는 것을 볼 수 있다고 묘사하였다.[17]

그러나 알렉산더 교황선출에 대한 저항이 빠르게 확산되어갔다. 그의 선출 훨씬 이전에 제라르 갈레리아 백작과 실보 시카우리의 수도원장 성 그레고리우스 마노는 독일 황실로 사절단을 보냈다. 이들은 로마와 그 주변에서 투스쿨란 가문과 크레센티안 가문 출신들의 지원을 받고 있었으며 또한 롬바르드 주교들에게도 지지를 받았다. 독일로

17) *Ann. Rom.* p.336, 이곳에서 안셀름이 대주교로 잘못 표기되었다.

보낸 이 사절단은 이탈리아를 위한 새로운 제국의 대법관 귀베르트, 미래의 라벤나 대주교에 의해 수행되었다. 이 사절은 로마 보호자로서의 군주 하인리히 4세의 기장을 가져와 롬바르드의 주교들 가운데 한 사람을 선택할 것을 제안하였다. 이들의 분명한 의도는 선거법령을 완전히 무효화시키는 것이었으며, 황제가 강력한 주도권을 행사할 수 있었던 하인리히 3세 시기의 관행으로 되돌아가려는 것이었다. 그리하여 1061년 10월 28일에 바질의 독일 법정의 한 모임에서 파르마의 주교 카달루스Cadalus는 교황으로 선출되어 호노리우스 2세가 되었다.[18)]

교황 알렉산더는 노르만인들과 더욱이 고드프레이 공과 베아트리스 백작부인에게 약간의 도움을 받았다. 1063년 1월에 고드프레이 공은 로마에 알렉산더의 교황권을 확립하는 일을 수행하였으며, 3월 23일에는 알렉산더가 라테란에 상주할 수 있도록 조력하였다.

마틸다의 모친 베아트리스

부활절 이후 알렉산더 교황은 백여 명의 주교들과 수도원장들이 모인 한 시노드를 주재하여 대립교황 호노리우스를 파문하였고 1059년의 니콜라스 2세의 선거법령 회칙의 개정판*Vigilantia universalis*을 출간하였다. 그러나 5월에 대립교황 호노리우스는 알렉산더의 파문에 대해 강력한 무력으로 반격하였다. 로마에서 그는 레오의 도시와 성 안젤로 성과 성 바오로의 바실리카 주변에서 자신의 권력을 확립하는 데 상당

18) *Ann. Rom.* p.336.

한 성공을 이루었다. 그러나 호노리우스는 독일 궁정의 효과적인 지원을 얻을 수 없었으며, 그곳에서의 여론은 알렉산더에게 기울고 있었다.[19] 1063년경에 로마에서 호노리우스는 더 이상 지위를 지킬 수 없게 되자 파르마로 되돌아갔다. 1064년 만투아 공의회에서 알렉산더는 정당한 교황으로 인정받았다. 어쨌든 니콜라스 2세의 선거법령 조치에도 불구하고 카달루스의 분열은 교황청의 운명이 관행적으로 인간관계, 정치, 독일 황제의 힘에 의존하고 있었음을 보여주었다. 이 사건을 통해 개혁 교황청의 지위가 얼마나 복잡하고 불확실하며 취약한 것이었는가를 적나라하게 보여주었다.[20] 이는 이용할 수 있는 동맹관계의 필요성을 명확히 하였고, 무엇보다도 그것은 이제 청년기에 들어서는 신성로마제국 군주 하인리히 4세의 성격과 전망이 어떻게 비판적으로 바뀌게 되는가를 보여주는 사건이기도 하였다.

이러한 내분을 겪었던 교황 알렉산더 2세는 선임 교황이었던 니콜라스 2세를 모방하여 자신의 토스카나 지방의 주교좌에 머물면서 중요한 역할을 수행하였다. 알렉산더는 해마다 초기의 몇 달은 로마에 머물렀는데, 이 시기는 라테란에서의 사순절 시노드가 열리던 때였다. 적어도 중요한 자료들이 남아있는 1068년과 1072년 그는 루카에서 한해의 후반기를 보냈다. 그러나 교황 알렉산더 2세가 니콜라스 2세처럼 이탈리아 중부와 남부 지역들을 여행하기는 하였지만 이탈리아를 떠난 것은 아니었다. 한 가지 중요한 측면을 제외하고는 알렉산더 2세 교황 시기에 힐데브란드의 생활상은 니콜라스 때와 유사했다. 교황이 로마에 있을 때 힐데브란드는 교황의 핵심 측근이었다. 힐데브란드는 1065

19) 그러나 로빈슨 교수는 황후 아그네스 섭정시에 황후가 대립교황 호노리우스 2세를 교황으로 인정함으로써 교회분열을 자극했다고 밝혔다. I. S. Robinson, *Henry IV of Germany*, p.42 참조.

20) H. Cowdrey, *Pope Gregory VII*, p.53.

년과 1070년 부활절 시노드 이후 로마에 있었던 것으로 알려졌으며,[21] 1065년과 1067년에 그가 쓴 서한에서 알렉산더와 함께 로마에 있었음을 언급하였다.[22] 그러나 힐데브란드가 늘 알렉산더 교황과 동행한 것은 아니었다. 그는 교황 니콜라스 2세 때 행했던 것과는 매우 대조적으로 알렉산더 교황이 루카의 주교좌에 있을 때는 곁에 없었다고 알려졌다. 이는 대립교황 호노리우스의 위기 이후 알렉산더가 더 이상 로마귀족에게 허점을 주지 않기 위함이며, 더욱이 노르만인들의 도움이 불확실하였기 때문에 로마를 떠나는 것이 현명치 못한 일로 여겨졌기 때문이기도 하였다. 그러나 이 시기에 힐데브란드와 교황 알렉산더 2세와의 관계는 복잡한 것이었다. 두 사람 사이의 인간적 갈등이나 긴장에 관해 언급된 자료는 거의 없다. 그러나 두 사람 사이에 매우 다른 면들도 있었음을 충분히 알 수 있다. 예를 들면 알렉산더 2세 교황은 밀라노의 고위 귀족층의 아들로서 토스카나 주교좌의 수석 주교라는 출신 배경을 가졌던 반면, 힐데브란드는 보잘 것 없는 사회적 신분 배경을 지녔으나 로마의 교황청 일을 오랫동안 담당하고 있던 것이었다. 또한 알렉산더는 흠잡을 데 없는 사람으로 고매한 인격과 교회에서의 지도력은 높은 위상을 지녔다. 그는 로마에서 동일한 견해를 가진 인물과 개혁적 정서를 지닌 사람들조차 근접하기 어려운 인물이었다. 그의 조용한 외교력과 설득력 있고 화합을 선호하는 경향은 힐데브란드의 격렬하고 단호한 접근방법과 첨예하게 대비되는 면이었다. 그리하여 교황 알렉산더 2세의 주요 대리인은 힐데브란드라기보다는 추기경 피터 다미안이었다고도 말할 수 있을 것이다.[23] 그러나

21) *Ep*. 27, *PL* 146. 1306-1309.

22) *Ep*. 29, *PL* 146. 1309-1310. : *Ep*. 49, *PL* 146. 1325-1329.

23) H. Cowdrey, *Pope Gregory VII*, p.59.

알렉산더의 보다 장기적인 로마 외유동안 힐데브란드는 그의 대리자로서 로마에 남아있으면서 다양한 활동상을 보여주었다.

(3) 힐데브란드의 대외 관계

11세기 중엽에 로마 교회는 지방 교회로부터 쇄도하는 교회 업무량이 과도하게 많은 상태였다. 이에 알베르 훅크Albert Hauck는 이 시기 교황청이 대체로 교회에서 활동하는 모습을, 자석이 자기장의 형성으로 철 조각들을 끌어들여 그것들을 체계화하는 '자석에 엉겨 붙은 쇠 조각'이라는 생생한 비유를 들어 설명하였다.[24] 힐데브란드는 1064년부터 1073년까지의 기간 동안 군주들, 핵심적인 종교인들 그리고 유럽의 수도원과 결부된 많은 문제에서 탁월한 활동을 하였다. 이는 부분적으로는 그의 원숙한 인격성과 오랜 경험에서 기인하는 것이며, 부분적으로는 알렉산더 교황이 루카에 머무르는 동안 힐데브란드는 로마에 늘 상주함으로써, 많은 이들이 업무를 처리하기 위해 통해야 할 인물로서 그를 인식하였기 때문이었다. 힐데브란드의 입장에서도 개혁에 대한 그의 열망을 이루기 위해서는 독일, 프랑스 및 이탈리아와의 친밀한 관계를 설정하여 이 지역들과 이곳을 넘어서는 지역에까지 많은 인물들과 제도들에 관심을 집중할 수밖에 없었을 것이다.

힐데브란드는 교황 알렉산더가 1066년 노르만 정복 시기에 영국 군주 윌리엄 1세와 덴마크의 군주 스위든 에스트리스선과의 관계를 잘 유지하도록 지원을 하였다. 더욱이 교황 알렉산더에게는 남부 이탈리아의 노르만인들 및 롬바르드인들과의 관계가 중요한 외교 문제였다. 알렉산더는 '분할 통치지배'divide et impera의 정책을 발달시켜 모든

---

24) A. Hauck, Kirchengeschichte Deutschlands, vol. 3. (Leipzig, 1914-20) p.736 / H. Cowdrey, *Pope Gregory VII*, p.59 재인용.

지역과 연관을 맺으려는 시도를 하였다. 이에 힐데브란드는 노르만인들에 대한 정책에서 몬테카시노 수도원장 데시데리우스와 갈등 관계를 지녔던 것으로 보인다. 몬테카시노가 남부 이탈리아에서 교황청의 요새였으며 그곳의 수도원장이 로마 교회의 사제급 추기경이었을지라도, 그곳의 이해는 노르만 분할에 있는 것이 아니라 그들의 통합과 조화에 있었다고 보았다.[25] 군주들과 세속 통치자들에 대한 힐데브란드의 개입은 다른 한편으로는 로마 교황좌가 주도적인 대주교좌를 다루는 것과 연관되어 있었다. 일반적으로 힐데브란드는 교황의 이해관계를 증진시키는 한 합법적인 것에 거부감을 보이지 않았으며, 대주교좌 권위를 인정해 주었다. 이는 오래전 베네치아와 그라도를 처리하는 일에서도 명백히 드러났다.

덴마크에서도 힐데브란드는 덴마크 왕국에 조직적이고 효과적인 교회 조직을 제공하기 위해서 룬드의 대주교좌 설립을 격려하였다. 그레고리우스의 기록집*Registrum*에는 스페인 재정복 사업에 대한 언급이 있다. 알렉산더 교황 말년에 한 교황 승인장에서는 로버트 귀스카르의 사위이며 프랑스인이었던 애볼루스 로우쉬 백작과 프랑스인 기사 한 무리가 스페인과 전투하는 것에 동의하였다. 고대부터 스페인 전역은 성 베드로의 보호령에 있어 왔다. 그들이 전투하는 그 영지는 사도좌의 봉토에 소속된 곳이었다. 힐데브란드는 이 승인장을 작성하였으며, 이러한 문서는 동의되어 명문화되었다. 교황청 특사였던 두 인물 즉 주교급 추기경 제랄드 오스티아와 대부제 레인볼드는 이미 프랑스에서 교황 알렉산더의 서한과 힐데브란드의 위임장을 통해 에볼루스를 지원하도록 명령받았다.[26] 힐데브란드가 추구한 대외관계의 목표는 개혁

---

25) H. Cowdrey, *The Age of Abbot Desiderius*, pp.117-122.
26) *Reg.* 1. 6-7, 특사들과 프랑스 귀족들에 대해서는 1073년 4월 30일 서한, pp.8-12.

과 교회 정부의 이익을 위해서 교황좌와 여러 지역을 긴밀히 화합하도록 연결시키는 일이었다.

4) 교황 재위기(1073-1085)

1073년 4월 22일에 힐데브란드는 그레고리우스 7세 교황으로 선출되었다. 그레고리우스는 자신의 선출에 관해 다음과 같이 언급하였다.

> "갑작스레 우리의 주군 교황 알렉산더 2세가 구세주의 교회에서 묘지로 가게 되었을 때, 그곳에서는 인민들의 거대한 흥분과 소요가 일어났다. 그들은 마치 미친 자들처럼 나에게 달려들어 연설이나 회의를 위한 기회나 시간도 주지 않고 강제적인 힘으로 나를 사도좌의 통치 자리에 오르도록 하였다."[27]

그러나 이 선출에서 1059년 교황 선거법령에서 공포했던 주교급 추기경들에 관한 언급은 어떤 것도 없다.

> 빈콜리의 성 베드로 바실리카에 모인 우리는 즉 신성한 로마 가톨릭과 사도 교회의 추기경들, 성직자들, 복사들, 부제보, 부제들, 사제들이 존경받는 주교들과 수도원장들, 성직자들과 수도승들의 참석과 동의로 그리고 대규모 남녀 군중과 다양한 계층의 사람들의 환호로 우리의 사제이며 최고 주교로서 … 대부제 힐데브란드를 선출하였다.[28]

---

27) *Reg.* 1. 3, 4, pp.5, 7.
28) *Reg.* 1. 1 pp.1-2.

그레고리우스 7세 자신이 1073년의 4월 26일과 28일에 작성한 6통의 서한에서 자신의 선거를 나타내는 언급에서도 1059년의 선거법령과는 어떤 유사성도 발견할 수 없는 것이었다. 그러나 로마 인민과 성직자들의 환호를 업고 독일 군주의 입김을 받지 않은 채 교황선출은 이루어졌다. 이 시기부터 1085년 남부 이탈리아 살레르노의 노르만인에게 피신하여 생을 마칠 때까지가 그의 교황기이다. 그는 1075년에 「*Dictatus Papae*」[29]를 발표하고 거의 해마다 종교회의를 열며, 군주 하인리히 4세와도 여러 번 충돌하여 1076년 1월 보름스 회의에서는 하인리히에 의한 교황 폐위 사건이 발생하고, 같은 해 2월 로마의 사순절 시노드에서는 그레고리우스 7세에 의한 하인리히의 폐위와 파문이 선고되었다. 이에 1077년 1월 하인리히는 카노싸에서의 참회를 통해 다시 그 직위를 획득하였으나, 독일 제후들 특히 작센과 슈바벤의 귀족들은 대립군주 루돌프를 선출하여 1077년 3월 13일에 자신들의 군주로 세웠다.

그리하여 군주 하인리히 4세와 대립군주 루돌프 간에는 1077년부터 1080년까지 끊임없는 전쟁이 지속되었다. 이에 중립적인 태도를 취하던 그레고리우스는 1080년 3월에 종교회의를 소집하여 계속해서 약속을 어기며 개인의 이익만을 위해 싸우는 하인리히에게 두 번째 폐위와 파문령을 내렸다. 이에 맞서 하인리히는 그레고리우스를 폐위시키고 대립교황으로 파문된 라벤나 대주교인 귀베르트를 선출하여 클레멘스 3세라 칭하였다. 이처럼 두 명의 교황과 두 명의 군주가 난립하는 상황이 되었다. 그러나 루돌프는 나움브르그 부근의 엘스터 전투에서 사망(1080년 10월 5일)함으로써 사태는 하인리히에게 유리하게 진행되었다.

---

29) 1075년에 발표한 원본은 소실되었고, 오늘날 남아 있는 것은 이와 동일한 1078년에 발표한 것이었다.

1080년 엘스터 전투에서 오른팔을 잃고 임종하고 있는 루돌프 라인휄덴(1781년 베른하드 로드 작품)

그럼에도 불구하고 1083년 여름에는 그레고리우스에게 유리한 일들이 일어났다. 6월에 로버트 귀스카르가 칸내Cannae 지방에서 일어난 반란군을 진압하였으며, 자신과 함께 평화를 조성하려는 제후 조르단 카푸아와 만났다. 두 노르만 제후들 간의 일종의 화친관계는 회복되었다. 백작 로버트 귀스카르는 금화 3만 솔리두스 이상을 교황을 돕기 위해 로마로 보냈는데, 이는 하인리히가 비잔틴으로부터 받았던 재정 지원금을 상쇄하는 것이었다.[30] 하인리히는 1083년부터 1084년 겨울까지 로마 근방에서 보냈다.

1084년 3월 21일에 하인리히가 로마로 진군하려는 모든 희망을 포기하려 했을 때, 라틴 광장의 성 요한 성당의 문을 그에게 열어준 교황의 반역자들이 있었다. 그레고리우스는 다시 한번 성 안젤로 성으로 피신해야 했다. 3월 24일 성지주일에 세 명의 파문당한 주교들이 성 베드로 성당에서 대립교황 귀베르트에게 서품되었다. 군주 하인리히와 그의 아내 베르타는 원래 교황 그레고리우스 7세에게서 황제로 대관하기를 원했으나, 일주일 후에 그들은 서구의 황제이며 황후로서 이 대립교황

30) Lupus Protospatarius, *Chronicon* 1083, 5, p.61 / I. Robinson, *The Papacy*, p.245 재인용.

에게 대관식을 하게 되었다. 5월 21일에 하인리히는 용맹스러운 군인들에게 충분한 보상을 하고 빨리 돌아올 것을 약속한 후 북부로 떠났다. 그 주에 노르만 공 귀스카르와 그의 전사들이 교황을 지원하기 위해 로마로 진군하였다. 그들의 3만 명의 군대는 6천 마리의 말을 타고 캠푸스 마르티우스에 진을 쳐서 그 도시를 공격하여 포위하였다. 교황은 전시 상황에서 행렬을 통해 성 안젤로 성에서 라테란까지 호위되어 왔다.[31] 그러나 귀스카르의 군대는 노르만인들과 사라센인들의 혼성으로 이루어진 것으로 로마인들을 살인하고 전리품을 약탈하였다. 콘솔 센시오는 가옥들에 불지를 것을 조언하였다. 귀스카르는 인용하기를 "로마인들은 쓸모없는 배신자들이다. 그들은 언제나 신의 신성한 교회에 감사하지 않으며 앞으로도 그러할 것이다. 나는 그들의 죄로 물들은 이 도시에 불을 질러 신의 가호로 이곳을 새롭게 건설하여 알프스를 넘어온 새로운 사람들로 채울 것이다."[32] 이때 수천 명의 로마인들이 투옥되었다. 일부 교회들과 공공건물들은 교황의 방어에 내맡겨졌으며, 교황에게 손해배상의 약속을 요구하였다. 모든 로마인들은 노르만인들의 잔학함에 놀라 수만의 황금보다도 하인리히 황제에게 마음이 쏠리게 되었다. 비록 로마가 이전에 반달족, 고트족, 훈족 등에 심하게 약탈당하였을지라도, 이와 같은 참혹한 피해는 결코 당하지 않았었다. 귀스카르의 군대는 콜로세움과 라테란 성당 사이의 모든 것을 불태워 버렸다. 이제 그레고리우스는 더 이상 자신의 도시인 로마에 안전하게 머무를 수가 없게 되었으며, 노르만 공과 함께 남쪽으로 떠나는 것 이외에는 어떤 선택도 할 수 없게 되었다.

교황 그레고리우스 7세는 살레르노에서 약 1년여 기간의 망명생활

31) Lupus Protospatarius, *Chronicon* 1083, 5, p.61.
32) "Notre Dame Series", *Saint Gregory VII Pope*, pp.208-209.

중 1085년 5월 25일에 죽음을 맞이하였다. 1085년 초엽부터 그레고리우스는 심한 질병에 걸렸을 것으로 코주리 교수는 추정하였다.[33] 그는 살레르노에서도 지속적으로 공의회를 개최하는 등 교황 업무를 수행하였다. 사망하기 며칠 전 그레고리우스는 병세가 다시 심하게 악화되었으며 그가 로마를 떠나 망명 생활에 오를 때 자신과 함께한 주교들과 추기경들의 호위를 받고 있었다. 그의 임종을 지켜본 자들은 대부분이 궁정사제들chaplains이었다. 그레고리우스는 마지막 유언으로,[34]

> "나는 정의를 사랑하였고, 죄악을 미워하였노라. 그리하여 나는 추방 생활 중에 죽노라."

라는 성서 구절[35]을 인용하여 남긴 채 임종하였다. 그러나 그레고리우스의 개혁은 지속적으로 진행되어 갔다. 그의 뜨거운 열정과 정의를 추구하는 카리스마는 일부 사람들의 비난도 받았지만, 수도승 출신의 겸손과 인내, 금욕과 강인함은 어려운 개혁운동을 지속시키게 하는 힘의 원천이었다.

2. 추구한 정신적 이상들

그레고리우스 7세는 그 자신을 포함하여 성직자는 물론 세속인들, 평신도에 이르기까지, 또한 개인뿐만 아니라 사회적 관계에서도 도덕

---

33) H. Cowdrey, *Pope Gregory VII*, p.677.

34) Ed. H. Jedin & J. Dolan, *Handbook of Church History III* (New York, 1968). p.384.

35) 시편 44장 8절 및 히브리서 1장 5-13절.

적 정신적 이상을 추구할 것을 권고하였다. 이러한 생활은 성서와 교부들의 말씀 및 교회에서 내려오는 전통에 근거한 것이었다. 그가 평생 추구하였던 몇몇 이상들을 살펴본다.

1) 자애심 charity

그레고리우스는 고린도 전서 13장에 나오는 성 바오로의 사랑의 찬가를 가슴에 새기면서 살았다. 그 말씀에 따라 그레고리우스는 참 사랑이 모든 다른 덕목들 가운데 모든 그리스도교도들에 의해 선호되어져야 할 것으로 선언하였다. 진실로 사랑은 모든 덕목의 어머니였기 때문이었다. 만일 이것이 결핍된다면, 어떠한 선한 사람도 자신의 구원을 위한 모든 열매를 상실해 버리게 될 것이다. 자애심은 하느님 그 자신이 하늘에서부터 땅에까지 내려와서 인간 상황의 비참함을 같이 나눈다는 것이었다. 그것은 남자와 여자 적어도 세속 통치자들에게 강한 동기를 부여하여 세상에서 그들의 의무를 지속하도록 하였다. 사랑은 신으로부터 받은 선물이며 그가 할 수 있는 만큼 받아들여야 하고 증진시켜야만 하는 것이었다.[36] 만일 이것이 세속 통치자에게 우선하는 동기를 부여한다면, 그것은 마치 참된 소명을 따르는 수도승들이 수도생활의 절정으로서 '최상의 사랑의 경지인 완전함'에 이르기를 소망하는 것과 같다고 인식하였다.

세상에서 그것을 추구하고자 하였던 그레고리우스는 교황 그레고리우스 1세로부터 하느님이 모든 그리스도교도들에게 각각 그 자신의 역경과 번영의 몫을 할당하셨다고 배웠다.[37] 하느님은 모든 그리스도

---

36) *Reg.* 1. 47, 마틸다 토스카니 백작부인에게 보낸 편지, 1074년 2월 16일, pp.71-72.

교도들에게 사랑으로 인간적 고난의 짐을 나누어지도록 하셨다는 것이다. 그리하여 1080년 군주 하인리히 4세가 로마를 공격하였을 때, 그레고리우스는 그의 지지자들에게 다음과 같은 내용을 설명하였다. "몸의 지체 중에 한 부분이 고통을 당하면, 다른 모든 지체들도 그와 함께 고통을 당하기 때문에"(고린도 전서 12장 26절), 그들 심장에서 솟구치는 하느님의 사랑은 모든 죄인들이 회개하고 자신들의 창조주에게로 돌아오려는 의지의 합일성으로, 또한 이제 모든 곳에서 흔들리고 분열되고 혼란스럽던 교회가 그것의 본원적인 평정과 안정을 회복하려는 욕구의 합일성으로, 그리고 그레고리우스와 그의 추종자들이 하느님의 영광을 드러내며 그들이 자신들의 형제들과 함께 그들을 박해하였던 사람들조차도 영원한 생명을 얻을 수 있을 것이라는 종교적인 목적의 합일성으로 인식될 수 있다는 것이었다.[38] 그리하여 사랑이 전체 그리스도인의 생활을 영위하고 지도하기 때문에, 그레고리우스는 교황의 직무 그 자체를 바로 부성애의 정신이며 그리스도의 사랑으로서 그들의 임무 가운데 자애심을 이행해야만 한다고 제시했던 것이다. 교황은 그리스도의 법률을 저버리기보다는 차라리 죽음을 당하는 것이 더 안전하며, 그리스도의 계명을 사랑하였던 가난한 자들을 따르는 것보다 권세있는 죄인들을 유념하여 보는 것이 더욱 안전한 일이었다. 자애심에 대한 교황의 임무는 그가 어떤 그리스도교도도 미워하지 말라는 것이었다. 그는 어떤 예외도 없이, 황제와 군주로부터 하찮은 그리스도교도에 이르기까지 그리스도의 비유인 혼인 잔치의 예복처럼(마태오 22장 11-12절) 하느님에 의해 받아들여지기 위해 필수적 요소였던 사랑의 임무를

37) *Reg.* 1. 11, 베아트리스와 마틸다 토스카니 백작부인들에게 보낸 편지, 1073년 6월 24일.

38) *Reg.* 9. 21, 모든 신앙인들에게 보낸 편지, 1082년, pp.601-607.

늘 이행해야 하였다.[39]

2) 복종 obedience

그레고리우스 7세는 모든 덕의 어머니인 자애심이 모든 그리스도교도들에게 우선되어야 할 덕목이라면, 복종은 그가 가장 자주 언급한 덕목이었다. 그의 교황좌 초기 시절 작센인 귀족들에게 보낸 서한에서 언제나 신의 의지에 이끌리는 자신의 삶에 관해 기술하였다.

> "사람이 산다는 것이 제 마음대로 되지 않기 때문에(예레미야 10장 23절 비교) 사람이 하는 일은 야훼께 달렸으니 사람이 어찌 스스로 이루랴(잠언 20장 24절 비교). 내가 이루고자 하는 목적들을 신의 의지에 맡기지 않는다는 것은 나에게는 불가능한 일이오."[40]

이 서한은 그레고리우스 자신뿐만 아니라 모든 그리스도교도들에게 요구했던 복종에 대한 개념으로 성서적인 근거를 두고 있으며, 성서 원문을 직접 제시하고 있다. 더욱이 두 가지의 고전 라틴 사료들에서 복종에 대해 성서적 덕목으로의 이해를 촉진하고 있었다. 하나는 성 베네딕트의 규율이었고 다른 하나는 교황 그레고리우스 1세의 『도덕론』의 말미 부분에 나오는 복종에 대한 언급을 통해서이다.[41] 『도덕론』에서 그레고리우스 1세는 예언자 사무엘이 사울왕의 불복종에 대해 언급하고 있는 부분을 다음과 같이 인용하였다.

---

39) *Reg.* 1. 19, 성직자와 카르타고의 인민들에게 보낸 편지, 1073년 9월 15일, p.37.
40) *Reg.* 1. 39, 1073년 12월 20일, p.61.
41) H. *Cowdrey, Pope Gregory VII*, pp.555-556.

『베네딕트 규칙서』(8세기 사본)

"야훼께서, 당신의 말씀을 따르는 것보다 번제나 친교제 바치는 것을 더 기뻐하실 것 같소?
순종하는 것이 제사 드리는 것보다 낫고, 그분 말씀을 명심하는 것이 염소의 기름기보다 낫소. 그분을 거역하는 것은 점쟁이 노릇만큼이나 죄가 되고 그분께 대드는 것은 우상을 위하는 것만큼이나 죄가 되오. 그대가 야훼의 말씀을 거역하였으니, 야훼께서도 그대를 왕의 자리에서 파면시키실 것이오."

(사무엘 상 15장 22-23절)

그레고리우스는 자신의 서한에서 대략 22번이나 사무엘의 책망을 인용하여 서술하였다. 그가 그것을 교훈적으로 받아들여 자신의 심중에 깊이 새기고 있었음은 의심의 여지가 없다. 그는 성직자들의 지도력에 복종하는 것이 군주들의 의무라는 점을 지적하였던 사무엘의 언급을 자주 인용하였다. 만일 그들이 반항한다면 신민들에게도 군주들에게 복종하는 것을 거부하도록 해야 한다는 것이었다. 성직매매 금지와 성직자 결혼 금지에 대한 교황법령에 대한 보편적인 복종을 재가한 것이었다. 그레고리우스는 이를 사도좌에 주된 불복종의 죄를 저지른 귀베르트 라벤나처럼 고위성직자들에게 집중되어 있으며, 로마로의 방문을 이행치 않고 있었던 랑프랑 캔터베리에 대한 일종의 경고 조치였다. 그레고리우스 7세의 기준에서 그것은 사람이 자신들의 의지보다

신을 더 선호하던지 혹은 그러하지 않던지, 그들이 사람들의 명령보다 신의 명령에 더 순종하는 것이 그들이 그리스도교의 지체인지 아니면 적그리스도의 지체인지를 아는 시금석이었다.[42]

그레고리우스 1세의 복종에 대한 개념은 "신의 의지에 대한 인간 의지의 자발적인 복속을 의미"하였던 반면, 그레고리우스 7세의 복종은 "교황의 명령에 대한 주교들과 성직자들의 복종을 의미"하는 것이었다.[43] 복종은 그들의 신민으로부터 주교와 대주교에 이르기까지 행해야 할 의무사항이었다. 더욱이 그레고리우스는 그것을 하나의 의무로서 뿐만 아니라 축복의 근원으로서 제시하였다. 구약성서의 여호수아의 철저한 복종은 천체의 정상적인 작동의 일시적인 정지까지도 가능토록 하였으며, 그리하여 이스라엘 인들이 요르단 강을 마른 발로 건널 수 있었으며, 태양의 진행을 멈출 수 있었고, 승리의 나팔소리로 예리고의 성벽을 무너뜨릴 수 있었다.[44] 신의 축복을 받거나 혹은 그러하지 못하는 것이 복종하는 것과 연관되어 있기 때문에 복종과 불복종은 군주들을 흥하게도 멸하게도 하는 시금석 가운데 첫 번째였던 것이다.[45]

3) 정의로움 iustitia

그레고리우스가 다루고자 하는 사람들에 대한 가장 엄격한 요구 가운데 하나가 그들이 정의로움의 요건들을 보여줄 수 있는가 이다.

---

42) *Reg.* 4. 2, 헤르멘 메쯔의 주교에게 보낸 편지, 1076년 8월 25일, p.295.
43) I. S. Robinson, "Periculosus Homo : Pope Gregory VII and Episcopal Authority", *Viator* 9, 1978, p.111.
44) *Reg.* 4. 68, 웨너 막데브르그 대주교에게 보낸 편지, 1075년 3월 29일, p.225.
45) *Reg.* 7. 14, 1080년 3월 7일 사순절 시노드의 기록, pp.486-487.

정의로움은 복종과 겸손의 덕목들에 대한 그의 강조와 밀접한 관계를 지니고 있었다. 그럼에도 불구하고 그는 그것을 사람들이 행해야 할 객관적인 기준의 외적인 규범만큼이나 인간의 내적인 자질 혹은 덕으로서 언급하지는 않았다. 그는 종교 그 자체와 마찬가지로, 정의로움도 신에 의해 만들어졌고 그것은 신과 그의 섭리에 직접 좌우된다고 믿고 있었다.[46] 그는 1077년과 1080년 사이에 독일의 왕위계승 싸움에서 어느 편이 보다 더 정의로움을 선택하는가를 시험했을 때와 마찬가지로, 그레고리우스는 정의가 그 자신의 통치권과 분별력을 통해 그것 스스로 구현되게 될 것으로 생각하였다. 그의 서한들을 통해서 볼 때 정의로움을 가지고 있는가 혹은 정의를 행하는가의 문제는 합법적인 법정에서의 분배 정의로 명료하게 다루어졌다. 그러나 그 뿌리에 있어서 정의로움은 종교적인 것이었다. 그것은 그것의 궁극적인 목적인 영원한 축복을 달성하고, 모든 인정법human law을 알리고 계도하였던 신의 법률의 고유한 특질이었다. 신의 요구로서 정의로움은 군주들의 마음뿐만 아니라 그들의 행위까지도 다스려야만 했다. 이러한 목표를 향해 그들이 정의로움의 길을 걷는 것은 교황의 계도와 조언을 따르면서 신법과 인정법에 따라 통치하는 것이었다. 정의로움이 신과 지상의 그의 대리자의 법률과 계도에 마음으로부터 동의하는 한 그것은 인간의 덕목이 되었다. 그것은 그러한 이끄심을 받아들이고 벗어나지 않은 결과였으며, 이렇게 할 때 사람이 정의로움의 곧은 길을 따르는 것은 가능한 일이었다. 마음으로 동의하면서 기꺼이 복종하는 것이 다른 사람들을 합당한 옳은 길로 보호하는 것이었다. 그리하여 정의로움은 신의 법률과 교회의 법률에 외적인 복종뿐만 아니라 도덕적인 성실성과도 연관되어 있었다.[47] 그러나 정의는 복종과 겸손의 덕목들을 당연한

---

46) *Reg.* 1. 9, 고드프레이 로렌 공에게 보낸 편지, 1073년 5월 6일, p.14.

인간의 응답으로 받아들인 사람에게 주어지는 신적 권위의 영역에 남아 있었다. 그러므로 그레고리우스는 교만하던지 혹은 겸손하던지 간에 개별적인 그리스도교도의 자질 그 자체로 정의로움에 대해 언급하는 것을 조심스럽게 삼갔다. 그것은 그것의 열매로 알 수 있는 것이기 때문이었다.

---

47) *Reg.* 3. 8, 밀라노의 테달드에게 보낸 편지, 1075년 12월 8일, p.259.

제 2 장

개혁 사상의 토대

1. 성직자정치론

일찍이 울만이 지적하였듯이, 중세 정치이론의 축인 하향적 통치이론과 상향적 통치이론의 핵심에는 법률 제정권이 누구에게 있는가 하는 문제가 있었다. 모든 권력이 신으로부터 나오며, 따라서 현실적으로는 교황에게서 유래된다는 것이 하향적 이론 즉 신정적 이론이었다. 이에 비해 법률이 공동체나 인민에 의해 밑으로부터 제정되어야 한다는 생각이 상향적 이론 즉 인민주의적 이론이었다.[1] 이 하향적 시각은 그리스도교가 로마문명, 헬레니즘 문화, 동방의 법률, 고대 철학 등을 흡수하면서 발달되었다. 이러한 신정적인 이론은 이제 교부들에 의해 발달될 성직자정치이론의 형성에 근간이 되었다.

1) W. Ullmann, *Medieval Political Thought*, pp.12-14.

1) 성직자정치이론의 형성

초기의 그리스도교 조직화는 특히 로마의 제도들을 토대로 성장하였는데 그 가운데 로마적 법률 개념은 매우 중요한 역할을 하였다.[2)] 특히 성 제롬St. Jerome(342-420)은 라틴어 성서*Vulgate*의 번역과 함께 성서적 종교 이론을 로마적 법률 전통 하에 뿌리내리게 하는데 중요한 역할을 하였다. 로마법과 성서 이론들의 융합은 그리스도교 교회를 합법화, 제도화하는 데 크게 기여하였던 것이다. 콘스탄티누스 황제(306-337)의 그리스도교의 승인, 포교와 함께 발렌티아누스 2세(375-392), 그라티아누스(375-383), 테오도시우스 1세(379-395)와 같은 황제들의 칙령으로 그리스도교는 제국의 종교로 되었으며, 교회는 제국의 교회가 되었다.[3)] 공의회의 결정이 곧 국법이 되었다. 황제 칙령은 교회에 특권적 지위만이 아니라 제도상의 직능을 부여하였고, 따라서 이제 교황권은 하나의 타당성 있는 통치기구로서 활동하기 시작하였고 법이라는 수단에 의해서 움직였다. 이러한 초기 교황권의 법에 의한 운영은 교황권 자체의 창안에 의한 것이 아니라, 로마적 토양에서 배태된 것이었다.[4)]

더욱이 교회의 관리자들, 특히 주교들은 황제에 의해 공적인 기능들을 담당하게 되었다. 교회 관리자들의 공적인 기능이 확대되었다. 그리하여 로마 교회는 중세 초기 서유럽의 정치적 공백기 동안 제국의 해체된 통치력을 대신하였다. 이러한 상황에서 교회의 제도정비와 함께 교황 수장제 원리Theory of Papal Monarchy가 발전하게 되었다. 서던R. Southern 교수는 중세 초기 교회가 행한 역할에 대해 다음과 같이 언급하

2) W. Ullmann, *Law and Politics in the Middle Age* (Ithaca, 1975), p.34.
3) S. T. Ehler and J. B. Morall, *Church and State Through the Centuries* (Westminsten, 1954), pp.6-7.
4) W. Ullmann, *Medieval Political Thought*, p.20.

였다.

> 당시의 모든 정치적인 행위뿐만 아니라, 지적이고 사상적인 모든 행위가 교회의 기능이었다. 게다가 로마 제국의 정치질서를 인수받은 교회는 그리스의 학문과 로마 문학을 전유하였으며, 교회는 그것들을 이 세상에서의 인간 복지의 제도로 변화시켰다.[5)]

한편, 로마 제국 말기의 통치에서 황제의 신성은 매우 중요한 요소였다. 그러나 그리스도교도들은 황제의 이 같은 신성에 반발하였다. 이 점은 사도 바오로의 로마인들에게 보내는 편지에서도 잘 드러난다.

> 누구나 자기를 지배하는 권위에 복종해야 합니다. 하느님께서 주시지 않은 권위는 하나도 없고 세상의 모든 권위는 다 하느님께서 세워 주신 것이기 때문입니다. 그러므로 권위를 거역하면 하느님께서 세워 주신 것을 거스르는 자가 되고 거스르는 사람들은 심판을 받게 됩니다. … 통치자는 결국 여러분의 이익을 위해서 일하는 하느님의 심부름꾼입니다. … 그는 하느님의 심부름꾼으로서 악을 행하는 자들에게 하느님의 벌을 대신 주는 사람입니다. … 여러분이 여러 가지 세금을 내는 것도 이 때문입니다. 통치자들은 그와 같은 직무들을 수행하도록 하느님의 법령을 받은 일꾼들입니다. 그러므로 여러분은 그들에게 해야 할 의무를 다하십시오. … 6)

위에서 인용된 구절에서 알 수 있듯이 그리스도교는 황제라는 개체

---

5) R. W. Southern, *Western Society and the Church*, p.22.
6) 로마서 13장 1-7절.

적 인성과 그의 통치 권력을 뚜렷이 구분하였다. 그리스도교도의 입장에 따르면, 로마 황제도 다른 어떤 인간들과 구분될 바가 전혀 없었다. 황제는 신민들을 통치할 권력이 있는 것은 사실이지만, 이러한 권력은 인간적인 기원에서가 아닌 신의 기원에서 나오는 것이다.[7] 법률의 정당성은 통치자의 성격 혹은 인성에 결코 관련되지 않는다는 것이다. 통치자가 도덕적으로 '선하다' 혹은 '악하다'는 것과 그가 지닌 법률의 권위, 정당성 혹은 기능과는 전적으로 무관하다는 인식이 확산되어 갔다.

5세기경 보편 교회는 '새로운 창조물' 혹은 '새로운 인간'으로 구성되는 새로운 사회임을 성서적 근거로서 교황권에 의해 천명되었다. 고린도 후서 5장 17절 "누구든지 그리스도를 믿으면 새 사람이 됩니다. 낡은 것은 사라지고 새것이 나타났습니다." 골로사이서 2장 12절 "여러분은 그리스도의 할례, 곧 세례를 받음으로써 그리스도와 함께 묻혔고 또 그리스도와 함께 다시 살아났습니다. 그리스도를 죽은 자들 가운데서 다시 살리신 하느님의 능력을 믿었기 때문입니다." 등이 그 근거였다. 즉 새로운 사회의 구성원들은 신에 의해 주어진 법인 교회법에 종속되었다. 여기서 교황권은 교회법을 공포하고 그것에 의한 지배를 주장하게 되었다. 이는 성 베드로의 수위권을 주장하는 것으로, 그의 계승자가 지배하여야 한다는 것이었다. 마태오 복음 16장 18절 "잘 들어라. 나는 베드로이다. 내가 이 반석 위에 내 교회를 세울 터인즉 죽음의 힘도 감히 그것을 누르지 못할 것이다"는 4세기 말엽부터 새로운 사회가 베드로로 대표되는 성직자의 지배 특히 교황적 체제에 의해 관리되어야 함을 의미하는 것으로 해석되었다.[8] 반면에 황제의 교회

---

7) W. Ullmann, *Law and Politics*, p.36.

8) *Ibid.*, p.40.

통치는 부정되었다. 성 베드로의 유일한 계승자인 교황만이 법률을 공포하고, 그리스도교 집단을 통치할 자격을 가졌다고 주장되었다. 그러므로 그리스도가 그의 제자 베드로 위에 세운 교회는 그리스도의 모든 권한을 대행하며, 특히 죄에 대해 묶고 푸는 권한을 지니게 된 것이었다.

성 제롬(341-420)은 신앙의 문제에 있어서 로마 주교의 수위권을 강하게 주장하였다. 그가 제창한 것은 성직자정치이론의 이념인 베드로의 수위권 이념Doctrine of Petrine Primacy이었다. 이것은 로마 주교인 교황만이 교회 안에서 최종적인 권한을 지니며, 모든 성직자와 심지어 전체 공의회에 대해서도 법률을 만들고 최고의 권한을 행사할 수 있다는 것이었다.[9] 성 제롬의 베드로 수위권을 이론적으로 더욱 체계화하고 교황 전능권 사상을 주장하여 교황 수위권 원리에 많은 기여를 한 이는 교황 레오 1세(440-461)였다. 그는 처음으로 베드로의 권한에 대한 사상을 공식화하였고, 교황 수장제의 발전에서 결정적인 역할을 수행하였던 '전능권'에 대한 주장을 처음 시도하였다.[10]

레오의 교황 수장제의 중요한 두 가지 원리 중 하나는 교황의 인격과 직무간의 분리이다. 교황 개인의 인격과 성품 및 태도는 그리 중요하지 않으며, 직책 및 이런 직책에서 나온 법률 내지 명령이 중요하다는 것이었다. 교황 수장제의 원리에 의하면 애초부터 성 베드로가 그리스도로부터 부여받은 사목자로서의 지위는 그의 개인적 성품과는 무관한 것이었다. 뿐만 아니라 많은 중세 교황(실제로 모든 교황)이 스스로 자신들의 인격적 자질은 교회의 기초인 성 베드로를 승계할 만한 것이 못

9) K. F. Morrison, "The Church, Reform and Renaissance in the Early Middle Ages", *Holiness and Politics in Early Medieval Thought* (London, 1985), p.150.
10) W. Ullmann, *The Growth of Papal Government in the Middle Ages* (New York, 1953), p.7.

교황 레오 1세(성 베드로 대성당의 교황 레오 1세 제대, 훈족 아틸라와 담판하는 모습)

된다는 사실을 누누이 밝힌 바 있었다. 이와 같은 인격과 직책의 분리 승계의 원칙은 교황의 지위에 두 가지 의미 있는 보장을 가능하게 하였다. 첫째, 그것은 모든 교황에게 신도 집단과의 관계에 있어서 초법률적 지위를 확립시켜 주었다. 교황의 모든 명령은 교황 개인의 도덕적 자질과는 무관하게 그 자체로서 구속력을 가지는 것이므로, 신도 집단은 교황의 교서나 행위에 대해 어떠한 법률적 의미의 책임도 물을 수 없기 때문이었다.[11] 다른 하나는 교황의 권위는 전임 교황으로부터 승계 받는 것이 아니라 성 베드로로부터 직접 승계 받는다는 점이다. 즉 모든 교황은 베드로의 직접 계승자로 간주된다는 것이다. 따라서 교황은 신도 집단을 초월하여 관리자로서 명령을 하달할 수 있는 권한을 가졌다는 것이다. 관리자로서의 교황의 지위는 성 베드로에 의해 법률적이었고 매우 객관적인 기준으로 이해되었다.[12]

5세기 말엽의 교황 겔라시우스Gelasius 1세(492-496)에 따르면 교권과 속권이 정신사와 세속사를 각각 독립적으로 관리하는 권력체로 파악하였다. 그는 비잔티움의 황제 아나스타시우스 1세(491-518)에게 보낸 서한

11) 박은구, 『서양 중세 정치사상 연구』(혜안, 2001), pp.445-446.
12) W. Ullmann, *Medieval Political Thought*, p.26.

(494년)에서 "세상을 통치하는 두 권력은 교황의 신성한 권위*auctoritas pontificum*와 국왕의 권한*regalis potetas*이다"[13]라고 지적함으로써 교권과 속권을 명확히 구분하였다. 겔라시우스의 주요 의도는 황제의 교회 교리에 대한 간섭을 배제하려는 것이었다. 심지어 그는 교권과 속권의 독립을 주장하는 것에서 한걸음 더 나아가, 교권이 세속 통치자들을 포함한 모든 인간의 영혼을 책임지고 있기 때문에 상대적으로 속권보다 우위에 있다고 덧붙였다. 교권은 최종적이며, 속권은 차위의 권위를 나타내는 것이며, 또한 전자는 분할 불가능한 것이고 후자는 여러 개로 나뉠 수 있다는 것이다. 그러나 여전히 그는 교회와 제국의 관계라는 관점에서 생각하여, 상대적으로 평가할 때 교권이 보다 우위에 있음을 강조하는 것이지, 세속적 영역에서조차 교권의 우위를 주장하는 것은 아니었다.[14] 달리 말하면 신성한 권위와 국왕의 권한은 천상과 지상 각각의 영역에서 분할된 통치를 행하는 병행주의를 설명한 것이었다.[15] 즉 교황의 임무가 인간에 대한 통치지만 신앙적인 문제에 있어 황제는 그 자신을 교회의 신심있는 아들로서 교황에 복종해야 한다는 것이다. 그러나 황제가 신앙 이외의 문제에 있어서도 교황에 복종해야 하는 것을 의미하는 것은 아니었다. 겔라시우스는 496년에 두 권력의 기능에 대한 구분을 다음과 같이 하였다.

> 그리스도는 … 그들의 적합한 행동들과 그들의 특별한 위엄에 따라 두 권력들의 직무를 나누었다. … 그리하여 그리스도교 황제들은 영원한 삶을 얻기 위해서 주교들을 필요로 할 것이며, 주교들은 세속적인 일들을

---

13) B. Tierney, *The Crisis of Church*, p.13.
14) W. Ullmann, *Medieval Political Thought*, pp.40-42.
15) I. Robinson, "Church and Papacy", ed, J. H. Burns, *The Cambridge History of Medieval Political Thought*. c.350-c.1450 (Cambridge, 1988), p.289.

행함에 있어 제국의 명령에 복종할 것이다.[16)]

교회와 사회를 유기체적 관점으로 바라보았던 인물은 교황 그레고리우스Gregory 1세(590-604)였다. 그래서 로마 교회는 그에게 '보편 교회인 그리스도의 몸 전체'의 축소판이었고, 이 몸은 어머니인 로마 교회와 아버지인 교황을 인정하는 민족들과 왕국들로 구성되어 있다[17)]는 것이다. 그레고리우스 1세에 의해 주창된 로마 교회에 대한 개념은 어떤 법률적인 성격의 고려들에 의해 장애 없이 그 권위를 행사하는 그리스도교 공동체 사회*societas reipublicae christianae*였다. 이러한 사회는 비잔틴 제국 체제의 외곽 즉 제국 사법권의 합법적인 영역 바깥의 민족들과 왕국들도 포함되어진 것이었다. 그럼에도 불구하고 이 견해는 프랑크 왕국의 군주(칠데베르트 2세)와 프랑크족 인민들을 높이 고양시켜주었다. 왕국의 위엄이 모든 개별적인 사람들을 복속시키는 것과 마찬가지 방식으로 프랑크 왕국은 모든 다른 민족들을 통솔한다는 것이다. 그레고리우스의 서한에서는 비잔틴 제국의 황제에게 행한 연설과 서구군주들에게 행한 연설에는 매우 다른 어조로 구별되었다. 황제는 변함없이 '주권자*dominus*'였던 반면 서구의 군주들은 교황의 '아들'이었다. 서구에 대해서 교황은 권위를 지닌 명령조의 언어를 사용하였으며, 로마 교회의 권위가 효과적으로 인식되었던 것도 서구에서였다. 유럽의 가장 멀리 떨어져 있는 변방이었던 영국에서부터 모든 '로마인'의 통일성에 대한 지속적인 강조를 하였던 것이다.[18)] 서구의 군주들에게 보낸 서한에서 그는 세속 권력은 천상의 권력에 봉사해야 하며, 전자는 후자에 대한 모델이

---

16) Gelasius I, *Tractatus* IV. II, ed. Thiel 1868, p.567 / Robinson, "Church and Papacy", p.289 재인용.

17) W. Ullmann, *Medieval Political Thought*, p.50.

18) W. Ullmann, *The Growth of Papal Government*, p.38.

되어야 한다. 성직자는 교황의 칙령을 전달하는 기관이 되어야 하며, 보편 교회 내에서의 위계적인 등급과 서열의 분화를 강조하였다. 그리하여 그는 몸과 지체의 조화에 대한 바오로 사상에 영향을 받아 그리스도교인들의 유기체적 통합The Corporate Union of Christians을 '그리스도교 공화국 사회'Society of the Christian Commonwealth라고 불렀다. 그 사회는 적합한 하위 직책들을 통해 성 베드로의 계승자들에 의해 직접 통치되는 것을 의미하였다.[19] 성 베드로의 계승자인 교황은 신앙공동체 즉 교회를 이끌 수 있는 자격이 부여되었다. 교황이 그렇게 할 수 있는 수단은 그의 최고권의 사법적인 기능으로 그에 의해 반포된 법률에 의한 것이었다. 교황의 기능은 하나의 진정한 군주이며 그에게 위임된 공동체를 통치하는 것이었다.[20] 왕실 권력에 대한 목적론적 시각은 그레고리우스 1세에 의해 강력하게 지지되었다.

이러한 교회의 유기체적 이론에 기반이 되었던 교회 계서제론의 발달은 약 500년경에 활동하였던 드니Denis 혹은 디오니시우스 아레오파지트Dionysius the Areopagite를 통해서였다.[21] 그의 계서제 사상은 「천상 계서제*Celestial Hierarchy*」와 「성직 계서제*Ecclesiastical Hierarchy*」에 관한 두 논문집에서 제시되었다. 드니는 「천상 계서제」(3장 1절)에서 이 계서제의

---

19) W. Ullmann, *Medieval Political Thought*, p.51.

20) *Ibid.*, p.100.

21) 그는 500년 전후에 짧게 그리스어로 저술하였다. 그러나 그는 처음에는 1세기 중반경 아테네의 아레오파구스(Areopaagus) 법정에서 성 바오로에 의해 개종했던 인물로 알려졌다(사도행전 17장 16-34절을 근거함). 디오니시우스 아레오파지트라는 이름이 저자의 가명이었다는 사실은 15세기 전까지 거의 의심받아 본 적이 없었다. 디오니시우스는 사변적인 사상가로서 그의 대부분의 영감을 초기 그리스도교 플라톤주의자들 특히 그레고리우스 니사, 프로클루스에게서 받았다. 프로클루스는 우주에 실체와 존재의 다양한 등급들 즉 유일자, 지식 혹은 이데아와 감각 세계로 플로티누스 견해를 이용하였던 신플라톤주의 사상가들 중의 한 사람이었다. 디오니시우스는 그들의 유출개념을 대부분 그리스도교적인 맥락에서 수용하였다.

디오니시우스 아레오파지트(그리스 호시오스 루카스 수도원 소장)

용어를 세 가지로 규정하였다. 첫째, 계서제는 피조물들이 등급으로 나누어지는 체계이며, 둘째로 그것은 지식Science이라는 것이다. 왜냐하면 그것은 신으로부터 빛을 받은 거울처럼 그들 아래에 있는 피조물들에게 그 빛을 반사하여 계몽시킴으로써 영혼들에게 신의 지식을 전달하여 주기 때문이다. 셋째로 계서제는 신과 피조물들과의 합일을 제공해 주는 행위이다. 계서제에서 각각의 등급은 하위 등급을 정화하고 계몽하고 완성한다.

드니는 태양의 이미지를 사용하여 설명하였다. 태양은 멀리 떨어져 있는 물체들보다 태양 가까이 있는 물체들에게 더 강하고 쉽게 빛과 열을 전달해 준다는 것이다. 이때 물체들이 태양으로부터 빛과 열을 직접적으로 받는 것이 아니라 중간 물체들을 통해서 받는다. 그러나 전체 세계를 통해서 빛과 열의 발산은 물체들에게 통일성을 부여한다. 천사들과 지상 교회의 구성원들의 각각의 위계 혹은 등급은 신으로부터의 그것의 가까움 혹은 멀리 떨어져있음에 따라 신으로부터의 정화, 계몽, 완전성을 받는다. 그러나 각각의 질서는 지속적인 형태를 지니면서 다음의 연결된 고리로 이러한 행위를 전달한다.[22] 이러한 계서제론

22) D. Luscombe, *Medieval Thought* (Oxford, 1997), pp.25-26.

은 세상의 모든 존재는 신을 정점으로 하는 계서제가 존재한다는 것과 그것은 신과 가까이 있든지 혹은 멀리 떨어져 있든지 간에 계서제 안에 있기 때문에 중간에 있는 다른 존재물에 의해 그 빛이 전달된다는 것이었다. 또한 가장 하위의 것도 그들의 상위 전달자들에게 연관되어 있어 신으로부터 나오는 모든 것이 동일한 형태로 전달되며 이것은 다시 하위로부터 최고의 등급인 신에게까지 되돌아가기도 하는 것이다. 그리하여 계서제는 위에서 아래로 내려오는 것은 물론 밑에서 위로 올라가는 체제이기도 하다. 이러한 이론은 최상위의 신으로부터 인간에게 직접 내려오는 것이 아니라 중간 매체를 통해서 전달되는 것이다. 바로 교회가 이것의 중간 역할을 하게 된다. 그리하여 교회의 성직자는 중세 내내 신과 인간과의 중재자의 역할을 하게 되며, 그것이 바로 성직의 우월성을 강조하게 되는 바이기도 했다. W. 울만은 교회와 국가간의 구분이 아닌 성직자와 속인간의 구분이 중세 시기를 관통하여 흐르는 라틴 그리스도교 왕국의 독특한 특징이었을 뿐만 아니라, 그 시기의 문제들을 만들기도 하였다는 점[23)]을 지적한 바 있다.

모든 사람이 자신에게 주어진 기능들 안에 남아 있는 것이 질서를 유지하는 방법이었다. 교황과 주교들은 자신들만의 특별한 기능들을 가졌으며, 국왕들 역시도 자신들만의 고유한 기능을 지닌다는 것이었다. 만일 국왕이나 주교가 다른 이들의 기능들에 개입하거나 혹은 간섭한다면 그 질서는 파괴될 것이며 무질서가 뒤따르게 될 것이다.

그렇다면 그리스도교도들의 유기체적 통합 안에서 황제의 역할 혹은 기능은 무엇이었는가? 군주-사제 유형이 더욱 오래된 시기에 군주의 역할에 대한 여지가 여전히 남아있었는가? 이전 세기에 성 암브로스는 이미 황제의 기능에 관해 그는 아들이었지 보편 교회의 스승이 아니었

23) W. Ullmann, *The Growth of Papal Government in the Middle Ages*, pp.1-2.

다는 것을 지적하였다.[24] 레오 1세 자신도 이후 교황 세대들에게 한 단서를 제공하였다. 위대하고 성격적인 면에서 로마인의 정서를 지닌 그가 황제 막시안에게 다음과 같이 서술하였다. "그리스도교인의 집합체Christian copus는 베드로의 대리자 위에 세워졌으며, 이러한 몸의 지체였던 황제의 기능은 이것을 보호하는 것이다. 세속 통치권이 특별히 황제에게 수여된 것은 교회를 보호하고 또한 그리스도교인들의 유기체적 통합을 방어하기 위한 것이다."[25] 겔라시우스에 따르면 그리스도교의 제국적 권력은 그리스도에게서 기원한다는 것이다. 주교의 권위와 군주의 권력은 그리스도 안에서 통합되었다. 성 베드로의 대리자로서 교황의 기능은 그리스도처럼 그의 인격과 직무에서의 두 권력들이 합쳐진 것이 아니었다. 그리스도교의 유기체 집단에 대한 베드로의 통치력은 교황의 수중에 있는 것이었다. 모든 그리스도교도들은 하나의 긴밀히 밀착된 유기체적 통합을 이룬다. 유기체 집단은 그리스도교도이기 때문에 이는 그리스도교의 원리에 따라 통치되어야만 했다. 이 원리들을 규정하는 것이 교황의 고유 기능이다. 그리하여 만일 특정한 지체들을 통해 전체 집단이 영향을 받거나 영향을 줄 수 있다면, 이 사회로부터 특정한 지체들은 필연적으로 배제될 수 있는 것이었다. 이러한 몸의 건강한 통일체는 이것을 요구한다. 다른 말로 표현하여 파문excommunication은 이 사회의 긴밀한 유기체적 성격에서의 퇴출인 것이다. 더욱이 이러한 퇴출과 같이 건강한 몸에 영향을 준다는 판단은 기능적으로 자격을 갖춘 사람들의 몫이었다. 동시에 성직자에 대한 판단은 그들이 신의 신비를 담당하는 자들이기 때문에 필연적으로

24) *Ep.* 21, cap.36 (PL. 16. 1007) / W. Ullmann, *The Growth of Papal Government*, pp.13-14 재인용.
25) Leo's *Ep.* 156, cc. pp.3-5.

고위 성직의 관리자들에게 주어졌다. 제자가 스승보다 위에 있을 수 없기 때문에 황제는 성직자를 판단할 자격이 없었다. 겔라시우스의 테제를 요약하면, 통치권의 군주적 개념에서 절정을 이룬다. 즉 성 베드로의 계승자로서 교황은 그리스도교의 유기체 집단에 대해 유일한 권위를 지닌다. 그 가운데 황제가 생명 유지에 꼭 필요한 한 위치를 점하기는 하나 보조적인 성격의 위치로서 행하는 것이다. 황제의 기능은 군주의 기능에서 단순한 '세속적' 혹은 '군주 권한'의 기능으로 축소되었다. 이 집단의 물질적, 유기체적, 현세적 요소는 방향성과 통치에 있어서 이 동일한 몸의 정신적 혹은 성사적인 요소에 의한 보호를 필요로 한다. 겔라시우스는 모든 교황 세대들에게 그리스도교적 목적론이라는 측면에서의 역사적 해석에 기본 이념들을 제공하였다.[26)]

이시도르 세빌은 겔라시우스의 테제에 가장 완벽한 이데올로기적 완성을 제공하였다. 이시도르는 초기 중세와 말기 중세를 잇는 진정한 가교였으며, 또한 게르만 민족과 로마 민족 간의 가교이기도 했다. 이시도르 테제는 교회의 한 지체로서 군주의 기능에 관한 목적론적 테제이다. 그에게 교회는 "예수 그리스도의 몸"이었다. 이 몸은 군주들이 기능하였던 다양한 민족들로 구성되는 것이다. 하나의 신앙만을 지닌 유일한 하나의 몸만이 있으며, 결과적으로 오로지 한 통치만이 있는 것이다. 모든 민족들의 모임이 교회이다. 군주의 기능에 관한 이시도르의 견해는 바오로 이론의 문자적 정교화로서 묘사된 듯싶다. 군주의 신분의 기능은 그가 교회 안에서 행하는 것과 같은 성사적인 지시를 강화하는 일이다. 통치권에 대한 이시도르의 이념은 '선한 통치 *bene regere*'란 보편적 유효성을 가질 수 없으며, 그것은 그리스도교 사회에 관해서만 적용되는 것이다. 그에 따르면 선한 통치는 유용한

---

26) W. Ullmann, *The Growth of Papal Government*, p.28.

정부에 의해 이루어지며, 이 정부는 통치되는 사회의 목적과 목표를 인식한 정부이다. 정의의 이행은 군주가 자신의 인민들에게 그 자신이 유용함을 증명할 수 있는 원칙적인 수단의 하나이다. 그러나 정의의 내용들은 정의가 집행되어질 그 사회 안에서의 원리, 목적, 목표에 의해서만이 결정되어질 것이었다.[27] 그리스도교도가 된다는 것은 군주들에게 '그리스도의 신앙'인 그들의 법을 준수하게 하였다. 자연스럽게 이러한 신앙은 군주들에게 의존하는 것이 아닌 '신의 아들'에게 의존하게 만들었다. 군주들은 '종교적 원리'에 복속되었다. 그리하여 군주의 기능은 부차적인 것이 되었다. 군주에 의해 행사되는 강제력은 순수하게 소극적인 기능으로 사악한 행동을 막아내고 신민들을 '인생의 올바른 길'로 인도할 것이었다. 한 그리스도교 사회 안에 군주의 기능에 대한 겔라시우스 이론과 이시도르의 이념의 융합은 머지않아 적절하게 중세의 성직자정치 원리를 만들어내었다. 군주와 주교의 기능들을 언급하면서, 주교가 영혼의 치유자라면 군주는 '그리스도의 일꾼' 내지 '신의 농부'였다. 정신적인 통치권과 세속적인 통치권 모두는 그들의 기능들이 신으로부터 유래하는 것이었다.[28] 기능적인 행위의 제한은 성직자정치의 이론의 핵심적인 주장이었다. 달리 표현하면, 노동 분화의 원리는 성직자정치이론의 없어서는 안 될 구성 요소였던 것이다. 최고권의 직접적인 통치, 최고권의 권위(주권)는 교황에게 남아있었다. 교황만이 신앙의 공동체 바깥과 위에서 존재하였으며 한 사람의 조타수로서 그의 명령들을 반포하는 자였다.[29] 이러한 이론의 보다 본질적인 모습은 관직들의 위계적인 등급이었다. 이러한 등급이 매겨질 때 전체

---

27) W. Ullmann, *The Growth of Papal Government*, p.30.

28) W. 울만 지음 | 박은구·이희만 옮김, 『서양중세정치사상사』(숭실대출판부, 2000), 94쪽.

29) W. Ullmann, *Medieval Political Thought*, p.100.

공동체의 매끄러운 작동이 잘 보장된 것이었다.

2) 카로링조의 군주-사제 *rex et sacerdos* 이론

9세기의 카로링조에서는 군주와 성직 질서의 융합이 전적으로 발달하게 되었다. 751년 수아송에서 군주로서 피핀의 도유와 함께 754년 생 드니 수도원에서의 그의 아들들인 카를로맨과 찰스의 도유식은 선조인 메로빙 왕조 군주들의 장구한 유산이었던 낡은 주술적인 힘을 하나의 성사로서 대체하였다. 이제 카로링조 군주들은 그리스도가 되었다. 카로링조 군주권의 이미지는 구약성서의 신성한 국왕들 즉 다윗과 솔로몬 혹은 국왕 사제였던 멜키세덱의 모델에서 형성되었다.[30] 그러나 울만은 교황 레오 1세가 이미 교황의 문헌에서 멜키세덱의 모습을 소개하였던 첫 번째 교황이었던 것 같으며, 또 다른 아우구스틴의 영향으로 멜키세덱은 교권과 속권을 겸비한 사제적인 군주의 전형이 되었고, 그리스도가 멜키세덱이라고 밝힌바 있다.[31] 군주들은 스스로 군주-사제 *rex et sacerdos* 이론에 근거하여 신정적 군주를 세우는 의식을 제정하도록 하였다. 군주의 대관식을 통해 '신의 은총에 의한 군주'라고 자칭하며 군주들의 신정적 정부를 부각시키게 되었다. 이러한 대관 예식은 주교가 군주의 머리에 성유를 부어 은총을 가시적으로 수여함으로써 절정에 이르렀다. 이러한 도유의 목적은 인민을 통치하고 관리하기 위해 도유를 받는 자 즉 '주님이시며 하느님이 지배하고 통치하도록 하기 위해 신으로부터 위임된 인민보다 우월한 군주'를

---

30) D. Luscombe, "Introduction; the formation of political thought in the west", in Ed. J. Burns, *The Cambridge History of Medieval Political Thought* (Cambridge, 1988), p.167.

31) W. Ullmann, *The Growth of Papal Government*, p.13, 각주 2.

알퀸(예술사 박물관의 지붕 위, 비엔나)

임명하는 것이었다. 도유식은 군주를 다른 모든 사람과 구별시키고, 신에 의해 재가된 군주 통치권의 정통성을 입증하는 의식이었다. 군주는 미사 의식을 갖춘 대관식을 통해 성직자가 되었다. 즉 군주는 의식을 집전하는 주교들에 의해 선택되었고, 성직 구조에 편입되었던 것이다. 이제 군주는 자신의 신정적 기능을 강조하면 할수록, 주교단과 군주와의 유대는 더욱 견고해지게 되었다.[32] 법률 제정은 참으로 군주의 의무였으나 이 법률은 신법과 상충해서는 안되며, 이 같은 신법을 해석하는 적법한 자는 성직자로 간주되었다.

카로링조의 알퀸은 신앙적으로 이러한 교의를 확산시켰다. "세속권력과 정신적인 권력은 구분되어 있다. 전자는 그것의 손에 죽음의 칼이 들려 있고, 후자는 그것의 말 속에 삶의 열쇠가 들려 있다."

그는 793년에 대주교 이에텔해드 켄터베리Aethelhead of Canterbury에게 바이킹들의 침입으로 인한 박해에 어떻게 대처할 것인가를 가르치는 글을 쓰게 했다.

---

32) W. 울만, 『서양중세정치사상사』, 98쪽.

세속인들은 당신의 옹호자들이며 당신은 그들의 중재자들이다. 그래서 거기에는 그들의 목자인 그리스도와 함께 하나의 신아래 하나의 양떼가 있을 것이었다.

서유럽에서 오토 1세(936-973)의 통치는 교황청과 신성로마제국 간의 유대를 재정립하는 계기가 되었다. 오토의 신정적인 제국관의 저변에는 그리스도교적 보편 제국의 수호자로서의 황제관이 깔려 있었다. 그는 공식적으로 군주이면서 고위 사제로서의 권위를 드러냈다. 그것은 한 사람이 왕권과 주교관 모두를 지니는 것이었다. 군주는 단지 이름으로서만이 아닌 주교좌 성당의 참사원이었으며, 수도원의 수도원장이 되었다. 군주가 속인인가 아니면 성직자인가에 대한 물음에 대해 종종 군주 자신은 성직자라고 대답하였다. 세속 권력과 교권의 이 같은 긴밀한 관계는 강력한 제권을 통한 교회의 성장과 함께 군주-사제의 개념을 더욱 확고히 하였다.

교권과 속권의 협업을 재차 강조하면서, 베르셀리의 주교인 레오는 자신을 '제국의 주교'라고 부르기를 좋아했다. 그는 998년 교황 그레고리우스 5세에게 "교황과 황제의 협업은 로마 교회에 그것의 고대적인 고결함을 복원시키고 로마인들의 제국을 거듭나게 할 것이다"라고 주장하였다. 오토조에서의 로마 교회에 대한 보호 이념은 오토 3세가 교황 실베스터 2세에게 그가 '선출하고, … 서품해서 만든 교황'이었음을 선포하는 공문서에서 가장 극명하게 표현되었다. 1001년 1월의 공문서에서 황제는 「콘스탄티누스 대제의 기진장」을 한 위서(僞書)로서 효력을 말소하였으며, "우리는 우리 자신의 자유로부터 우리가 소유하고 있던 펜타폴리스의 8개 주를 성 베드로에게 수여한다."[33] '사도들의

33) Diplomata Ottonis III 389, p.820 / Robinson, "*Church and Papacy*", p.297 재인용.

종'이었던 황제는 교황을 '만들고' 자신들의 자유로부터 교황에게 수여한다는 것이다. 이러한 공문서는 교황 그레고리우스 5세에게 보낸 것으로, 베르셀리의 주교 레오에 의해 초안되었는데, 레오는 이 글에서 교황의 의무가 황제의 권력 하에 세상을 청결하게 하는 것이라고 하였다. 교황은 황제의 명령으로 서품되었다. 교황의 방어자는 또한 그를 만든 자로서 잘리에르조의 군주들은 교황을 임명하는 자신들의 권한을 후원자로서의 자신의 임무에 근거한 것이었다.

당시의 교회법 모음집[34]에 스며들어간 '두 개가 있다*Duo Sunt*'라는 겔라시우스의 문장[35]은 카로링조 시대에 두 권력들에 의해 다른 역할을 하는 단일한 그리스도교 사회의 이념과 연관되었다. 더욱이 랭스의 주교 힝크마르는 교회 조직과 군주에게 속해있는 공화국의 자율적인 성격을 주장하였다. 그의 저작물들은 겔라시우스의 이원론을 극도로 확장시킨 카로링조 주석이었다[36]고 볼 수 있다. 두 개의 독립된 권력들의 행복한 통합과 조화는 카로링조의 공적인 문서들의 지속적인 주제이다. 두 권력의 기능에 대한 겔라시우스의 정의는 10세기 저자들에 의해서도 지속적으로 인용되었다.

오토조의 저자들 역시 이러한 동반 관계의 주제에 역점을 두었다. 그러나 오토조에서는 군주들에 의해 주교의 세속적인 권한이 더 많이 부과되었다. 그리하여 오토조의 군주들은 그들의 주교들에게 행정적이고 군사적인 의무들을 크게 증가시켰으며, 그들의 믿음 있는 세속 추종자들과 동일한 방식으로 그들의 성직자들을 다루었다. '사제의

---

34) 케스넬리아나(*Quesnelliana*)와 하드리아나(*Hadriana*)의 권위있는 교회법 모음집.

35) *Duo sunt* 이론에 대한 자세한 연구로는 장준철, 「교령 *Duo sunt*에 나타난 두 권력 이론」, 『서양중세사연구』(1997), pp.51-82.

36) I. Robinson, "Church and Papacy", p.290.

종교성과 군주의 힘 모두를' 소유하면서, 군주는 주교들의 사목 지팡이를 주교들에게 수여하며 군주의 임명을 단행하였다. 그리하여 주교직은 군주권과 밀접하게 연관되면서 군주의 실제적인 대리자 역할을 하였다. 카로링조와 오토조의 전례 원문들은 적절한 기도문들을 담고 있었다. "신이 모든 바바리안족들을 우리 최고의 그리스도교도인 황제에게 복속시키게 하였다. 그리하여 황제를 위해, 우리의 영원한 평화를 위해 기도했다." 그러나 그의 의무를 무시하였던 황제들에게는 비난을 하였다.

3) 성직자정치론의 성격

성직자정치론은 한편으로는 교권과 속권 간에 그리고 다른 한편으로는 교황권과 주교권 간에 논쟁을 불러일으켰다. 이 논쟁의 또 하나의 측면은 교황의 수위권에 대비되는 개념으로 공의회이론의 발전이었다. 바로 이와 같은 대비되는 이론이 동일한 성직자정치론에 그 뿌리를 두고 있다는 것은 아이러니한 사실이다. 이 공의회이론은 모든 주교들이 성 베드로의 권한을 동일하게 가진다는 주장이었다. 이러한 공의회이론이 본격적으로 대두된 것은 중세 말의 일이긴 하지만 이 이론의 맹아는 이미 이 시기에 존재하고 있었던 것이었다. 교권과 속권의 첨예한 대립을 가져온 것만큼이나 이러한 논쟁 역시 교황권과 공의회주의의 정치 이론을 숙성시키게 되었다.

9세기 카로링조 학자들은 공의회의 교회법들, 주교들의 편지들, 교부들의 저작물들, 교회의 법령들, 그리고 세속적인 법률 등을 연구하였다. 그들은 교회가 근거하고 있는 최고의 권위를 확립하여야만 하였다. 그들은 만장일치의 합의된 이론을 도출시킬 수는 없었으나 크게 두 개의 논쟁적인 정치 이론을 발전시킬 수 있었다. 한 가지는 위에서 설명하였던 교황 수위권 이론이었고, 또 다른 하나는 공의회 이론 Conciliar theory이었다. 이것은 최고 권위가 전체 공의회에 있는 것으로, 그러한 공의회만이 교회 안에서 법률을 만들 수 있고 모든 주교들을 판단할 수 있다는 것이었다. 이는 카로링조의 성직자들이 모방하고자 하였던 그 당시의 대부분의 신학적인 교회학을 능가하고 있었다. 그들은 교부들이 소홀히 다루었던 바로 그 문제에 접근하면서 자신들의 법률 아래에 존재하였던 속인으로부터 성직자를 분리시키려는 시도와 교회법적인 요소를 정확하게 규정하려고 하였다. 서구 교회의 역사 안에서 처음으로 교황 수위권과 공의회주의의 원리가 법률이라는 의미 속에서 나란히 놓여졌다. 교황 수장제론의 지지자들은 다음과 같이 주장하였다. "그리스도가 성 베드로에게 말하기를 너는 베드로이다. 나는 이 바위 위에 나의 교회를 세울 터인즉 죽음의 힘도 감히 그것을 누르지 못할 것이다."[37]

그리하여 성 베드로는 교회 안에서 그리스도의 최고의 대리자가 되었다. 성 베드로가 모든 사도들 중에서 최고의 자리에 있었던 것과 똑같이 그의 계승자도 그러하였으며, 로마의 주교는 다른 모든 주교들보다 상위에 있었다. 로마 주교만이 교회 안에서 법률을 만들 수 있었으며 그의 법령들이 곧 '교회법'이었다.

또한 마태오 복음 16장 19절 "또 너에게 하늘나라의 열쇠를 주겠다. 네가 무엇이든지 땅에서 매면 하늘에서도 매여 있을 것이며, 땅에서 풀면 하늘에서도 풀려 있을 것이다."라는 구절을 인용하였다. 그러나 이 시기에 묶고 푸는 권한이 교황에게만 부여된 것은 아니었다. 오히려 그것은 전체 성직자에게 부여된 권한으로 성 베드로에 의해 대표되는

---

37) 마태오 복음 16장 18절.

것으로 해석하였다. 그리하여 카로링조 주교들은 그리스도의 대리자이며 천국의 열쇠를 지닌 자들로 생각하였다. 이들 가운데 공의회의 최고권을 주장하는 자들이 나타났으며 그들은 그리스도가 단지 다른 사도들의 대표로서 성 베드로에게 이야기 한 것이며, 성 베드로에게 주어진 어떤 권한도 똑같이 다른 사도들에게 부여된 것이었음을 주장하였다. 이는 마치 모든 사도들이 성령의 선물을 받게 된 것과 같은 것이었다. 모든 사도들의 계승자들인 주교들은 주교의 서품식에서 그것을 받게 된 것이었다. 그리하여 어떤 주교도 다른 모든 주교보다 우월한 권위를 가지고 있지 않다는 것이다. 결론적으로 공의회주의자들은 교회의 최고 권한이 한 명의 주교에게 속해있는 것이 아니라 오히려 모든 주교들에게 있다고 보았다. 그리고 그것은 주교들의 회의 혹은 공의회를 통해 행사되어져야만 했다. 그들의 주장은 교황 수장제론자들의 입장과 반대되는 것이었다. 위아니클레투스Pseudo-Anacletus는 열쇠의 힘이 모든 사도들에게 주어진 것이라고 생각하였던 반면, 위클레멘스

성 베드로 사도상(바티칸의 성 베드로 대성당)

Pseudo-Clement는 성 베드로와 그의 계승자들만이 열쇠를 받는 것이라고 주장하였다. 이와 같이 성직자정치론은 교회 내에서 매우 대비되는 두 이론을 모두 발전시킬 수 있는 이론적 기반이 되었다.

2. 클루니 수도원의 개혁운동

그레고리우스 7세가 계승했던 교회 내부 개혁운동에 대해 브르크Z. N. Brooke는 "초기에는 수도원이 주교좌로부터 독립하기 위한 운동이었고, 11세기 후반기에는 수도원과 주교좌가 함께 개혁을 주도하였다"[38] 고 지적하였다. 앞에서 살펴보았듯이 카로링조에서 일반적이었던 제국 교회 체제에 따르면 수도원 역시 세속인을 봉건적 주군으로 삼는 경우가 많았다. 이러한 상황에서는 클루니 수도원의 봉건적 주군이었던 윌리엄 아뀌뗀느 공작은 오히려 클루니에게 많은 특권을 부여하였다. 그리하여 클루니는 윌리엄 아뀌뗀느 자신을 포함한 모든 세속인의 영향으로부터 자유로워졌으며, 그리하여 클루니는 개혁운동의 중추가 될 수 있었다. 이러한 개혁운동이 지속될 수 있었던 것은 클루니 수도원의 일련의 탁월한 수도원장들이 이를 유럽적 현상으로 확대 유지했기 때문이었다.

결국 클루니 수도원은 세속권력으로부터의 자율권, 개별 수도원 스스로 수도원장을 선출하는 비임명식 선거방식, 관할 주교좌로부터의 면제권을 토대로 교황의 명령을 직접적으로 실천하는 관리체제 등을 이룩함으로써, 그레고리우스 7세의 개혁운동의 좋은 모델이 되었다.

---

38) Z. N. Brooke, "Gregory VII and the First Contest Between empire and Papacy", in *CMH*, 5 (London, 1920), p.2.

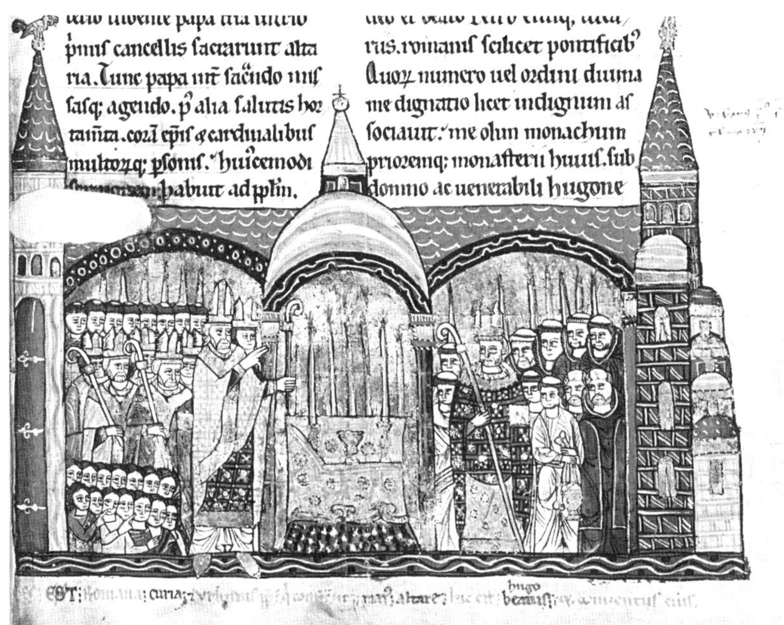

교황 우르반 2세의 클루니 수도원(세 번째 건립) 축성식(12세기, 파리 국립 문서보관소)

이와 같은 클루니 수도원의 개혁운동을 먼저 살펴보도록 하겠다.

1) 수도원의 규율

(1) 베네딕트 규율

베네딕트 수도승은 「베네딕트 규율」을 실천하는 자들이었다. 따라서 10세기의 클루니 수도원도 베네딕트 수도원의 하나로서 베네딕트 아니안[39]이 해석했던 「베네딕트 규율」을 당연히 따르고 있었다.[40]

---

39) 베네딕트 아니안(Benedict of Aniane: 대략 750-821, 성인). 스페인에서 출생한 베네딕트는 6세기의 베네딕트 누르시아의 이름을 따서 자신의 이름을 가지게 되었다. 780년경 베네딕트 규율에 엄격히 순종하는 자신의 수도원을 아니안 지역에 세우는 일에 착수하였다. 그의 명성은 곧 커져 갔으며, 군주 루이

이 점은 943년경 존 살레르노John of Salerno에 의해 쓰여진 초기 자료인 『클루니의 성 오도 생애*the life of St. Odo of Cluny*』[41]에서도 분명하게 확인된다. 존 살레르노에 따르면 클루니의 초대 수도원장 베르노[42]는 "오늘날 우리 수도원이 준수하고 있는 규범의 제정자가 베네딕트 아니안"임을 명시적으로 밝혔으며,[43] 베네딕트 아니안이 해석한 규범을 그 자신을 포함한 클루니 수도승들이 실행에 옮기고자 노력하였다.[44] 제2대 수도원장이 된 오도 역시 베르노 초대원장의 뜻을 존중하며 수도승들이 동료 및 상위 수도승들의 관계를 조화롭게 유지하고, 시편을 노래하고, 침묵을 지키면서, 음식과 의복을 청빈하게 하고, 무엇보다도 개인적인 재산을 단호히 거부하도록 권고하였다. 윌리엄 아뀌땐느 공은 917년 데올스에 수도원을 세우고, 이 수도원에 영지와 자율권을 부여함으로써 자신의 가신으로 승인하였다. 이 승인장에 따르면 데올스 수도원 또한 초기 클루니의 관행들, 즉 시편 암송, 환대 관행, 생선을 제외한 육류 음식 금지, 자연 채색 의복 착용, 수도원장 및 동료 수도승들에 대한 순복, 맹세를 하지 않는 것, 침묵과 명상의 실천, 개인 재산에

경건왕에 의해 프랑크 왕국 수도원들의 개혁을 주관하는 일을 맡아보게 되었다. 그러나 그의 사망으로 이 운동은 단명하였다.

40) 졸고, 「클루니(Cluny) 수도원의 개혁운동에 대한 연구」, 『숭실사학』, 151-154쪽 참조.

41) 이 책은 존 살레르노가 쓴 위의 책 및 성 오도 자신이 쓴 『성 제랄드의 생애』를 묶어 한 권으로 영역되었다. *St. Odo of Cluny*, tr., D. G. Sitwell(London and New York, 1958).

42) 12세기까지 클루니 수도원 수도원장은 다음과 같다. 베르노(Berno : 909-926), 오도(Odo : 926-944), 아이마르(Aymard : 944-965), 마이욜(Mayeul : 965-994), 오딜로(Odilo : 994-1049), 휴(Hugh : 1049-1109), 피터(Peter the Venerable : 1109-1156) 등이다.

43) Barbara H. Rosenwein, "Rule and the 'Rule' at Tenth-Century Cluny", *Studia Monastica* XIX (1977), p.307.

44) Bede K. Lackner, *The Eleventh-Century Background of Citeaux* (Cistercian Publication, 1972), p.44.

대한 완전한 거부 등을 지키도록 명시하였다. 한편 929년 브루군디의 백작부인 아그네스가 설립한 로메인모티에르 수도원도 신입 수도승들에게 모원인 클루니 수도승들의 생활방식을 따르도록 규정하였다. 이를테면 금욕 관행, 시편의 암송, 침묵 유지, 상호 존중, 겸손과 순종의 실천 등을 강조하였다.[45] 오도 수도원장은 프랑스 · 아뀌뗀느, 스페인 등의 지역을 여행하면서 당시의 황폐한 수도원 생활을 개탄하고, 이를 개선하기 위해서는 수도승들이 성 베네딕트의 원래 이념으로 돌아가서 그가 제정한 규율을 실천하여야 한다고 주장하였다. 특히 오도 원장은 수도원 개혁을 이루기 위해서 수도승들이 무엇보다도 침묵, 기도, 노동 그리고 형제애를 생활화 하도록 했던바, 이 규율들이 베네딕트 아니안에 의해 해석된 「베네딕트 규율」의 본질이었다. 이 초대 수도원장인 베르노와 2대 원장 오도의 기여는 베네딕트 아니안에 의해 해석된 「베네딕트 규율」을 클루니 수도원의 규율로 새롭게 확립하고, 이를 실천적 모델로 유지 확산시켰다는 점에 있다.[46]

베네딕트가 제자들에게 규칙서를 건네주는 모습

그러나 베네딕트 아니안이 추구했던 수도원 이념과 클루니 수도원

45) 클루니 연구자인 사커(E. Sackur)는 베네딕트 아니안의 관행들과 오도의 삶으로부터 모은 초기 클루니 관례들을 비교함으로써 두 개혁 간의 밀접한 연관성을 발견하였다.
46) B. K. Lackner, 앞의 책, p.48.

성 베네딕트 아니안(이콘)

의 그것 사이에는 중대한 차이점도 있다. 베네딕트 아니안의 의도는 카로링 제국을 통해 수도원들에 하나의 획일적인 모델을 마련하는데 있었으며, 또한 외부의 영향력으로부터 수도원을 보호하려는데 있었다. 이와 같은 노력은 결과적으로 수도원에 대한 군주권의 지배를 본원적으로 배제하지 않았다. 그러나 이 점에서 클루니는 수도원에 대한 군주의 영향력과 세속의 지배를 용인하지 않았다. 초대 수도원장 베르노는 윌리엄 아뀌뗀느 공작에 의해서 임명되었으며, 아뀌뗀느 공작은 수도승들에게 베르노의 계승자를 선출할 권리를 양도하였다. 그리하여 이제 수도원장은 각각의 수도원에서 개별적으로 그리고 수도승들에 의해서 선출될 수 있었다. 이와 같은 수도원장 선출 방식이 신의 기쁨이며 「베네딕트 규율」과도 일치한다는 것이었다.[47] 오도, 아이마르, 마이율, 그리고 오딜로 등은 현직 수도원장도 참석한 가운데 수도승들에 의해 선출되었으며, 한번 선출된 수도원장은 종신직으로 그 직책을 수행하였다.[48] 존 살레르노가 서술한 『클루니의 성 오도 생애』에 따르면 베르노는 임종시 수도원장직을 사임하고 수도승들에게 수도원장을 선출할 것을 요청하였다. 그러나 군주 루돌프는 베르노 사후 1년이 지난 927년에야 그의 승인장에서 이를 허가해 주었다. 그리하여 오도 이후의 수도원장들은 수도승들에

47) Timothy Fry, *The Rule of St. Benedict in English* (Collegeville, 1981), pp.86-88.
48) Giles Constable, "Cluny in the Monastic World of the Tenth Century", *Il Secolo di ferro : Mito e realità del Secolo X* (Spoleto, 1991), p.407.

의해 선출될 수 있었다. 마이율 원장과 오딜로 원장 등이 선임자의 재직 시에 수도원장에 선출된 예들이며, 이들의 선출은 현직 수도원장이 동료 수도승들과 함께 자신의 후임자 선출에 참여하는 것으로 지명 방식에 의해 수도원장이 임명되었다. 이를 통해 중요한 점은 클루니 수도원에 대한 외부의 영향력 행사 가능성을 줄이고, 수도원장 취임에 관련된 복잡한 정치적 문제를 피하도록 했다는 것이다.[49] 이처럼 클루니 수도원장은 베네딕트 아니안의 구상과는 달리 수도원장 선출의 문제에 있어서 군주권의 개입을 처음부터 배제하고 있었다. 이 같은 모델이 교황 그레고리우스 7세의 교회 개혁운동, 즉 교황선출시 군주 개입을 억제하고 교회법에 따라 선출하며, 특히 세속인에 의한 성직자 서임 문제를 해결하는 본보기가 되었던 것이다.

(2) 성 오도의 개혁이념

클루니 수도원은 2대 원장이었던 성 오도St. Odo (926-944)를 통해서 특정적인 개혁이념을 정립하였다. 철저한 수도승의 삶을 살았던 그는 초대원장 베르노에 뒤이어 보움 수도원에 봉헌되었다.

성 오도 수도원장 (11세기 코덱스에서)

사실 오도 시대의 클루니는 여전히 가난하였다. 클루니의 첫 교회 건물을 세운 그는 당시 수도원들의 개혁을 원했던 군주 및 주교들의 요청에 의해 개혁운동을 시작하였다. 플뢰리Fleury와 로메인모티에르Romainmôtier의 수도원이 프랑스

49) *Ibid.*, p.409.

수도원들 가운데 가장 먼저 오도가 주창했던 클루니의 관행을 받아들였다. 931년 교황 요한 11세로부터 중요한 특권인 면제권을 획득한 클루니는 수도원 개혁을 통한 오도의 선교를 강화시켰다. 뒤이어 데올스와 플뢰리 수도원도 동일한 특권을 부여받았는데, 결과적으로 이는 클루니 수도원의 개혁 이념 및 개혁운동의 확산에 대한 교황청의 공식적 승인을 의미하였다. 오도의 통치하에 클루니는 전 유럽적인 개혁 수도원의 모델로 떠오르게 되었던 것이다. 한편 교황청으로서도 당시 북유럽 교회에 대한 교황의 영향력이 크지 않았던 만큼, 오도가 주도했던 수도원 개혁운동의 승인과 후견을 통해서 북유럽 교회와 로마가 밀접한 관계를 가질 수 있게 하였다.

그렇다면 오도의 개혁 이념은 무엇이었는가? 그의 관심은 교회뿐만 아니라 교회 외부 즉 세속 권력자들에게도 있었다. 이 점은 그가 속했던 시대 상황과도 무관하지 않은 것 같다. 그의 시대는 전통적 정치 체제가 와해되고 새로운 권력 구조가 대두하는 시기였다. 카로링 제국 체제하에서는 군주 즉위식의 도유식에서도 나타나듯이 군주의 세속 권력이 신의 절대적 권한에 기반을 두고 있었다. 그러나 10세기에 접어들어서는 군주가 권력을 독점하는 시대가 아니었다. 이를테면 그 시대는 오도에게 대두하고 있던 봉건 군주제적 정치질서 전반에 대한 새로운 인식을 요청하고 있었다. 오도의 정치사상은 누구보다도 성 아우구스틴의 영향을 많이 받았다. 초기의 오도의 『모음집*Collationes*』에서 그는 아우구스틴의 『신국』에서 타락을 정치적 · 사회적 결과와 관련하여 설명하였다고 인식하였다. 오도의 입장에 따르면 논의의 초점이 바뀌었다. 선인과 악인의 즉 영벌을 받을 자와 선택받은 자의 차이점은 다른 이들을 박해하는 자와 박해를 당하는 자에 있었다. 카인과 아벨의 세대에 대한 견해에서도 오도는 아우구스틴과는 차이가 있었다. 아우구스틴은 카인의 죄가 악인이 선인에 대해 느끼는 증오의 단순한 유형이었다고 본 반면, 오도에게는 카인의 첫 살인죄가 권력에 직면한 모든 것의 특징이 된다고 보았다. 아우구스틴은 "만일 카인과 아벨이 함께 지배자가 된다면 자신의 통치 영역이 축소될 것이기 때문에 카인이 아벨을 시기하였다"는 점을 명백히 부인하였다. 반면에 오도는 카인의 세대를 정치계급 즉 권력자와 동일시하였다.[50] 오도의 이러한 정치계급의 고통스러운 인식은 자신의 『모음집』의 출발점을 이루었다. 또한 오도는 그리스도교도의 악덕의 목록들 가운데 악의는 상대적으로 부수적인 역할을 행하는 것으로 파악하였다. 성 바오로의 육정의 열매들 가운데 분노, 적의, 불화, 충돌 등이 그것의 사촌들이었다.(갈라디아서 5장. 19-21절) 그레고리우스 1세는 악의라는 용어를 '자애심의 결핍'이라는 의미로 사용하였으나, 오도는 성서에서의 짝을 이루고 있는 이웃 사랑과 자애심과 본질적인 연관을 지어 이에 대비되는 개념으로 악의에 물든 사람은 "그들을 추종하는 사람을 억압하는 것이었다." 특히 중요한 것으로 오도에게 있어 악의는 다른 악덕들과는 달리 폭력과 연관된 것이었다. 이것은 그레고리우스 1세가 언급했던 악의 개념과는 전적으로 다른 것이었다. 오도는 부유하고 권력을 지니고 전투할 수 있는 자를 폭력자들과 동일한 범주의 집단들로 보았다. 따라서 가난하고 약한 자들이 자만과 사치의 유혹에는 빠질 수 있겠으나, 악의의 유혹에 빠질 기회는 없을 것이었다. 악의는 권력의 남용이었기 때문이다. 오도는 타락의 관점을 다음과 같이 묘사하였다.

> 권력을 가진 자들은 사실상 교만에 익숙해지고 현세적인 것에서 기쁨을 느끼게 된다. 세속적인 것을 획득하기 위해서 그들은 권력을 남용하게

---

50) B. H. Rosenwein, *Rhinoceros Bound*, p.66.

되었으며 그들은 다른 사람의 물건을 원하는 일에 익숙해졌다. … 죄가 없을 지라도 그는 탐욕스럽게 될 것이며, 그리하여 사도들은 분명히 탐욕을 우상숭배로까지 비유하였다. … 그들이 다른 이들의 물건이 아닌 그들 자신의 것만을 사용하기 위해서 세례자 요한은 그들에게 "협박하거나 속임수를 써서 남의 물건을 착취하지 말고 자기가 받는 봉급으로 만족하여라"라고 말하였다. (루가복음 3장 14절)51)

오도는 타락의 과정에 관해 설명하기를, 부와 권력이 자만으로 이끌고 자만은 탐욕으로, 탐욕은 악의로 이끈다는 것이었다. 그는 탐욕스럽고 악한 자에 대비되는 억압당하는 자, 약한 자, 정직한 자, 전적으로 정의롭고 선한 자로 규정하였다. 프랑크의 군주들은 대관식과 도유식을 통해 신에게 축성되었기 때문에 자신들의 권력을 덕과 조화시켜 나갔다. 오도는 군주들에 관하여서는 언급하지 않았다. 그가 대상으로 삼은 자들은 다른 사람들을 지배하는 사람들이었다. 한 명의 군주가 아니라 실제로 강력한 권력을 행사한 지배층 사람들이었던 것이다. 당시는 봉건제가 뿌리를 내리기 시작하는 때였기 때문에 많은 봉건영주들이 지배층으로 성장해 갔다. 그리하여 오도 시대에는 이미 카로링 왕조가 붕괴하고 자수성가한 사람들과, 그들로 인해 고의적이든 우연이든 희생자들이 생겨나기 시작하였다. 오도에게 있어서 문제는 이러한 사람들에게 어떻게 도덕적인 책임을 지울 것인가에 있었다. 그는 이들을 지배하는 것이 한 명의 군주가 아닌 것을 인식하였다. 권력자들의 성장은 군주 권력의 광범위한 취약성에서 기인하였던 것이다.52)

---

51) Odo of Cluny, *Collationum Libri tres*, 3. 25, cols. 608-609 / B. H. Rosenwein, 앞의 책, p.67 재인용.

52) B. H. Rosenwein, 위의 책, p.70.

오도의 이념은 강력한 권력의 적절한 이용에 있었다. 그것은 지상의 교회와 동맹을 맺어 유용될 것이었다. 교회는 그 의무로서 가난한 사람을 도와야 했다. 유력자는 교회의 정신적인 제재가 효력을 발휘할 수 없을 때, 세속적인 권력에게 도움을 청하게 될 것이었다. 이때에는 폭력의 사용이 문제가 되지 않았다. 오도는 그레고리우스 1세로부터 차용한 개념을 사용하여[53] 사악하고 권력을 가진 자를 무찌르는 것은 세속적인 권력을 잘 사용하는 것이었다. 오도가 쓴 『성 제랄드 오릴락의 생애 *The Life of St. Gerald of Aurillac*』에서 등장하는 제랄드라는 인물은 오도가 추구한 이상형의 권력자이면서 동시에 성인의 모습이었다. 제랄드는 부유하고 권력을 지닌 사람이었으며 전사였다. 그는 또한 성공한 사람으로 백작의 지위를 얻었다. 제랄드의 권력을 견제하는 것은 전사들의 질서에 속해 있던 법률이었다. 그는 제랄드를 "법률에 따라 살았던 하느님의 사람인" 노아와 동일시하였다.[54] 이렇게 엄격하게 규제되고 합법적인 신의 행동을 따른 결과는 성공적이었다. 제랄드와 그의 추종자들은 언제나 승리하였다. 제랄드는 군대를 부흥시켰을 뿐만 아니라 그의 추종자인 유력자들보다도 더 많은 재산을 모았으며, 그의 적들은 가난해졌다. 제랄드는 현세의 상위 주군에 대한 그의 독립성을 유지하였고 하느님만이 그의 주군이었다. 제랄드와 하느님과의 관계는 제랄드의 성공의 열쇠였으며 영원한 세계로 확장되었다. 제랄드의 구원은 확실한 것이었다. 오도에게 있어서 인내와 자애심의 결합은 정의라는 미덕의 완전한 실현이었다. 이것은 유력자의 고위직분에서 타고난 권력의 완전한 모습 바로 그것과 결부된 것이었다.

제랄드가 자신의 법정의 심판자로서 한 가난한 사람이 권력자 앞에

---

53) *Ibid.*, p.73.
54) D. G. Sitwell, *St. Odo of Cluny*, p.92.

성 제랄드 오릴락

서 심판 받는 것을 들었을 때, 제랄드는 '정의의 목마른 자'로서 약자 편을 들어 주었다. 분명히 법정은 한 권력자가 약자들을 희생시키는 재판이 될 수 있었으나, 그는 불의의 유혹에 넘어가지는 않았을 것이다. 그러한 것이 일반적인 모습이었다. 제랄드는 어느 누구도 사형하거나 불구로 만드는 일을 극도로 삼갔다. 법정은 제랄드에게 권력을 사용하거나 남용하기 위한 유일하거나 가장 적절한 곳이 아니었다. 그러나 전쟁터는 악의를 표출하기 위한 훨씬 광범위한 지역이었다. 『모음집』에서 오도는 강제력이 결코 사용되어서는 안 된다는 희망을 담고 있었다. 제랄드는 그 자신의 이기적인 목적을 위해 자신의 권력을 결코 사용할 수 없었다. 그는 자신을 핍박한 공작, 백작 혹은 후작에게 복수하지 않았으며, 행동하기 전에 자신의 적수들이 그에게 용서를 청할 때까지 기다렸다. 그는 공격에 의해서가 아니라 이성에 의해서 자비를 베풀고 도움을 주는 일을 습관적으로 체득하였던 것이다.

전투 그 자체는 정신력으로 미덕과 악덕 간의 전쟁이었다. '평화로운 사람을 조롱하고' 그 구역을 황폐화시킨 것은 사람이 아닌 '탐욕스런 악의' 때문이었다. 자신의 편에서 제랄드는 적들을 공격하는 것을 원하지 않았으며, 그들의 탐욕스러운 미친 짓을 몰아내는 일만 했다. 자애심은 악의와 맞서 싸워 승리하였다. 오도에게 있어서 가난한 자들을 방어하고, 교회의 파문을 지원하며, 사악한 것에 저항할 때 폭력은 정당한 것이었으며 덕스러운 것이었다. 세속의 전투는 교회의 수중에 있게 되었다. 오도는 제랄드를 통해 성인이면서 동시에 권력을 지니고 있는 덕성스러운 권력자의 모습을 구현하였다. 또한 신에 의해 축복받은 제랄드는 신의 권력을 휘둘렀다. 그것은 물질적인 차원과 정신적인 차원 모두에서였다.[55] 이러한 오도의 사상은 이후 교황 그레고리우스 7세를 통해 제랄드가 추구한 그 전형을 실현시킬 수 있었다.

2) 수도원의 불입권 Immunity

9세기 이후 수도원과 교회는 제국 정부의 보호를 받았다. 더욱이 고위 성직자가 지배계층과 긴밀한 관계를 유지하며, 군주의 관리로서 통치 업무를 조력하는 일은 일반화된 관행이었다. 이 같은 상황은 수도원에서도 예외가 아니었다. 수도원에 방대한 재산을 기부하였던 귀족들은 수도원에 대해서 많은 권리도 행사하였다. 봉건체제가 확산되어 가던 시점이었던 만큼 대귀족이 수도원을 기부하고 이를 일종의 봉토로 간주하는 것은 이상한 일이 아니었다. 그리하여 봉토에 관한 관리들이 수도원에 대해서도 주장되었고, 수도원장의 임명도 흔히 세속 귀족에게 속하는 권리의 일부로 인식되었다. 심지어 귀족이 자신의 가족들을 데리고 수도원에 들어와 수도원장이 되는 경우도 있을 정도였다. 그러나 클루니 수도원은 처음 창립되던 때부터 당시의 이 같은 수도원과는 다른 길을 걸었다.

클루니 수도원의 설립자인 윌리엄 아끼뗀느 공은 설립 당시부터 많은 특권을 클루니에 부여하였다. 그러나 이것이 클루니의 완전한 자유를 의미하는 것은 아니었다. 오히려 그것은 클루니의 자유의 완성

---

55) D. G. Sitwell, 위의 책, p.98 참조.

윌리엄 아뀌텐느 공작

을 향한 시작을 의미하였다. 클루니의 특권은 크게 보아 두 측면에서 검토될 수 있다. 첫째는 경제적이고 사법적인 의미에서 완전한 독립을 뜻하는 불입권Immunity이 그것이고, 둘째는 관할교구 주교로부터의 자유를 의미하는 정신적 면제권Exemption이 그것이다. 물론 이것들이 클루니만의 유일한 특권은 아니었다. 그러나 클루니는 이 특권들을 토대로 유력한 수도원장들의 주도하에 수도원 개혁운동을 성공시켰으며, 또한 이를 유럽 전역으로 확산시켰다.

910년 윌리엄 아뀌뗀느 공작이 클루니 수도원을 건립하면서 부여했던 창립 승인장Foundation Charter은 다음과 같이 기록하고 있다.

> … 나는[윌리엄] 신성한 사도들인 베드로와 바오로에게 내가 소유하던 재산들을 양도한다. 즉 클루니의 마을, 법정, 영주, 직영지, 천주의 모친이신 성 마리아와 사도들의 왕자인 성 베드로의 영예를 지니고 있는 교회, 이 교회에 속한 모든 것들, 촌락민, 사실상의 소교회들, 남녀 농노, 포도밭, 경작지, 산림, 물, 수로, 방앗간, 경작된 소산, 경작되지 않을 경우 모두를 포함하는 전체 수입과 소득원을 양도한다. … 클루니 수도원은 신성한 사도들인 베드로와 바오로의 영예 위에 세워질 것이다. 이곳의 수도승들은 성 베네딕트의 규율에 따라 공동으로 삶을 영위하게 될 것이다. 그리고 이 수도승들은 앞서 언급한 것들을 영원히 소유하고 관리하고 지배할 것이다. … 이곳에 모인 수도승들은 나 자신의 지배를 받지 않음은 물론

내 친척들의 지배도 받지 않을 것이며, 어떤 세속 권력의 지배도 결코 받지 않을 것이다. 하느님과 그의 모든 성인들을 통해서 그리고 심판의 두려운 날을 걸고, 나는 세속 제후들 중의 어떤 사람들 즉 백작, 주교, 로마 교황조차 이 신의 종들의 재산을 결코 빼앗을 수 없음을 경고하며, 혹은 이 재산을 양도하거나, 없애거나, 교환하거나, 이를 다른 수혜자에게 주거나, 수도승들의 의지와는 무관하게 다른 고위 성직자에게 맡길 수 없음을 경고하며 선서한다. …[56]

클루니 수도원(오늘날은 그 일부만이 남아 있다)

아뀌뗀느 공의 이 승인장은 클루니 수도승들이 수도원 운영에 관한한 자율적인 권한을 가졌음을 말해 주고 있다. 클루니는 모든 영주들로부터 세속적인 문제들에서 완전한 자유를 양도받았다. 그것은 클루니를 방어하는 데 유용한 가장 최고의 권위에게 부여되었다. 즉 로마 교황청의 사도들이며 주보성인인 성 베드로와 바오로에게 주어진 것이다. 공은 클루니의 마을과 그 부속물을 그들에게 양도하였다. 그리하여 그는 그의 재산권과 이들에 대한 권리를 포기하였다. 클루니는 기능적

56) Patrick J. Geary ed., *Readings in Medieval History* (Toronto, 1989), pp.339-340.

인 의미에서 하나의 완전한 불입권Immunity을 지니게 되었다. 그것은 모든 세속적인 문제들에서 외부의 통제를 받지 않아도 된다는 의미였다. 결코 어떤 권위도 교회 혹은 속인 심지어 군주와 교황까지도 클루니에 개입할 수 없었을 것이다. 교황권은 클루니의 영지와 그 물건들을 침탈한 사람들을 파문함으로써 클루니를 보호하였을 것이다.

클루니가 세워진 시대에 수도원의 불입권은 세금과 현물지대로부터의 완전한 자유를 포함하는 것이었다. 그러한 의미에서 이것들은 수도원 자체에 의해 유지되고, 외부 권위에 대해서 강요받지 않는 것이었다. 모든 외부 권위의 대리인들은 일반적으로 그들의 공적인 일 혹은 사법권의 행사를 위해 그곳 영지로 들어오는 것이 금지되었다. 불입권은 클루니 수도원 자신의 사법제도를 발전시켰으며 상설이든 일시적이든 간에 공공법정을 세워 그들의 내부 정비를 하게 되었을 것이다.

그리고 주교들은 그들의 불입권에 대한 정신적 권한과 정신적 사법권을 행사하였을 것이다. 그러나 그들은 재정적이고 물질적인 것들에 대해서는 어떤 강요도 할 수 없었다.[57] 클루니는 서서히 그들 자신의 사법체계를 발전시켰다. 994년 안즈 공의회Anse Council에서 수도승들은 이미 손강Saône 유역을 지키기 위한 법령을 요구함으로써 그들 자신들을 방어하기 시작하였고, 손강 유역의 침해에 대한 처벌권까지 가지게 되었다. 동시에 그들은 자신들의 지방적인 불입권 제도를 만들어, 그들 자신의 법정의 사법권을 발전시켰다.[58]

998년 수도원장 오딜로와 황제 오토 3세의 요구에 따라 교황 그레고리우스 5세(996-999)는 클루니의 자유를 인정해 주었다. 그레고리우스 5세는 클루니의 모든 토지에 대한 세속적인 개입으로부터 클루니의

---

57) H. Cowdrey, *The Cluniacs and the Gregorian Reform* (Oxford, 1970), p.5.
58) *Ibid.*, p.20.

복원된 클루니 수도원 전경도

불입권을 단호히 주장하였다. 교황 베네딕트 8세는 로베르 경건왕의 지원을 받는 클루니 수도승들의 한 집단이 낸 간청에 대한 응답으로 부르고뉴 · 아퀴뗀느 · 프로방스의 주교 19명에게 편지를 썼다. 여기에서 그는 클루니의 영지와 소유권을 침해한 속인의 이름을 언급하고, 그들의 죄에 대한 세부 사항을 지적하였다. 그는 그들에게 회개할 것과 파문의 고통 중에서 그들이 잘못한 행동을 고칠 것을 요구하였다. 만일 주교들이 그렇게 하지 않는다면, 그들에 대한 교황의 제재를 재강화하게 될 것이었다.

클루니가 교황의 제재를 요청하였을 때, 베네딕트의 계승자인 요한 19세도 이전에 클루니가 지녀왔던 불입권에 대해 두 번이나 더 승인을 추가해 주었다. 1024년 요한이 교황이 되자, 오딜로 수도원장은 클루니의 자유권을 새롭게 승인 받을 수 있는 기회를 얻었다. 오딜로 수도원장이 참석하였던 로마에서의 콘라트 2세의 황제 즉위식 3일 뒤, 클루니는 또다시 승인을 받았다. 그러한 승인들은 클루니의 불입권에 대한 정의는 간략하지만 근본적인 것이었다. 그러한 승인들은 클루니의 권리에 대한 자세한 명세서라기보다는 오히려 어떤 외부 권력의 속박으로부터 벗어난 클루니의 높은 자유를 선언하는 것이었으며, 성 베드로와 사도좌에 대한 클루니의 유일한 종속을 단도직입적으로 선언하는 것이었다.[59] 교황 그레고리우스 5세, 베네딕트 8세, 그리고 요한 19세의 특권으로, 교황권은 전적으로 그리고 명백하게 클루니의 완전한 불입권을 확고히 해 주었다. 교황권은 특권의 보호를 향유하였던 다른 수도원들보다도 클루니에 대해 훨씬 더 강력하게 행동하였다.

3) 수도원의 면제권 Exemption

당시 프랑스 군주의 영향력은 신성로마제국 황제의 그것에 비해 매우 제한적이었다. 카페 왕조가 987년부터 지배하였던 왕령지는 파리와 오를레앙 주변에 한정되었다. 이러한 왕실의 취약함으로 인해 공작과 백작들이 사실상의 지배계층을 형성했으며, 군주는 명목상의 지배자에 불과하였다. 이 같은 권력 구조 속에서 많은 주교좌와 수도원들은 귀족의 영향력을 받고 있었다. 이 같은 구조에 대항하여 조치를 취하기 위한 것으로 10세기 말엽에 군주들은 자신들의 권력 기반을 확장하려는 시도로 랭스와 브뤼지와 같은 그들 왕령지 수도원과 주교좌에 임명하는 결정권을 지니려 하였다. 다른 한편 상층 귀족과 주교들은 언제나 종교적인 동기들로 새로운 수도원들을 건립하지는 않았으며, 자주 자신의 권력을 강화하기 위해서였다. 이러한 상황은 독일보다는 프랑스에서의 일부 수도원들이 임명된 주교의 감독으로부터 혹은 권력 균형을 이용한 귀족들의 영향력으로부터 자신들을 해방시키려는 시도가 일어

59) *Ibid.*, p.21.

났을 때 복잡해지게 되었다. 프랑스에서는 이러한 문제들을 처리할 권위 있는 법정이 없었기 때문에 수도원들은 왕왕 보호와 지원을 위해 교황에게 호소해야 했다. 그리하여 10세기에 프랑스가 면제권의 고전적인 영토가 되었다. 클루니 수도원의 면제권은 가장 유명한 것이 되었으며, 이후에 수도원 공동체의 발전으로 인해 가장 성공적인 모델이 되었다. 그러나 잘리에르 왕조의 콘라트 2세 시기에 클루니가 소속된 부르고뉴 지역이 신성로마제국의 영토로 복속되었다. 그리하여 클루니의 개혁사상은 이제 황제 하인리히 3세에게도 많은 영향을 주어 먼저 황제에 의한 교회 개혁이 단행되었다.

지금과 같은 의미를 갖는 불입권은 로마시대로부터 내려온 것이었다. 그러나 *Exemptio*라는 단어가 교황청의 사법권을 제외한 모든 정신적인 권한으로부터의 자유를 의미하는 기능적인 용어로 규정된 것은 12세기가 지난 후의 일이다.[60] 면제권Exemption이라는 용어는 점진적인 진보가 이루어졌다. 그것은 교황권이 외적인 개입으로부터 교회와 제도를 보호하기 위해서 만들어지게 될 것이었다. 매우 서서히 그리고 늦게 서구 교회 안에서 발전하게 된 수도원의 면제권은 부분적으로 성 베네딕트 규율에서 기인하고 있다. 불입권에 관한 한 그 규율은 개별적인 수도원의 자율성과 자아 방어를 기본적 조건으로 지니고 있었다. 그리하여 그것은 수도원으로 하여금 세속적인 문제 안에서 외부 개입의 불입권을 가치 있게 만들게 하였다. 그러나 베네딕트 규율은 그의 교구 수도원들에 대해 주교의 감시를 완화시키는 것으로 나타났으며, 또한 면제권을 금지하는 경향도 있었다. 그 규율은 만일 수도승들이 자신들의 수도원장을 뽑기 위해 선출권을 행사할 때, 수도원장이 될 자격이 없는 사람을 선출했을 경우 그 문제를 해결하기

60) *Ibid.*, p.23.

위해서 개입할 수 있는 권위들 가운데 하나로 주교를 임명하였기 때문이다. 극단적인 상황에서 주교는 또한 한 수도원의 사제들을 훈련시키는 일을 담당하기도 하였다. 그러한 규율 조항으로 볼 때, 특정 베네딕트 수도원의 궁극적인 면제권은 결코 자연적으로 성장하였다고 생각할 수 없다.[61] 더욱이 매우 초기부터 교회 공의회들은 수도원들이 주교들의 사법적인 권한에 직접 복속되어야 한다는 점을 확실하게 언급하였다. 예를 들면 오를레앙 공의회(511년)는 주교가 그의 책임 하에 있는 수도원 공동체의 수도원장을 그의 지휘 하에 감독하도록 하였다. 이처럼 공의회 법령들은 수도원에 대한 주교의 사법권 원리를 확고하게 주장하였다. 강력한 교회법 선례들이 주교 쪽에 유리하게 만들어지는 동안, 그것에 반대하는 한 부류의 선례들도 만들고 지고 있었다. 그것은 교황 그레고리우스 1세의 권위 있는 견해로, 그의 통치하에서 그 선례들은 특별한 의미를 갖게 되었다. 그는 지방 주교들의 과도한 요구로부터 수도원을 방어하기 위한 조치들을 수차례 취하였다. 그의 기록집에는 많은 서한들이 들어 있다. 그 편지들은 결코 면제권의 인정을 의미하고 있지는 않지만, 교구소속 수도원에 대한 주교들의 개입을 제한하려는 입장을 보여주고 있다. 물론 이 편지들은 개별적인 주교들의 역할에 대한 특별한 남용을 다루고 있었다. 따라서 그것은 주교들의 정신적 권한으로부터 수도원의 완전한 해방을 보장해 주는 것은 아니었다.

628년 교황 호노리우스 1세Honorius(625-638)가 인정한 보비오Bobbio 수도원에 대한 특권은 주교좌의 통제로부터 모든 면제권에 대해 교황이 인준한 가장 초기의 유형이 될 것이다.[62] 주교가 수도원 구조에 복속되

---

61) *Ibid.*, p.24.

62) Rosalind K. Berlow, "Spritial Immunity at Vézelay (Ninth to Twelfth Centuries)", *CHR* vol.62 (1976), p.576.

어 있는 아일랜드 교회의 전통은, 대륙에 세워진 아일랜드 수도원과 교구 권위 사이에 갈등을 빚는 원천이 되었다. 롬바르드에 세워진 아일랜드 수도원인 보비오는 로마 법정에 탄원할 수 있을 만큼 로마와 가까운 거리에 있었다. 이 상황에서 호노리우스에 의해 인준된 면제권은 교황 통제 안에서 어떤 가시적인 성장을 나타내지 않았다. 왜냐하면 보비오에서의 정신적인 책임성과 재산권은 주교좌로부터 면제 받았으나 그것이 바로 로마의 교황에게 결코 양도되지는 않았기 때문이다.

중세 초기의 수도원들은 일반적으로 군주에 보호를 받아왔으나 9세기 카로링조의 분열기에는 보다 강력한 보호자들을 찾을 수밖에 없었다. 샤를르 대머리왕(840-877)과 샤를르 비만왕의 축소된 방어는 성인들 가운데 특히 성 베드로 즉 로마 교회의 방어 혹은 보호로 대체되었다. 863년 백작 제랄드 루실롱이 베즐레와 푸와티에의 자신의 사유 영지에 건립한 두 수도원을 성 베드로에게 위탁하면서 이러한 발전은 시작되었다.[63] 클루니 수도원이 세워지기 반세기 전인 교황 니콜라스 1세 때에 바로 이 수도원에서 정신적인 면제권이 등장하게 되었던 것이다. R. 벨로 교수는 863년과 868년 사이에 세워진 베즐레Vézelay 수도원의 확립에서 정신적인 면제권Spiritual Immunity의 개념과 교황좌에 대한 수도원의 기부를 조화시키는 최초의 유형을 발견하였다.[64] 베즐레 수도원의 창시자인 백작제랄드Gerard of Vinne는 이러한 선례를 이끌어내었다. 제랄드는 군주 샤를르 대머리왕과 심각한 싸움에 빠져 있었다. 858-859년의 일시적인 소강상태를 제랄드는 그의 재산을 보호하기 위한 좋은 기회로 삼았다. 그의 전 생애 동안 재산에서 나오는 수입을 지속적으로 향유할 수 있도록 인정해 주고, 이후 그의 명예를 높여줄 것을 허락하는

63) I. Robinson, *The Papacy*, p.209.
64) Rosalind K. Berlow, 위의 글, p.577.

종교적 기부를 이 시기에 행하게 되었다. 그는 먼저 베즐레에 수녀원을 세우고 교황청에 그것을 기부함으로써, 군주에 의한 몰수로부터 재산을 안전하게 도피시킬 수 있는 곳을 찾을 수 있었다. 군주 몰수에 대해 그의 재산을 보호하는 길을 찾는 한편, 제랄드는 또 다른 영향력으로부터도 벗어나길 원했다. 당시 수도원은 국왕을 제압할 수는 있었으나 주교좌 개입은 피할 수 없었다. 이에 정신적인 면에서 교황권에 대해 직접 복속하는 길은 주교좌 통제의 위험을 피할 수 있는 수단이었다. 교황 니콜라스 1세는 한 편지에서 안내자이며 조언자이며 보호자가 되어줄 것과 수녀들이 선출할 새로운 수녀원장의 취임을 인정해 줄 것을 요청 받았다. 교황은 어느 누구도 그 재산에 개입할 수 없음을 선포하였다. 그 대신 매년 로마로 은 1파운드를 납부하게 함으로써 사실상 개입하기에 너무도 멀리 떨어져 있었던 그 지역을 교황권에 확고히 복속시켰다. 교구 주교는 "그 수녀원의 수녀원장으로부터 초대를 받지 않는 한 공적인 미사를 드리는 것이 금지"되었다.

폴 파브르Paul Fabre는 그의 책 『세무 장부*Liber Censuum*』에서 베즐레의 재원과 관련한 자료들을 논하면서 다음과 같이 결론을 내렸다. 니콜라스의 금지 조항들은 "순수하게 재정적이고 물질적인 수입원에 대한 불입권"이었다. 그러나 수녀원장의 선출에 대한 감독은 또한 정신적인 감독의 명백한 한 측면이었다. 더욱이 제랄드와 니콜라스는 행정가들로서 경험이 있는 사람들이며, 정신적인 기능을 수행하려는 사람들은 물질적인 지원 없이 그러한 기능을 이행할 수 없음을 인식하였을 것이다. 그들은 주교에게 필요한 음식과 잠자리의 제공을 금지함으로써, 멀리 떨어져 있는 수도원의 방문을 어렵게 만들었을 것이다. 그러한 재원을 제공하지 않고 어떤 종류의 의무이건 금지시킴으로써, 수도원이 주교좌의 통제로부터 벗어날 수 있다는 것이 그들의 의도였다.

베즐레 수녀원의 특권들을 언급할 때 니콜라스는 제랄드의 기부조건을 받아들였고 어떤 종교적인 경우이든지 간에 수도원으로부터 헌금을 받아들이거나 제정하는 일을 세속인과 성직자 모두에게 금지하였다. 베즐레의 정신적인 면제권의 도입은 이 개념을 발전시키는 데 있어서 하나의 연결 고리를 제공한다. 그것은 또한 이러한 면제권이 교회 권위의 분산에 종사하는 대신, 강력한 중앙집권화 된 교회정부를 위한 잠재적인 기구가 되는 전환점임을 나타내었다.[65] 베즐레 수도원은 이후 교황 그레고리우스 7세에 의해 정식으로 클루니 수도원의 재산 목록에 포함되었다. 따라서 눈부신 발전의 중심부가 되었던 클루니 수도원은 이러한 정신적인 면제권의 기원에서 특별한 것은 아니었다.

931년에 클루니는 한 면제권을 받게 되는데, 이는 이후의 교황들에 의해 투스쿨란 가문의 교황들에게 변화되면서 지속적으로 확고하게 팽창되어진 것이었다. 클루니는 면제권들이 전통적인 교회 구조를 어떻게 약화하였으며, 그렇게 함으로써 교황권의 지위를 강화하였던 것을 보여주는 완벽한 전형이었다.[66] 그리하여 마콩주교와의 갈등 중에 한 시노드는 1025년에 리용 부근의 안셈에서 열렸는데, 교황 특권이었던 면제권이 불법적이고 무효임을 선언하였다. 그러나 2년 후인 1027년 클루니의 오딜로 수도원장의 요청으로 교황 요한 19세는 그 특권들을 강화시켜 주었다. 리용의 대주교와 마콩의 주교에게 복종하도록 경고하면서 프랑스의 군주 로베르가 클루니에 보호를 제공하였음을 상기시켰다. 교황은 이들 법령들이 교회법에 따라 유효성을 지니고 있음을 주장하였다. 그리하여 특권들의 수여는 교황 수위권을 주장하기 위한 하나의 성공적인 도구가 되었음은 명백하였다. 결과적으로

65) *Ibid.*, p.588.
66) B. Schimmelpfenning, *The Papacy*, p.125.

프랑스 부르고뉴 마콩지역의 클루니 수도원(마콩지역은 클루니 수도원의 발생지다)

다음 시기의 대부분의 교황들은 이 제도를 편리하게 이용하게 되었다. 클루니 수도원은 수도원의 자유권에 있어서 교황들에 의해 특별한 개발이 이루어졌다. 클루니 수도원의 예외적인 발전의 첫 번째 표식은 교황들과 군주들에 의한 클루니 자유권의 확고한 지지기반이 있었다는 점이다. 또한 클루니는 성 베드로 및 바오로와 특별한 관계를 지녔으며, 로마 교황권과도 특별한 관계를 맺고 있었다.[67]

클루니와 마콩 주교 간의 갈등은 이제 불가피한 것이 되었다. 그러나 그들의 관계가 처음부터 적대적인 것은 아니었다. 클루니와 마콩 주교인 지방 주교와의 관계는 10세기 전반과 11세기에 들어서기까지는 지극히 우호적인 관계였다. 마콩 교구를 주도하는 사람들은 지방의 유력 가문 출신이었으며, 클루니의 기부자 연결망의 한 부분이었음을 통해서 알 수 있다.[68] 그러나 1032년에 클루니가 스스로 새롭게 얻게 된 면제권은 주교들의 정신적인 권한에 대항하여 치열하게 투쟁하게 되는 절정이자 극치로서 클루니는 주도적인 위치에 오르게 되었다.

67) G. Constable, 앞의 글, p.418.

68) B. H. Rosenwein, T. Head and S. Farmer, "Monks and Their Enemies : A Comparative Approach", *Speclum* 66 no.3-4 (1991), p.767.

일단 이러한 사도좌의 보호에 맡겨지면 창립 가문의 의지에 종속되었던 '사적 수도원'으로서는 종식되었고, 모든 세속적 권위로부터 자유를 얻게 되었다.[69] 성 베드로의 보호에 대한 신뢰는 서구 그리스도교 왕국에서 교황 권위를 신장시키는 일에 기여하였다. 성 베드로의 보호에 대한 대가로 수도원은 로마 교회에게 복종을 하여야 했다. 이제 수도원은 세속적 · 주교적 권한으로부터 자유를 얻고 교황의 직접적인 보호 아래 놓이게 되었다. 이로 인해 클루니는 세속적인 지배로부터 교회의 자유를 위해 개혁에 헌신한 그레고리우스 개혁가들의 전형이 되었다. 클루니는 11세기 중반부터 '로마의 자유'로 알려지면서 하나의 모델이 되었다. 클루니가 향유한 로마 교회와의 친밀성은 다른 수도원들에서도 거의 찾아 볼 수 없는 것이었으나, 수백 개의 수도원들이 '로마의 자유'는 아닐지라도 적어도 로마의 방어를 추구하였다. 11세기에 270여 개의 종교적인 집단들이 자신들에게 성 베드로와 그의 승계자인 교황의 방어를 인정해주는 교황의 특허장을 획득하였다. 12세기에는 그 수가 약 2천여 개로 증가하였다. 이러한 통계는 종교적인 공동체들과 그들의 설립자들과 후원자들 측에서 신앙인들의 이해를 보호하고 그들의 상해를 갚아줄 수 있는 성 베드로와 그의 대리자의 권한에 대한 커져가는 신뢰를 제공하는 확실한 자료인 것이다. 성 베드로의 방어에 대한 확신은 서구 그리스도교 왕국에서 교황 권위의 팽창에 기여하였다. 성 베드로의 방어에 대한 대가로 수도원의 로마 교회에

---

69) 11세기에 270개의 수도원들이 성 베드로와 그의 대리자인 교황의 보호 아래 그들을 인정해주는 교황 특허장을 획득하였으며, 12세기에는 그 수가 증가하여 약 2,000여 개에 이르렀다. 이러한 통계는 교황권이 종교적인 공동체의 역할에 대한 신뢰가 더욱 커져가고 있음을 보여주는 증거이며, 신앙인들의 이해관계를 보호하기 위해, 그리고 그들의 손실을 회복하기 위해 수도원들의 창립자들과 보호자들을 성 베드로와 그의 대리자의 권한 안에 두는 것이었다.

대한 복종은 교황좌가 주장한 수위권을 가장 잘 선전할 수 있는 것이었다. 이론상으로 전 교회가 로마에 복속해야 한다는 움직이는 모델이 된 것이다.[70] 그리하여 클루니 수도원의 이념은 교회 내부에서는 가능한 한 수도원 스스로 수도원장을 선출하여 외부의 개입으로부터 벗어나려 하였고, 수도원의 규율과 관습을 정교화 시키고 발전시켜 전례생활의 모범이 되었으며, 교회 밖으로는 세속 권력자들의 통치에 대한 도덕성을 부과시켜 통치권에 대한 올바른 개념을 제공하였다. 더욱이 클루니 수도원은 세속 권력으로부터의 자유를 향한 투쟁을 실현하였으며, 이는 교회 개혁의 한 모델이 되었다. 클루니 수도원의 개혁은 전 유럽적인 현상으로 발전하였으며, 교황 그레고리우스 7세 때에 이르러 이것은 사회 개혁이념으로서 교황주권론으로 주창되었다.

70) I. Robinson, *The Papacy*, p.20.

제3장

그레고리우스 7세 개혁

1. 교황주권론의 형성

1) 교황주권론의 구조

교황 그레고리우스 7세

세속 권력으로부터 교회를 보호하고자 했던 교황 겔라시우스 1세의 병행주의 이론은 11세기 교회 개혁가들에게 새로운 화두가 되었다. 피터 다미안이 '세속 통치자들에게 마치 노예처럼 봉사하는' 주교들이야말로 교회의 자유를 저해하는 배반자라고 불렀던 것도 이 때문이었다. 겔라시우스의 모델은 이들에게 교회의 독립성을 보장하는 논리로 간주되었던 것이다.[1] 그러나 다른 한편으로는 속권과

1) I. Robinson, 앞의 논문, p.292.

교권의 보완적 협업이 겔라시우스의 모델을 제대로 실천하는 것이라는 주장도 제기되었다. 이에 급진적 개혁가였던 추기경 훔베르트는 속인 통치자 역시 한 사람의 그리스도교도인 만큼 교회의 일부분일 수밖에 없다고 주장하였다. 이 땅의 그리스도교 사회는 그리스도교도들로 구성되고, 교회란 그리스도교도들의 집합을 의미하는 만큼, 그리스도교 사회의 통치자는 교회의 관리자인 교황의 계도를 반드시 필요로 한다고 그는 생각하였다.

> 그리스도교 세계는 교회*Ecclesia*로서 모든 그리스도교도들의 유기체적 집단체이며, 그리스도교 세계라는 정치 공동체는 모든 그리스도교 공화국들의 중심인 로마 교회로부터 그 영양분을 공급받아야 한다.[2)]

왕실과 사제는 흔히 인간의 육체*corpus*와 영혼*anima*에 비교되었던바, 육체에 대한 영혼의 우위란 단순히 종교적, 도덕적 혹은 철학적 우위에 한정된 것이 아니었다. 법령을 통해 영혼은 육체를 규제하고 명령하며 지도하고 이끌어간다. 육체는 영혼의 단순한 도구일 뿐이지, 자율적으로 생각할 수는 없다. 따라서 영혼이 육체를 명령하는 것과 마찬가지로, 사제가 군주를 명령해야 한다. 다시 말해서 사제와 세속 통치자는 마치 영혼과 육체, 해와 달, 신체의 머리와 각 지체들처럼 각기 서로 보완적으로 기능함으로써 하나의 완성된 유기체를 이루게 될 것이었다. 로마 교회야말로 그리스도교 세계의 중심으로서 서구와 비잔티움의 황제들조차 로마 교황의 양팔이라는 것이다.[3)] 성직자정치 원리에

---

2) W. Ullmann, *The Growth of Papal Government*, p.267.

3) 훔베르트가 교황 레오 9세에게 쓴 서한, C. Will, *Acta et Scripta*, p.87 / W. Ullmann, *The Growth of Papal Government*, p.268 재인용.

입각했던 훔베르트는 교회를 보호하는 수단이라는 의미에서 군주와 황제의 기능을 교회의 방어자 내지 옹호자로 간주하였다. 즉 군주는 스스로 군주가 되거나, 스스로 교회의 방어자를 자처할 수 없었다. 세속군주는 신으로부터 직접 또는 스스로 검 즉 통치권을 받는 것이 아니었다. 교회의 방어와 보호라는 특별한 목적을 위해 군주들에게 검 즉 통치권을 수여한 자는 바로 그리스도의 대리자인 '사제들'이었다. 사제로부터 검을 수여받는 이 상징적 의식을 통해 군주는 보편 교회는 물론 개별 교회들에 대한 방어라는 신성한 의무도 지게 되었던 것이다. 군주의 이 같은 역할은 그야말로 부차적 보조적 소극적인 기능이었다. 세속군주는 보편 교회를 구하는 기능을 위해 사제직에 의해 만들어진 만큼 이 목적을 달성하기 위해서는 마땅히 사제들에게 충성을 다해야 하였다. 그런데 세속군주의 방어와 보호 기능은 개별 교회들에 대한 예외적인 것이 아니라, 세속군주가 합법적으로 무력을 행사하여 현세의 악을 척결함으로써 보편 교회 전체를 보호해야 한다는 일반적 의무와 직결되었다. 물론 여기에는 그리스도교 정치 공동체를 이슬람과 같은 외부의 적으로부터 방어하는 기능과 그리스도교 사회 내부의 적들로부터 방어하는 기능 모두 함의되었다. 사제직만이 악과 사악함을 판단할 권한이 있으므로 세속군주의 첫째 기능은 합법적인 물리력으로써 이를 제거하는 강제력을 실천하는 데 있었다. 그러니까 만일 사악한 행위자가 없다면 범죄도 없을 것이고, 이단이 없다면 교회 내부에서의 세속 권력도 필요하지 않을 것이었다. 훔베르트에 따르면 사악한 행위는 범죄이며, 이는 악마적 행위였다. 결국 세속군주는 이 악마적인 행위들을 진압하기 위한 존재였다. 다시 말해서 만일 그리스도교 공동체내에서 범죄의 행위가 없다면, 그곳에는 정치권력의 필요가 없었다. 세속권력의 유일한 존재 이유는 범죄적 행위에 대한 물리적인 진압에 있었다. 따라서 세속군주는 자신에게 부여된 이 같은 기능을 수행함으로써 그리스도교 사회의 유기체적 전체 체제를 방어하여야 했다. 이 같은 상호보완적 병행주의 이론이 성직자정치 원리의 한 토대였던 것이다. 이는 다시금 교황 그레고리우스 7세에 의해 새로운 논리로 재구성될 것이다.

교황 그레고리우스 7세의 교회 개념은 전통적인 견해와 일치하는 것으로, 교회를 그리스도의 몸*corpus Christi*으로 상정하였다. 이 몸은 교회에서 서품 받은 성직자와 세속인의 지체들로 구성되는 그리스도교 사회이다. "그리스도의 몸인 이것은 신앙 공동체이다."[4] 그리하여 그것은 로마인 집단을 형성하였던 모든 그리스도교도들의 자율적인 몸인 것이다.[5] 이 몸은 유기체적으로 통합된 지상 사회에서의 모든 구체적 실체이다. 로마 교회에 의해 해석된 그리스도교적 원리를 따라 사는 이들은 로마인들이며, 그렇게 살지 않는 다른 이들은 그리스인들이다.[6] 전체 그리스도교도 인민들은 그리스도에 의해 성 베드로의 보호에 맡겨졌다. 그리하여 이 인민들은 교황의 책임 아래 있으며 교황만이 자신의 법령들에 대해 무조건적인 복종을 요구할 수 있는 권리가 부여되었다.[7] 성 베드로라는 수단을 통해 신은 지상에서 뿐만 아니라 천상에서까지도 묶고 푸는 유일한 권한을 교황에게 부여하였다.[8] 이 권한은 보편적인 유효성의 특권을 지니는 것이었다.[9] 이 보편적 통치권은 논리적으로 충분할 정도로 특별한 양상이나 특별한 인물들에게 제한되어질 수 없었다. 보편적 통치권은 이론상 국경이 없는 것이었다. 교황은

---

4) *Reg.* 2, 73, p.234. 또한 *Reg.* 6, 16, p.422.
5) *Reg.* 8, 5, p.522.
6) *Reg.* 8, 1, 그리고 8, 5. p.522 ; *Reg.* 8, 12, p.532.
7) *Reg.* 3, 6, p.253.
8) *Reg.* 3, 6, p.253.
9) *Reg.* 8, 21, p.548.

보편적인 아버지이며 모든 그리스도교도들의 스승이다 *communis pater et dominus*.[10] 그리하여 그의 권위는 어떤 유보조항에도 복속될 수 없었다. 신은 그 스스로 성 베드로에게 '전체 교회 통치권' *regimen torius ecclesiae*[11]을 부여하여 결과적으로 성 베드로의 대리자인 교황에게 '보편 교회 통치권' *univerdalis ecclesiae reginmen*[12] 즉 전체 그리스도교도 집단에 대한 통치권을 위임하였다.

성직자정치 원리는 그리스도교도로 구성된 그리스도교 사회가 보편 교회이며 또한 이것은 유기적 정치 공동체이기도 하다는 전제에 입각하고 있었다. 이 땅에서의 삶에 관한 한 그리스도교도 및 사회는 마땅히 로마 교황청에 의해서 관리되어야 한다는 것이다. 교황은 그리스도교 정치 공동체의 입법자인 동시에 최종의 사법적 권위로서 교황의 명령은 모든 그리스도교도 즉 사회의 모든 구성원들에게 효력을 가지고 있었다. 사실상 이 그리스도교 사회는 찰스 대제 이래의 서유럽으로서, 교황 그레고리우스 1세가 처음 제기한 이후 성직자정치론은 서유럽 사회의 정치질서 형성에 지속적인 영향을 미쳤다. 이 그리스도교 사회는 종국적으로 신 내지 신의 대리자를 수장으로 하는 군주제적 통치원리에 의해 관리되어야 하며, 로마 교회는 교회의 반석인 성 베드로의 권한을 승계한 교황을 통해 군주제적 통치원리를 그리스도교도 사회 즉 서유럽 사회에 구현하는 정치적 대리인이었다.

따라서 유럽 사회는 교황을 우두머리로 하는 교회 정부에 의해 관리되는 하나의 정치체이며, 그것의 정치 공동체적 유대는 그리스도교 신앙이라는 정신적 요소이지만, 동시에 그것은 지상에 존재하는 현세

---

10) *Reg.* 2, 25, p.157 ; *Reg.* 2, 67, p.223.
11) *Reg.* 1, 15, p.24.
12) *Reg.* 1, 9, p.14.

적 사회체로서 시민사회에 속하는 모든 정치적 구조와 이를 유지하는데 수반되는 군사 · 법제적 장치를 가지고 있었다. 그레고리우스 7세에게 세속적인 통치권의 물리력은 신약성서 루가 복음 22장 38절 '주님 여기 두 개의 칼이 있습니다'에 대한 한 주석이었던 것이다. 비유적으로 해석하면, 사도들이 그리스도에게 주었던 두 개의 칼은 세속적인 통치의 강제력 즉 물질적인 검과, 파문을 행하는 교회의 힘 즉 정신적인 검을 의미하였다. 이러한 두 칼의 비유는 그레고리우스의 개혁 사상가인 존 만투아John of Mantua에 의해 그레고리우스 7세의 정치적 개입을 옹호하는 데 사용되었다. 칼이 있는 곳은 성 베드로의 권위가 나누어지지 않은 채 정의로운 권력으로 있는 곳이다. 존 만투아에 따르면 물질적인 검은 합법적인 세속 통치자에 의해 사용되어져야만 했다. 즉 교황의 재가를 얻은 세속 통치자는 성 베드로의 대리자로 활동하였던 것이다. 그리하여 정신적인 검은 교황에 의해 직접 사용되었으며, 세속적인 검은 그의 인가로 휘둘러졌다.[13] 1080년대 루가 복음 22장 38절의 이러한 해석은 위험스러운 혁신적인 것처럼 보였다. 그러나 12세기 중엽에 이러한 해석은 정치사상의 일상사가 되어 버렸다.[14]

또한 그레고리우스에게는 그리스도교 사회를 통치하기 위한 일종의 법률의 필요성에 대한 분명한 인식이 있었다. 그에게 법률은 정의를 추출하여 만들어진 것으로 일반적으로 행위를 규정하기 위한 것이었

---

13) John of Mantua, *In Cantica Canticorum et de Sancta Maria Tractatus ad Comitissam Matildam* (Spicilegium Friburgense 19: Freiburg, 1973) p.52 / Robinson, 앞의 책, p.297 재인용.

14) 12세기의 기본적인 교회법 소책자인 1140년경 그라티안의 『교회법령집』은 이러한 그레고리우스의 이론을 지지하는 입장과 반박하는 입장, 양편의 자료들이 담겨 있다. 12세기 말엽의 교황법령연구자들(Decretists)은 그라티안의 법령집에 대한 주석으로 속권과 교권의 관계에 대해 두 개의 상반되는 접근방식을 보여주었다. 이것은 사람들에게는 그레고리우스의 해석을 선호하는 것으로, 어떤 이에게는 겔라시안적인 해석을 선호하는 것으로 나타났다.

다. 그레고리우스의 정의에 입각한 성직자정치 이론의 원리들 가운데 가장 중요한 것은 모든 그리스도교 공화국의 핵심으로서의 로마 교회의 가능성이었다. 그리스도교 사회 안에서 질서란 각각의 그리고 모든 지체가 자신에게 할당된 기능들을 이행할 때 이루어진다. 이때의 기능이란 그리스도교 사회 집단이 본성적으로 규정된 것으로, 이 사회에서의 각각의 지체들의 기능은 이러한 사회의 목적에 의해서 방향지어진다. 그리하여 모든 이들이 자신에게 할당된 기능에 따라 행동할 때 이곳에는 그레고리우스 7세가 언급한 교회 안에서의 평화*pax*가 수반된 화합concordia이 이루어질 것이었다. 그리하여 이에 대비되는 개념은 불화*discordia*로서 이는 각각의 지체들이 요구되어지는 기능들을 이행하지 않을 때 생겨나는 것이다.[15)]

교황 그레고리우스 7세에게 있어서 이러한 기능들을 할당하는 근거는 근본적으로 정의*justitia*에 있었다. 이때의 정의는 순수하게 종교적 윤리적인 이념이 아니었으며, 순수하게 명목상의 이념도 아니었다. 이는 양자 모두를 의미한다. 그리스도교 사회 즉 그리스도교 사회에서 적합한 행위 규범은 무엇인가? 정의의 본질은 삶의 올바른 규범이다. 정의는 성직자정치 이론의 구체적이면서 가장 추상적인 표현이다. 올바른 행위는 정의를 합법화하는 이데올로기적 원리들의 명확한 인식과 수용을 의미한다. 그리하여 이러한 원리들을 인식하고 수용한 사람은 겸손함*humilitas*으로 드러나며, 이러한 원리들을 거부한 이는 교만함*superbia*으로 나타난다. 교만함은 정의 안에서 그리고 정의를 통해 규정된 행위 규범을 고의적으로 벗어난 행위였다. 정의는 그리스도교 사회 안에서 할당된 기능들에 따라 활동하는 것이며 결과적으로 그러한 생활은 규정된 그리스도교 세계 질서에서의 교회법을 준수하는 것이었

15) W. Ullmann, *The Growth of Papal Government*, p.273.

다. 정의는 그리스도교 사회 안에서 올바른 행위가 어떤 것이며 법률에 따라야 함이 어떤 것인지를 보여준다. 그것은 올바른 행위의 순수한 이념이며 그럼에도 불구하고 이 이념은 또한 하나의 규범이며 바로 그러한 것은 단지 복종이 아닌 순응을 요구한다. 정의의 원리들을 고의적으로 벗어난 것은 교만일 뿐만 아니라 불복종인 것이다. 달리 표현하면 겸손과 교만은 내적 심리적 감정적인 상태이며, 복종과 불복종은 외적인 행위와 관련이 있는 것이다.

질서 유지자로서의 교황의 가장 본질적 기능은 법률의 제정과 관리였다. 우선 교황은 복속의 구조와 계서적 권력 위임의 체계, 즉 자신에게 속한 모든 사람들이 가져야 할 권한과 지켜야 할 의무를 명백히 한정하는 규범을 제정하여야 하였다. 사목권의 고유한 속성인 규범의 제정이 바로 교황의 으뜸가는 현실적인 정치적 기능 즉 입법권이었던 셈이다. 또한 교황은 제정된 법률 즉 신성한 질서를 관리하기 위하여 필요한 장치들도 두어야 했다.[16] 교황은 '인류의 구원'을 위하여 궁극적으로 신에게 복속하는, 그리하여 신의 정의가 성취되는 질서를 이 땅에 이룩하여야 했던바, 구체적으로 그것은 피라미드형의 계서적 사회 조직을 통한 정치권력의 하향적 흐름을 유지하는 일이었다. 이를 위해 그는 먼저 질서의 틀 즉 법률을 제정하고 또한 법률을 관리하는 권한을 가지게 되었다. 이를 잘 표현한 것이 바로 그레고리우스가 반포한 「*Dictatus Papae*」였던 것이다. 「*Dictatus Papae*」의 구체적인 각 장은 법률이라는 골격 속에 정의를 재현하는 것이라 말할 수 있을 것이다.[17]

---

16) 박은구, 앞의 책, p.449.
17) W. Ullmann, *The Growth of Papal Government*, p.275.

2) 「*Dictatus Papae*」 분석

(1) 「*Dictatus Papae*」

교황 그레고리우스 7세는 교황이 그리스도교 공화국에서 가지는 관리권의 내용에 관해 1075년 발표된 「Dictatus Papae」에서 다음과 같이 주장하였다.[18)]

1. 로마 교회는 하느님에 의해 세워졌다.
2. 로마 교회만이 합법적으로 보편적universal 교회라 불릴 수 있다.
3. 교황만이 주교들을 면직하거나 복직시킬 수 있다.
4. 교황 특사는 주교보다 (직책이) 하급자라 할지라도, 종교회의에서 주교 보다 우위에 서며, 또한 교황 특사는 주교들을 면직하는 처벌권을 행사할 수 있다.
5. 교황은 (제소된) 사람이 없는 경우에도 이를 면직할 수 있다.
6. (그리스도교도는) 여하한 경우에도 교황이 파문을 처한 사람과 함께 생활해서는 안 된다.
7. 교황은 필요에 따라 새로운 법률을 제정하고, 새로운 성성 Congregations[19)]을 소집하며, 참사회의 수도원을 설립할 수 있다. 또한 교황은 부유한 주교좌를 분할하거나, 가난한 주교좌를 통합할 수도 있다.
8. 교황만이 제국의 기장the imperial insignia을 사용할 수 있다.
9. 모든 세속군주들은 교황의 발에 입 맞추어야 한다.

---

18) B. Tierney, *The Crisis of Church and State 1050-1300*, pp.49-50.

19) 성성聖省은 교황청 국무성성 산하의 행정기구로서 교세가 확장됨에 따라 추기경 업무가 크게 늘어났기 때문에 분야별로 소수의 추기경들이 의회를 구성하게 되었다. 이를 성의회 혹은 성성이라 부른다.

10. 교황의 이름만이 유일하게 교회 안에서 암송될 수 있다.
11. 교황의 이름은 지상에서 유일하다.
12. 교황은 황제들을 폐위할 수 있다.
13. 교황은 필요하다면 주교들을 하나의 주교좌에서 다른 주교좌로 전보시킬 수 있다.
14. 교황은 원하는 인물을 교회의 성직자로 임명할 수 있다.
15. 교황에 의해 서품된 사람은 어떤 교회라도 통솔할 수 있으나, 다른 이의 명령하에 있는 것은 아니다. 또한 그는 어느 주교에게서도 보다 고위직을 수여받을 수 없다.
16. 어떤 시노드도 교황의 명령 없이 전체 종교회의로 소집되어질 수 없다.
17. 교황의 재가 없이는 여하한 합의나 문서도 교회법으로 간주될 수 없다.
18. 교황의 결정은 다른 누구에 의해서도 수정될 수 없으며, 이 모든 결정들을 재고할 수 있는 권한도 오직 교황에게 속한다.
19. 교황은 어느 누구에 의해서도 판단 받지 아니한다.
20. 교황청에 제소한 사람은 어느 누구에 의해서도 단죄 받지 않는다.
21. 교회의 모든 중요한 제소건은 오직 교황청에 의해 처리되어야 한다.
22. 성서가 입증하고 있듯이 로마 교회는 과거 오류를 범한 것이 없으며, 앞으로도 세상의 종말에 이르기까지 결코 오류를 범하지 않을 것이다.
23. 교회법에 의해 취임한 교황은 성 베드로의 공로에 의해 확실히 성화되었다. 파비아 주교인 성 에노디우스St. Ennodius는 이 사실의 증인이며, 많은 교부들이 이에 동의하고 있고, 또한 이것은 성

심마추스St. Symmachus 교황령에도 기록되어 있다.

24. 교황의 명령에 따라 또는 교황의 승인을 받은 경우에는, 하위 성직자라 하더라도 (자신의 상위 성직자를) 제소할 수 있다.
25. 교황은 시노드의 소집 없이도 주교를 면직하거나 복직할 수 있다.
26. 로마 교회에 동의하지 않는 자는 가톨릭교도로 인정될 수 없다.
27. 교황은 (세속 지배자들 가운데) 불의한 자들에 대한 신민의 충성을 면제할 수 있다.

교황 그레고리우스 7세는 「*Dictatus Papae*」를 통해 무엇보다도 교황이 그리스도교 사회에서 법률과 규범의 유일한 제정자인 동시에 그것의 관리자 즉 입법권자 겸 사법권자라는 점을 선포하였다. 교황의 입법권legislative의 주장은 교황권의 최고 권위를 주장하는 것이며, 바로 현세에서의 신의 대리자 역할이기도 했다. 그리하여 교황의 입법권은 「*Dictatus Papae*」 7장에서 밝히고 있는바, 이는 교황이 기존의 교회법을 준수할 뿐만 아니라 상황에 따라 필요한 법령들을 제정하여 발표함으로써 교황의 자유 재량권을 최대한 활용하기 위함이었다. 그리하여 교황의 판단에 대해서는 신에게만 물어볼 수 있는 것이다. 비록 그의 법령들이 법률에 반한다 할지라도 심지어 대부분이 이단적인 것일지라도, 여전히 지상 위의 어떤 권력도 그를 심판할 수 없는 것이었다.[20]

그레고리우스는 이러한 입법권을 이용하여 당시의 많은 수도원과 수도 참사원에게 새로운 특권을 인정해 주었다. 종교적인 집단들에 대한 교황의 특권들은 사실상 입법권자로서의 교황의 이념인 로마 수위권의 발전을 연구하는 귀중한 자료가 되었다. 교황 그레고리우스 7세의 입법권자로서의 면모는 전임 교황 알렉산더 2세가 반포한 3가지

---

20) McIlwain, *The Growth of Political Thought*, p.218.

특권들을 철회하는 것에서 볼 수 있다. 먼저 그는 성 마리아 디 부티리오에 대한 특권을 취소하였는데, 왜냐하면 그는 그것을 뚜렷한 근거가 없는 불완전한 것으로 간주하였기 때문이며, 쉐프하우젠의 특권에 대해서도 그것이 '정의로움'에 역행하는 것이기 때문이라고 설명하였다.[21] 1078년에 그레고리우스는 특수한 상황, 인물, 시간, 장소에 따라 어떤 특권도 인정될 수 있으며, "만일 필요성 내지 편리성의 이유로 개정이 요구된다면, 합법적으로 바뀌어 질 수 있음"을 공포하였다.[22]

교황 사법권에 대해서는 「*Dictatus Papae*」 1장에서 밝히고 있는 것으로 그리스도가 직접 로마 교회의 창시자라는 사실에서 교황의 모든 법률적 권한의 성격을 설명하였다. 이는 로마 교황청이 보편적 사법권을 지닌다는 근거가 되었다. 그리하여 「*Dictatus Papae*」 2장에서의 교황 법령의 보편적인 적용은 모든 그리스도교도에 한하는 것이었다. 역사학자 카스파르Caspar는 2장에 대해 "당대의 교회법 속에 「*Dictatus Papae*」 2장과 유사한 것은 나오지 않는다!"[23]고 언급하였다. 2장에서의 '보편적universal'이라는 용어의 사용은 그것이 의미하는 바가 로마의 주교와 그 밖의 모든 사람들을 포함하는 것이었다. 그리스도교 세계란 그레고리우스가 서한과 전령을 보내는 지방의 잘 조직화된 그리스도교 왕국들, 제후국들, 교회들로 규정되었다. 광범위하게는 라틴 세계로 정의되는 그리스도교 왕국을 이룩하려는 그레고리우스의 목적은 그리스도교 국가들과 더불어 주교들로 이루어진 구조를 세우려는 것이었다.[24] 이에 한 걸음 더 나아가 교황 그레고리우스 7세는 「*Dictatus Papae*」

---

21) I. Robinson, *The Papacy*, p.238.

22) *Reg.* 6, 2, p.393.

23) J. T. Gilchrist, "Canon Law Aspects of the Eleventh Century Gregorian Reform Programme", *JEH* Vol.18 (1962) p.33.

24) H. Cowdrey, *Pope Gregory VII 1073-1085*, p.566.

12장을 통해 '교황이 황제들을 폐위할 수 있다는 것'과 26장 '로마 교회에 동의하지 않는 자는 가톨릭교도로 인정될 수 없다'는 것, 27장 '교황은 불의한 자들에 대한 신민의 충성을 면제할 수 있다'는 조항을 통해 불충한 세속 귀족들의 신민을 봉건적인 충성서약으로부터 해방시켜 줄 수 있음을 천명한 것이었다. 이는 교황이 황제를 폐위, 파문할 수 있으며 교황에 의해 파문당한 사람은 예외 없이 사회로부터 격리된다는 점을 명확히 밝혀 속권과 교권에 대한 완전한 복속을 요구하였던 것이었다. 이는 신성로마제국의 황제 하인리히 4세와의 충돌을 불가피하게 만드는 것이었다. 더욱이 「*Dictatus Papae*」 5장과 24장은 기존 교회법을 파기하는 내용이었다. 5장 '교황은 제소된 사람이 없는 경우에도 이를 면직할 수 있다'와 24장 '교황의 명령에 따라 또는 교황의 승인을 받은 경우에는 하위 성직자라 하더라도 자신의 상위 성직자를 제소할 수 있다'는 조항은 당시에 '하위자는 자신의 상위자를 재판할 수 없다' (Sentenace, tit. 7)[25]와 '어느 누구도 재판받을 자의 궐석 시에는 재판할 수 없다'(Sentence, tit.)13)는 것이 교회법적으로 일반적인 것이었다. 한 명의 주교가 법률적으로 제소되어 교회법적으로 종교회의에 소환 당하였다면 그는 지체 없이 그곳에 가야만 했고, 만약 그가 갈 수 없는 상황이라면 자신의 행위를 위임한 대리인을 파견해야 했다. 제소된 주교가 종교회의의 교회법적인 소환에 3개월 혹은 6개월 이내에 응한다면 공동체로부터 제외될 수 없었다. 그러나 이제 그레고리우스에 따르면 명령을 어긴 자가 법정에 출두하건 하지 않건 간에 합법적으로 재판할 수 있게 된 것이다. 「*Dictatus Papae*」 20장 '교황청에 제소된 사람은 어떤 누구에 의해서도 단죄 받지 않는다'와 교회의 최상위 법정인 교황청에 회부되어져야만 한다는 내용은 교황 인노켄티우스 1세(404)

25) 당시의 영향력 있는 교회법 소책자(*Collection in Seventy Four Titles*).

와 위이시도르 문서에 의해서 언급된 견해였다.[26] 교회의 사건에서 첫 번째 재판은 주교 혹은 대부제의 법정에서 이루어졌다. 고소인은 이 법정의 판결에서 대주교좌 법정으로 탄원할 수 있었고, 최종적으로 대주교좌 법정의 판결에서 교황의 법정으로 탄원할 수 있었다. 그레고리우스 7세의 교황좌 때에 가장 심각한 사건들만이 최고 법정인 교황청 법정에 다다를 수 있었던 것으로 보인다. 이들 사건들로는 성직 매매 혹은 불복종으로 인해 면직된 주교들과 실정으로 제후들에 의해 폐위된 독일의 군주 하인리히 4세 사건 등이었다.[27]

모든 교황의 사목권은 교황 레오 1세가 주장했던 것처럼, 전임 교황으로부터 승계된 것이 아니라 성 베드로로부터 직접 상속된 것을 보장해 주었다. 이 보장은 베드로가 그러하였던 바와 마찬가지로 모든 교황이 법률의 지고한 제정자이며 또한 그것의 완전하고 자율적인 관리자임을 밝히는 것이었다. 다시 말해서 이는 모든 교황들을 전임 교황들이 제정한 법률과 관행의 제약으로부터 해방시켜 주었으며, 또한 당대 교황의 명령에 대한 순복의 거부를 '열쇠'의 보유자였던 성 베드로에 대한 도전으로 곧장 간주할 수 있는 길을 마련해 주었다. 그리하여 교황에 대한 절대적 순복이 부동의 원칙으로 신도 집단의 생활을 지배할 수 있게 되었다.[28] 교황의 법률 집행권은 직속 하부기관으로서 교황청 특사와 공의회 제도를 발달시켜 「*Dictatus Papae*」 4장에서의 주교보다 교황청 특사의 우위성, 16장의 교황의 동의하에서만 종교회의 소집권, 24장의 교황 명령의 우위권을 주장하였다. 또한 21장에서 교황은 이론상으로 모든 사람의 불만을 경청해야 하며, 결과적으

26) I. Robinson, *The Papacy 1073-1198* (Cambridge, 1990), p.180 참조.
27) *Reg.* 4. 23, p.335.
28) 박은구, 『서양 중세 정치사상 연구』(혜안, 2001), p.446.

로 교황은 모든 교회의 선을 위협하는 심각한 무질서자들에 대한 특별한 경계를 하여야 했다. 따라서 이러한 교황의 사법적인 권한을 실행하기 위해서는 집행기구의 발전 없이는 강화될 수 없는 것이었다.

교황 그레고리우스 7세의 이러한 주장은 많은 부분에서 로마 황제의 권한을 모방한 것이었다. 「*Dictatus Papae*」 8장과 9장에서 교황만이 제국의 기장을 사용할 수 있고 모든 통치자들이 교황의 발에만 입맞추어야 한다는 것이 그것이었다. 그리스도교 황제인 콘스탄티누스 대제 하에 제국적인 로마의 모델은 11세기 로마 교황청에 의해 사용되었다. 그리하여 황제 대관식이 교황의 대관식으로, 로마의 관직*pontifex Romanus*이 로마 주교좌Roman pontiff로, 고대 원로원이 추기경단으로, 특히 황제궁전palace이 교황 팔라티움*palatium*으로, 황제 법정이 교황 꾸리아 등으로 교황은 세속적인 통치자가 지녔던 로마제국의 제도적 틀을 모방하였다.[29)]

그러나 교황 그레고리우스 7세는 이 세상에서의 황제권의 모방을 넘어서서 아니 인간의 영역을 넘어서 신의 영역에 속해 있는 교황 무오류의 전능권도 주장하였다. 「*Dictatus Papae*」 19장을 통해 교황의 인신 상의 사법적인 면책권과 22장 로마 교회의 과거로부터 세상 종말에 이르기까지의 무오류성에 관한 이러한 논리는 바로 23장 '교황은 성인으로 성화되었다'는 주장에서 뒷받침되었다. 그리하여 교황은 어느 누구에 의해서도 판단될 수 없는 모든 권한을 초월해 있는 존재로서 신만이 그를 판단할 수 있다는 것이었다. 그리하여 그는 지상에서의 최고의 수장으로서 모든 세속적, 정신적 일들을 판단할 수 있는 최고 심판관인 동시에 신의 대리자임을 나타내었다. 이러한 주장은 두 가지

---

29) D. Luscombe, "Introduction; the formation of political thought in the west", pp.168-169 참조.

전통 즉, 하나는 교황 겔라시우스 1세의 원문과 다른 하나는 위이시도르 문서Pseudo-Isidore에 근거하는 것이었다.[30] 사르디카Sardica 공의회와 교황 겔라시우스 1세에 의해서 언급된 "교황의 판단은 어느 누구에 의해서도 철회될 수 없다"는 원리가 교황 니콜라스 1세(865)와 위이시도르 문서에서 언급된 즉 "교황 자신은 어느 누구에 의해서도 판단되어질 수 없다"는 원리로서 재강화 되어졌다고 볼 수 있다. 그리하여 교황 그레고리우스 7세는 「*Dictatus Papae*」를 통해 로마 교회의 보편성(*D. P.*1, 2, 26장)과 교황권의 절대성(*D. P.*9, 10, 11장) 및 교황의 무오류성 전능권(*D. P.*19, 22장)을 교회법의 기본으로 공포한 것이었다.

(2) 교황주권론의 사상사적 의미

교황 그레고리우스 7세의 교황주권론은 보편 교회에 대한 베드로 수장권을 근거로, 교황이 교회의 일과 정신사에 관한 권한뿐만 아니라 황제나 군주에게 주어졌던 현세사에 대한 통치권까지도 가지고 있음을 주장하는 도발적인 것이었다. 그렇다면 오랫동안 로마의 유력 가문과 독일 군주의 영향을 받았던 교황좌가 교황 그레고리우스 7세에 의해 황제와 동등한 수준은 물론 황제의 복속까지도 주장하게 된 근거는

30) 위이시도르 문서는 840년대 말엽과 850년대 초엽 랭스 지역과 마인쯔 지역 등에서 작성된 많은 양의 허위문서 가운데 가장 빈번히 활용되었던 문서로, 이 위서는 실존 인물이었던 이시도르 세빌리아가 기초하여 만들어진 것으로 추정된다. 사도시대 이래로 교황청의 기록문서와 종교회의 문서의 자구적인 '기록'을 포함하고 있다. 이 위서가 특히 교황청에 미친 영향은 실로 막대하였다. 이 위서에 관한 모든 사실은 한 세기 전에야 비로소 밝혀졌다. 사회의 엄격한 계서적 질서화와 이로 인한 군주와 황제 지위의 강등 그리고 모든 것을 포괄하는 교황사법권에 관한 내용을 담고 있었다. 이들에게 있어서 중요한 것은 세속법정으로부터 성직자의 면책특권과 교황이 모든 주요 소송을 심리한다는 점이었다. 그것은 후대에 주교 및 대주교에 대한 교황의 지배를 확립하는 데 매우 긴요하였다. 성서 다음으로 위이시도르 문서는 교황청이 줄곧 이용한 가장 유용한 소책자였다.

무엇이었을까? 그레고리우스 7세의 주장은 「콘스탄티누스 대제의 기진장」에 근거하고 있었다. 이 「기진장」은 저자와 저작 동기는 불분명하지마는 아마도 8세기 말엽 교황 주변 집단에서 작성된 것으로 추정되는데, 이 문서가 보존되었다가 로마 교황청에 의해 직접적으로 이용되기 시작한 것은 10세기 중엽의 일이었다. 「기진장」의 첫 장은 5세기 말엽에 만들어졌던 실베스터 전설에 근거하고 있는데, 여기서는 콘스탄티누스 대제가 교부들과 실베스터 교황에 의해 그리스도교도로 개종하는 장면이 묘사되었다. 두 번째 장에서는 세속의 황제가 신의 대리자가 거주하는 교회 정부의 수도에 함께 거주하는 것이 부적절하기 때문에, 수도를 콘스탄티노플로 옮길 수밖에 없는 이유들을 설명하고, 로마 교회에게 서구 그리스도교 사회와 이를 관리하는데 수반되는 모든 권한을 기증한다는 내용이 포함되었다.[31] 그리하여 황제는 실베스터 교황을 위해 교황이 탄 말을 끄는 일명 "등자쇠 봉사"를 수행하였고, 교황에게는 삼중관과 이에 수반된 영예가 주어졌으며, 황제와 동일하게 백마를 탈 수 있는 권한도 보장되었다. 이는 황제 콘스탄티누스가 베드로의 계승자인 교황에게 외경심의 표현으로 시종으로서의 임무를 수행했으며, 뿐만 아니라 황제 콘스탄티누스는 교황 실베스터에게 제국 통치자의 모든 상징물들 즉 황제에게 속했던 황제권, 머리장식phrygium, 스카프, 황제홀, 망토, 가운, 보주, 제국기 등 일체를 기증했음을 밝히고 있었다.[32]

이 같은 특권들로서 교황은 서유럽 보편 교회의 최고 수장으로서 황제의 위상을 가지게 되었다. 또한 교황의 군주적 위상은 교황청의 고위 성직자들에게도 반영되었다. 예를 들면 추기경들에게는 로마제국

31) B. Tierney, *The Crisis of Church and State 1050-1300*, pp.21-22.
32) 이경구, 『중세의 정치 이데올로기』(느티나무, 2000), 43쪽.

콘스탄티누스 황제가 실베스터 1세 교황에게 기부하는 모습(13세기 프레스코화)

의 원로원 의원에 버금가는 권한이 주어졌다. 교황은 라테란에 거주하였으며, 처음에는 "팔라티움"으로서 불렸는데, 이곳은 초창기에 제국의 궁전이 있었던 곳으로 추정되었다.[33] 또한 「기진장」 17장에서 "이탈리아의 모든 속주들, 지방들, 도시들 그리고 서구의 지역들을 교황에게 수여한다"는 내용과, 13장에서의 다소 모호한 표현이기는 하지만 "유대, 그리스, 아시아, 트라키아, 아프리카, 이탈리아와 다양한 섬들에서의 제국적 영토를 교황에게 수여한다"는 것이었다. 1077년 그레고리우스 7세의 서한에서 "당신이 거주하는 섬은 정당한 소유권에 의해 신성한 로마 교회를 제외한 어떤 사람 혹은 어떤 힘에도 속해 있지 않는다"고 코르시카 인민들에게 행한 연설에서는 13장이 고취되었던 것 같다.[34] '다양한 섬들'에 대한 동일한 교황 사법권에 대한 주장은 1080년 사르디

33) B. Schimmelpfenning, *The Papacy* (New York, 1992), pp.83-84.
34) *Reg.* 5. 4, p.351.

니아의 왕자 오르조코르Orzocor에게 보낸 그레고리우스의 위협적인 서한에서 그 섬의 처분권을 주장하는 것이었다.[35] 칸트로비치E. Kantorowicz에 따르면, 교황의 삼중관, 기장 그리고 예식은 '교회의 제국화'라고 일컬어지는 것으로 이는 개혁 교황청의 두드러진 특징 중의 하나로 파악하였다.[36] 바로 이 같은 교황의 제국 모방은 11세기와 12세기 교황청에 「콘스탄티누스 대제의 기진장」이 많은 영향을 미쳤다는 중요한 증거이다.[37]

후기 카로링조 개혁가들은 교부시대의 그것과는 근본적으로 다른 두 권력의 관계를 정의하였다. 그것은 겔라시우스 형태의 의미 있는 수정을 담고 있었다. 829년 파리 공의회와 9세기의 교회 기록물에서 점차적으로 겔라시우스의 구절은 다음의 형태로 인용되었다. "교회는 원래 사제직과 왕직이라는 두 부류의 탁월한 사람들로 나뉘어졌다. 교회는 교부의 사상에서 나타나는 것처럼 더 이상 제국 안에 있지 않았으며, 제국이 교회 안에 있었다. 두 권력은 이제 단일한 체계의 분리된 기능들로 나타났다. 주교좌 권한이었던 '영혼들의 통치'가 세속적인 제국의 권력보다 위대한 것이었다."

11세기 그레고리우스의 개혁가들은 겔라시우스의 문장을 기존의 해석 보다 더욱 앞선 해석을 내놓았다. 영향력 있는 교회법 소책자인 『74개조 모음집*Collection in Seventy-Four Titles*』에서 인용할 때 주교들에 대한 황제의 복속이 유일하게 성사들을 수행하는 일에 대해서라는 구절을 빠뜨려 해석한 것이었다.[38] 그리하여 교권에 대한 전반적인 복종으로

---

35) *Reg.* 8. 10, pp.529-530.

36) E. Kantorowicz, *Laudes regiae, A study in liturgical acclamations and medieval ruler worship* (Berkeley, 1958) p.138.

37) I. Robinson, *The Papacy*, p.23.

38) *Ibid.*, p.299.

적용하였다. 보다 두드러진 삭제는 1081년 독일의 하인리히 4세의 파문을 정당화하기 위해서 그레고리우스 7세의 교의가 담긴 편지에서 그 문장에 대한 그레고리우스의 사용에서 나타났다. "그리스도의 사제들은 국왕들과 군주들 그리고 모든 신앙인들의 아버지이며 스승으로 간주되어질 것이었다. 세상은 주교들의 권위에 의해 그리고 군주들의 권력에 의해 통치된다." 그러나 그레고리우스의 인용은 다음의 두 가지 점을 빠뜨렸다. 인간에 대한 지배자로서 황제의 묘사와 황제는 성사들과 관련된 문제에 한해서 사제직에 종속한다는 언급이었다. 그리하여 황제편에게 사제직에 대한 무제한적 종속을 부과하였다. 이것이 바로 그레고리우스 교황좌의 교회법 모음집에 들어갔던 겔라시우스적인 원리의 해석이었다.

그레고리우스 7세는 9세기 카로링조의 성직자정치론에서 발전해왔던 군주의 군주-사제론도 공격하였다. 이제 그는 군주의 신성성을 공격하면서 군주 역시 교황의 주권에 복속해야 함을 주장하였던 것이다. 그레고리우스 7세를 비판하는 사람들은 그의 주장들이 전대미문의 신성모독적인 것으로 간주하였다. 이들은 세속 통치에 대한 그레고리우스의 관여는 정신적이며 세속적인 통치로서 신성하게 정해진 구분을 파괴하는 것으로 간주하였다. "힐데브란드와 그의 주교들이 신의 서품을 거부하고 세상을 지배하는 이들 두 주요 세력들을 근절시키고 무력화시키며, 진정한 주교들이 아니었던 그 자신들처럼 다른 모든 주교들을 그와 같이 만들려고 하였으며, 그들이 군주의 자격으로 명령할 수 있었던 군주들을 소유하기를 원하였다." 그레고리우스의 행위는 중세 정치사상을 주도하였던 그러한 '권위'에 역행하는 것처럼 보였다.

대부분의 영향력 있는 12세기 중엽 저자들은 그레고리우스의 사상을 더욱 정교화시켜 교황의 정치적 수장권을 발달시켰다. 이러한 겔라시우스에 대한 그레고리우스파의 재해석은 그들의 가장 박식한 반대자인 익명의 허스펠드Anonymous of Hersfeld에 의해 전적으로 반박되었다. 교권과 속권에 대한 인식은 교황 겔라시우스 1세가 교권과 속권이 정신사와 세속사를 각각 독립적으로 관리하는 권력체로 파악한 이래 카로링조와 오토조를 거치면서 군주들은 군주-사제론에 입각한 신정적인 군주권의 주장으로 군주권과 교권이 혼합되는 양상이었으나 여전히 황제중심적 병행주의론으로 두 개의 독립된 공화국이념이 주장되었다. 그러나 이후 그레고리우스 7세에 의해서는 신정적인 군주권이 공격당하였으며, 군주라 할지라도 교황권한에 복속해야 한다는 교황중심적 병행주의론으로 발전되었던 것이다.

3) 교황령

(1) 교황령의 성장

「*Dictatus Papae*」 2장에서도 밝혔듯이 그레고리우스에게 있어 그리스도교 사회는 한 정치체로서 영토적으로 경계가 있는 것이 아닌 문자 그대로 보편적인 것으로 라틴-그리스도교 공화국이었다. 그러나 그레고리우스가 주창한 교황주권론에서 교황은 이 세상에 존재하는 그리스도교 공화국에서 실질적인 영토와 인민을 통치하는 것이었다. 이미 교황은 성 베드로에게 상속된 자신 소유의 실제 영토를 가지고 있었다. 교황령의 시초는 콘스탄티누스 대제가 교회를 공인하여 평화를 얻었을 때, 이탈리아의 거대한 영지를 로마 교회에 수여하면서 시작되었다. 그러나 이들 영지들은 고트족과 롬바르드족의 침입으로 심각한 타격을 받았다. 교황 전기 모음집이었던 『사목서*Liber pontificalis*』에서는 카로링조 시기에 프랑크족의 군주 피핀(757년)과 찰스 대제(774년)의 기부로 중부 이탈리아에서 교황령의 역사가 시작되었다고 전한다.[39] 피핀이 프랑크족의 군주가 되려는 야망은 교황권과 프랑크족의 관계를 더욱 긴밀하게 하였다. 피핀은 프랑크족의 유력자들의 지지를 획득한 후, 751년 프랑크족의 군주로 도유되었다. 이때부터 프랑크족의 군주들은 유력자들에 의해 선출되어진 것에 덧붙여서 교회에 의한 도유가 요구되었다.

751년 마인쯔의 대주교 보니페이스에 의한 피핀의 도유식

753년 교황 스테판 2세는 롬바르드족의 군주 아이스툴프Aistulf로부터 대주교직의 복귀를 요청하기 위해 비잔틴 사절과 함께 파비아로 여행을 떠났다. 그러나 롬바르드 군주가 오히려 비타협적으로 행동하였기 때문에 교황은 판티온에 있는 제국 궁전에서 만난 프랑크족 군주 피핀과 함께 그의 여행을 지속하게 되었다. 대부분의 프랑크족 군주들의 묘가 있는 생 드니에서 교황은 피핀을 다시한번 더 프랑크족의 군주로서 도유하였으며 그의 아들 샤를르와 카롤로만도 함께 도유하였다. 실제적으로 판티온과 생 드니 그리고 퀴에르지에서 일어난 일에 관해서는 논쟁의 여지가 많이 있었다. 그러나 확실한 것은 피핀이 그 자신 스스로를 성 베드로에게 복속시키고 베드로의 대리자를 보호하겠다는 서약을 하였던 반면, 스테판은 피핀을 로마의 후견인*patricius*

39) H. Cowdrey, *Pope Gregory VII*, p.3.

*Romanorum*으로 임명하였다는 사실과 큐에르지에서 피핀은 이탈리아의 중부와 북부의 영토를 성 베드로와 그의 승계자들에게 기부할 것을 서약하였다[40]는 것이다.[41] 그러나 양편 모두는 성 베드로에 대한 군주의 의무를 인정하였다. 피핀은 756년 아이스툴프를 대패시켰을 때 자신의 의무를 이행하여 약속된 지역의 영토를 교황의 지배하에 두게 하였다. 이 계약은 생존하는 두 인물 사이에서 맺어졌기 때문에 그들의 사망 이후에는 효력이 상실되는 것이었다. 그리하여 이것은 이후의 교황들에 의해 새롭게 작성되어야만 했다. 774년에 찰스가 군사를 로마에 주둔시키기 위해 방문하였을 때 그 자신과 당시의 교황 하드리안 1세는 베드로의 무덤 위에서 상호 우정의 서약을 갱신하였다. 찰스의 로마의 후견인이라는 칭호는 교황에 의해 새롭게 되었으며, 피핀의 약속은 찰스 대제에 의해 계속 유효한 것이 되었다. 754년에 만들어진 계약과 비교해 볼 때, 교황의 주장은 자신의 지배에 복속시키기를 원했던 공국의 외곽 지역까지를 포함시킨 확장된 영역에 관한 것이었다. 찰스가 모든 그러한 주장들을 특히 베네치아 공국, 이스트리아 공국, 롬바르드 공국에 대한 것들을 인정해 주었을지는 확실치 않다. 더욱이 774년에 교황과 프랑크족의 이해는 아마도 일치하지 않았을 것이다. 롬바르드 영토를 정복한 결과로서 두 파트너들 간의 상대적인 동등성의 관계는 점차 군주에게 교황이 의존하는 쪽으로 바뀌어갔다. 이러한 의존도는 교황권을 처음에는 피핀의 통치기간 동안, 이후 찰스의 통치기간 동안에 더욱 강력하게 프랑크족 교회의 전례, 법률, 조직화에 커다란 영향을 주게 되었다.

---

40) 이 서약이 라틴어로 서술되었다는 사실은 피핀이 라틴어를 모른다는 전제로 볼 때 이후에 로마와 프랑크족 편에 의해 서로 다르게 해석될 가능성도 있었다.

41) B. Schimmelpfenning, *The Papacy*, pp.86-87.

기부 받은 토지가 교황령으로서 확고히 자리 잡은 것은 13세기가 되어서야 이루어진 일이다. 그러나 824년에 황제 로타르의 로마법령 Constitutio Romana에서 로마와 그 이웃 토지에 대한 교황과 제국의 공동통치의 요소를 확립하였다는 것은 의미 있는 일이었다. 교황과 제국의 양편 순찰사들은 사법적인 기능을 공유하였다. 그러나 카로링조의 오랜 쇠퇴기동안 교황의 토지는 지방 가문들의 수중에 지배되었다. 그 토지들은 경작되어져 경제적 이득을 창출하여 사법적, 행정적, 군사적 기구들을 작동시킬 수 있게 되었으며, 그들의 권력과 부를 이용하여 지방 유력자들은 로마 교황 팔라티움의 주요한 관직을 통제하게 되었다. 10세기 전반기는 특히 교황령에 대한 세속 지배가 강도 높게 일어난 시기였다. 904년부터 924년까지 이들의 초기 역사는 모호하지만, 지방 가문의 수장으로 테오피렉트Theophylact는 사도좌를 방어하는 주요한 군대를 통솔하였다.[42] 테오피렉트 가문은 교황좌에게 지방 성주가 발흥하는 상황에서 최상의 유용한 방어를 제공하였다. 로마의 교황들이 로마 지방의 유력 가문의 영향력에서 벗어나 독자적인 교황의 위엄과 사도좌의 권위를 가지게 된 것은 개혁 교황좌에서 생겨난 일이었다.

교황령은 '성 베드로의 세습영지'the Patrimony of St. Peter로서 이 재산을 안전하게 보호하려는 시도는 개혁 교황좌와 12세기 교황좌의 중요한 급선무였다. 이들은 교황령을 교황의 독립을 위한 자신들의 일차적인 보증으로 보았다. 교황령은 개혁가들이 투쟁하고 있는 '교회의 자유'*libertas ecclesiae*를 상징하는 것이었으며, 더욱이 자유롭고 활동적인 교황좌의 생존을 위해서는 필수적인 조건이었다.[43] 이 재산에 대한 보존이

---

42) 그리하여 그는 재정과 군사적인 기능들을 통합하여 자신의 권력을 딸 마로지아(Marozia)와 손자이며 로마의 왕자인 알베릭(Alberic)에게 이양하였다. 알베릭의 아들 옥타비아는 955년에 교황 요한 12세로 즉위하였으며, 오토 1세의 황제 대관식을 수행하기도 하였다.

교황청 속인 방어자들의 일차적인 의무로서 나타났다. 이는 남부 이탈리아의 노르만 제후들이 개혁 교황좌의 가신이 되었을 때 요구되어진 의무였다. 신서의 서약은 교황 그레고리우스 7세가 카푸아의 제후들 즉 리차드 1세(1073년), 요르단 1세(1080년)에게 그리고 아퀼리아의 로버트 귀스카르 공(1080년)에게 받아냈으며, 이는 성 베드로의 영지와 그의 재산들을 '유지하고 획득하고 방어하는데' 조력하겠다는 것과, '성 베드로의 영지를 결코 약탈하거나 점령하지 않겠다'는 서약이 담겨 있었다.[44] 그레고리우스 7세는 1081년 독일의 새로운 대립 군주에게 관리하도록 하였던 것에는 황제 콘스탄티누스와 찰스 대제가 서약을 통해 성 베드로에게 기부한 그 토지의 독립성을 보장하는 것이 포함되어 있었다.[45]

황제와 갈등관계에 있었던 개혁 교황좌는 남부 이탈리아의 노르만 제후들에게서 그의 첫 번째 동맹자를 찾았다. 이렇게 남부 이탈리아 노르만 제후들과 교황좌와의 관계는 주군과 가신의 관계였다. 제후들은 신성한 로마 교회와 사도좌와 주군인 교황에게 신앙인이 될 것을 서약하였다.[46] 이에 대해 로빈슨 교수는 성격적으로 이러한 봉건적인 특별한 관계가 일부 역사가들에 의해 제국의 적대감에 대항한 방어로서 개혁 교황좌에 의해 채택된 '봉건 정책'으로 서술되었다는 것이다. 예를 들어 A. 뎀프Alois Dempf는 게르만 세계에서 정신적이고 정치적 충성심만큼이나 종교적이고 봉건적인 신서로서 서약의 이중적 의미를 주장하였

43) P. Toubert, Les *Structures du Latium méridional et la Sabine du ix à la fin du xii siécle (Bibliothèque des Ecoles Françaises d'Athènes et de Rome 221: Rome, 1973)* n.25, 1039.

44) *Reg.* 1, 21. 혹은 8, 1, pp.36, 515.

45) *Reg.* 9, 3, p.576.

46) *Reg.* 1, 21.

다. 그리하여 그레고리우스 7세는 모든 그리스도교 인민들에 대해 신성한 교황좌의 봉건적 종주권이라는 그릇된 모습으로 이끌었다는 것이다. 또한 W. 울만은 개혁 교황좌에 의해서 '성직자정치 이념에 봉건적인 원리의 제복을 입히게 되었다'고 서술하였다. 더욱이 K. 조르단은 개혁 교황들의 계획은 그리스도교 왕국에서 교황좌의 보편적인 통치권을 꾸리아의 봉건제도의 건설을 통해 가장 광범위한 방법으로 실제적인 실체로 바꾸게 되었음을 묘사하였다. 그러나 I. 로빈슨은 이러한 '꾸리아의 봉건제도'는 11세기 말엽과 12세기의 기록에서 상대적으로 잘 나타나지 않는다는 것이다.[47] 12세기 중엽에 교황좌가 자신의 군주권을 성 베드로의 교황령의 가신들에게 부과하였다는 것과는 별도로 남부 이탈리아의 노르만인들은 이 시기에 교황좌에게 효과적인 군사적 지원을 해주었던 유일한 가신들이었다. 로빈슨 교수는 교황과 그의 제후들 간의 관계가 봉건적인 복종에서 나온 것이 아닌 방어 protection(*patrocinium, protectio, defensio, tuitio, tutela*)와 결부된 것이라고 주장하였다. 세속 제후들을 위한 교황의 방어는 9세기 중반이래로 성 베드로의 대리자가 종교적인 단체들에 허용된 방어와 유사한 의미로 발전하였다. 수도원과 유사한 의미로 성 베드로의 방어에 대한 대가로 매년 센수스*census*를 지불하였던 것이 분명하였다.[48]

(2) 교황청의 세입원

개혁을 필요로 하였던 그레고리우스에게는 교황의 재정을 공고히 하는 일도 중요한 것이었다. 교황 재정 연구의 선구자인 파울 파브르Paul Fabre는 '대부제 힐데브란드의 창의력'을 지적하였다. 그가 이후에

---

47) Robinson, *The Papacy*, pp.302-303.
48) Robinson, *The Papacy*, p.304.

재무장관*camerarius*이 담당하게 될 기능들을 이행하였다는 것은 꽤나 분명한 것이었다.[49] 교황청의 수입을 기록한 『세무 장부*Liber Censuum*』에서는 교황 방어를 향유하였던 수도원들에 의해서 지불된 센수스뿐만 아니라 헌납에 대한 다른 세 가지의 유형을 상세히 기록하였다. 그것은 교황의 가신들이었던 제후들이 지불한 봉건적 부조와 가신들은 아니었지만 교황 방어를 수혜 받았던 제후들이 지불한 센수스, 그리고 북부유럽의 '주변 지역의 군주들'이 지불한 베드로 펜스 등이었다.

이 시기의 가장 일찍이 등장하는 봉건적인 부조는 남부 이탈리아와 시실리아의 영토에 대한 오트빌리에 왕조인 노르만 제후들에 의해 지불된 것이었다. 로버트 귀스카르가 산을 넘어 시실리 왕국을 정복하였을 때 그는 그 자신과 자신의 상속자들이 교황 니콜라스 2세와 그의 승계자들에게 매년 파비아 화폐 12데나리우스를 헌납할 것을 성서 위에 서약하였다. 결과적으로 교황 인노켄티우스 2세가 갈루치오에 갔을 때 시실리아의 군주 로저 2세는 아퀼리아와 칼라브리아에 대한 매년 600 스퀴파티*squifati*를 그에게 헌납할 것을 동의하였다. 이후 그의 아들 군주 윌리엄 1세는 베네벤토에서 봉건적인 신서를 이행하였을 때, 마르시아를 위해 교황 하드리안 4세 시기에 400 스퀴파티를 추가로 더 낼 것을 약속하였다. 1156년 6월 18일에 베네벤토 의정서에 따르면, 시실리의 노르만 군주는 로마 교회에 매년 1,000 스퀴파티를 봉건적인

---

49) 이러한 견해에 대한 증거는 '신성한 로마 교회의 재경부'(economus)라는 호칭이다. 이는 그레고리우스 7세가 교황좌에 오르기 전 대부제 시기에 로마 교회의 재산을 담당하는 행정직을 맡았으며 동시에 수도원장이 공석이었던 로마의 산타 파올로 프로이 르 무라의 수도원의 행정직도 맡아 일하면서 유래한 것이었다. 교황으로 등극한 후 그레고리우스 7세는 대부제 테오디누스에게 자신이 해오던 재정업무를 위임하였다. P. Fabre, *Etude sur le Liber Censuum de l'Eglise Romaine* (Bibliothèque des *Ecoles Françaises d'Athènes* et de Rome 72, Paris, 1892), pp.151-152, 155.

부조로 지불해야만 했던 것이다. 11세기 말엽 몇몇의 다른 제후들도 노르만인들의 유형을 모방하여 교황좌의 가신들이 되었다. 그레고리우스 7세 때에 왕조를 세운 달마티아와 크로아티아의 공작은 아마도 그들 가운데 하나일 것이다. 그는 확실히 매년 200 비잔티*bizantii*의 공물을 헌납했다. 썹스탕시온-멜루에리Substancion-Melgueil의 백작 파티는 1085년에 로마 교회에 자신의 영지를 종속시켜 매년 금 1온스의 센수스를 헌납하는 교황의 가신이 되었다.[50] 서구 그리스도교 왕국의 주변 지역 출신의 이들 세속 제후들은 교황의 수입에 주요한 기부자들이었다. 이들의 헌납은 성 베드로의 방어와 정신적인 면제권을 향유하는 모든 수도원들과 교회들에서 헌납한 센수스를 훨씬 초과하는 것이었다.

북유럽의 주변 왕국이 지불한 '성 베드로의 펜스'St. Peter's pence는 유사한 경우를 제공하는 것이다. 이러한 지불은 교황의 가신들에 의한 봉건적인 부조와 또한 성 베드로의 방어에 대한 대가로 제후들에 의해 지불된 센수스와는 성격상 다른 것이었다. 이것은 아마도 9세기 말엽에 영국에서 기인한 것 같으며, 앵글로 색슨 군주들(람페오)에 의해 헌납된 경건한 헌금과 로마와 교황청에 있는 영국인 학교에서 거두어들이는 헌금을 합한 것이었다. 11세기 말엽에 이러한 영국 왕실 기부는 교황 꾸리아에게 로마 교회의 매년 고정 수입으로 간주되기에 이르렀다.[51] 교황 알렉산더 2세는 '경건한 헌신과 종교적인 복종의 측면에서 매년 공물pensio'로 바치는 것을 묘사하였다. 그레고리우스 7세는 이를 영국에서 거두어들이는 성 베드로의 재산으로 간주하였다. 그레고리우스 7세는 성 베드로 펜스에 대해 영국의 군주 윌리엄 정복왕(1066-1087)과 그의 조언자 대주교 랑프랑 켄터베리(1070-1089)가 생각하는 것과는 꽤나

50) I. Robinson, *The Papacy*, p.274.
51) P. Fabre, *Etude sur le Liber Censuum*, pp.129-138.

다른 의미로 해석하려 하였다. 1080년 여름 그레고리우스는 성 베드로의 펜스의 연체금에 대한 지불 요구와 군주가 교황에게 신서를 이행할 것을 함께 요구하였다. 이들 두 가지 요구는 그레고리우스가 베드로의 펜스를 봉건적인 부조이던지 혹은 왕국에 대한 교황 사법권의 인정으로 지불된 '공물'로서 간주하려는 것을 암시하는 것이었다. 영국 군주 윌리엄 1세는 지불에 대한 의무는 받아들였지만, 그 지불에 대한 그레고리우스의 해석은 거부하였다. 베드로 펜스는 군주가 영국 교회들에서 거두어들인 기금으로, 로마로 보내져야 할 일종의 기부금이었다. 즉 이는 교황에 의해 부과된 '공물'도 아니었으며 봉건적 부조도 아닌 것이었다.[52] 그레고리우스의 신서의 요구는 거듭되지 않았다. 그는 영국 군주와의 갈등 관계를 원하지 않았을 것이다.

그레고리우스는 프랑스의 자신의 특사들에게 "우리는 그가 엄격한 정의로움과 심각함에 의해서라기보다는 온유함과 근거를 제시함으로 훨씬 더 용이하게 성 베드로에 대한 지속적인 사랑을 이끌어내고 하느님을 얻을 수 있을 것처럼 보인다"고 조언하였다.[53] 이러한 조언은 서임권 투쟁 동안 영국 군주에 대한 교황의 정책의 근거가 되었을 것이다. 영국 군주와의 화해를 기꺼이 이끌어내기 위해 성 베드로 펜스에 대한 많은 요구가 헌납을 주장하는 수많은 서한들과 돈을 모아 보낼 무수한 교황 사절단들의 파견을 통해서 암시되어진다. 이러한 요구는 그레고리우스 7세 시기에는 한번 그리고 교황 우르반 2세 때에는 적어도 3번, 파스칼 2세 때에는 적어도 4번 정도 있었음을 알 수 있다.[54] 연체된 센수스를 거두어들이는 일은 교황이 특히 신임하였던

---

52) Z. N. Brooke, "Pope Gregory VII's demand for faelty from William the Conqueror", *EHR* 26 (1911), pp.225-238.

53) *Reg.* 9, 5, p.580. H. Cowdrey, "Pope Gregory VII and the Anglo-Norman church and kingdom", SG 9 (1972), pp.102-107.

특사들 및 고위사제들에게 보낸 교황 서한의 통상적인 주제거리로 등장하였다. 이 문제에 대한 그레고리우스 7세의 최초의 서한은 1075년에 프랑스 수도원장들에게 보낸 것으로 자신의 종신직 특사인 주교 휴 디에가 센수스의 모금에 대한 책임이 있음을 수도원장들에게 알리는 것이었다.[55]

1081년 그레고리우스 7세는 프랑스의 자신의 특사들 주교급 추기경 피터 알바노와 제후 게이숄프 살레르노Gisulf of Salerno에게 다음과 같이 명령할 것을 지시하였다. "만일 그들이 고대적인 방식에 따라 그들 자신들의 아버지와 후견인으로 생각한다면, 각각의 가정은 성 베드로에게 매년 적어도 1데나리우스를 바쳐야 한다."[56] "성 베드로 교황의 문서보관서에 보관되어있던 찰스대제의 외교문서에서 읽혀지는 것으로서" 찰스대제는 매년 총 1,200파운드의 은을 사도좌의 봉사를 위해 지불해야 함을 법으로 제정하였다. 이러한 찰스대제의 위조문서는 이미 교황 레오 9세에 의해 언급된 바 있었다.[57] 교황의 세속 수입원이었던 봉건적 의무, 교황 보호를 향유하였던 제후들의 센수스census, 왕실의 기부금 등은 수도원과 교회들을 방어하는 수입만큼이나 커다란 것으로서 4배의 수입을 꾸리아에 제공하였다. 그리하여 서구 그리스도교 왕국의 외곽 지역에서 온 세속 제후들이 바로 교황 재정의 핵심 기부자들이었다.[58]

또한 그레고리우스 7세 이후 교황청 법정은 교회 정부의 확실한 재정적 원천일 수 있었다. 교황청은 11세기에 수도원에 대한 특권들을

54) I. Robinson, *The Papacy*, p.276.
55) *Epistolae Vagantes* 12, p.28.
56) *Reg.* 8, 23, pp.566-567.
57) Leo 9, *JL* 4292, *PL* 143, 705.
58) I. Robinson, *The Papacy*, p.282.

수여하기 시작하면서 교황청 법정을 발달시키게 되었다. 성 베드로의 보호 하에 이들을 둠으로써 그리고 어떤 경우에는 이들에게 교황의 사법권을 제외한 모든 사법권에서 면제해 주었다. 12-13세기를 통해 교황청 법정에 제소된 사건의 수가 엄청나게 증가하고 있음을 볼 수 있다.[59] 이는 교황청 법정의 권위와 효율이 세속 법정에 비해서 보다 강력하다는 사실을 반영한다. 교황청의 주요 관심사가 이론상의 권위는 물론 실제적 사법 절차의 정비와 법정의 효율적 운영이었다는 점은 12세기 중엽 이후 많은 교황들이 당대의 뛰어난 법률학자들이었다는 사실을 통해서도 추정될 수 있다. 교황청 법정은 교황 정부의 여러 기구들 가운데서도 가장 잘 정비된 조직이었으며, 집중된 송사들을 효율적으로 다룸으로써 당시 형성되고 있었던 초기 단계의 지역 국가 조직의 모델로도 기능하였다. R. 서던의 표현을 빌리면 "제소자들은 빈손으로 오지 않았다. 그들은 자신들이 가진 모든 것을 대금으로 지불하였다"는 것이다. 따라서 교황청 법정의 효율적 운용과 제소 건수의 증가는 결과적으로 법정 수익의 현저한 증대를 의미하였다.[60]

2. 교황주권론의 실천 : 서임권 투쟁

1) 신성로마제국의 상황

(1) 성직자 개혁

오토조와 잘리에르조의 군주권은 신정적 성격을 가지고 있었으며,

59) Southern, *Society and Church*, p.119.
60) 박은구, 앞의 책, p.452.

콘라트 2세 황제관

통치조직에 있어서도 주교들의 비중이 대단히 컸다. 잘리에르 왕조를 시작하였던 황제 콘라트 2세는 1032년 프랑스의 부르고뉴 지방을 신성로마제국 하에 복속시켰다. 이는 제국의 황제의 위상을 높일 수 있는 의미 있는 일이었다. 그러나 이 지역은 당시 교회 개혁의 중심부로서 클루니 수도원의 활동무대였던 곳이다. 더욱이 황제 하인리히 3세는 신의 휴전 운동에 대한 클루니-부르고뉴의 사상을 수용하여 결과적으로 취약해진 중앙 정부에서 왕실 정책의 적극적인 체제로의 전환과 제권에 대한 저항세력이었던 지방 유력자들에 대한 평형감각을 지닐 수 있었다. 그리하여 황제 하인리히 3세는 성직매매 금지와 교회 개혁운동의 지원 및 로마에 대한 자신의 개혁을 진전시켰다.[61] 특히 그는 세속 통치체제의 전 영역에서 조직을 정비하고 제권을 강화하였다. 신성로마제국 황제권의 유서 깊은 권한 가운데 하나는 독일어권 지역 전체에서의 주교들을 지명하거나 또는 선임된 주교를 재가하는 권한이었으며, 또한 수도원의 운용과 수도원장의 선임에 대해서도 상당한 권한을 행사하였다. 수도원들은 제국 정부 내지 황제의 보호를 확보함으로써 주변의 봉건 귀족들의 압력으로부터 벗어날 수 있었기 때문에, 황제의 이 같은 권한은 더욱 증대되고 있었다.

61) K. Hampe, *Germany under Salian and Hohenstaufen emperors* (New Jersey, 1973) pp.2-3.

11세기 초엽의 수도원의 자유*libertas*는 황제에 의해 부여되는 일종의 특권이었다. 주교 서임식의 의식을 보더라도 군주는 10세기부터 주교에게 사목적 기능을 상징하는 지팡이를 수여하였으며, 11세기 중엽에는 주교에게 반지를 수여함으로써 주교와 교회의 하나됨을 상징적으로 시사하였다. 피터 다미안이 언급하였던 바와 같이, 군주가 성직 수여식 the formula *Accipite ecclesiam*을 주관함으로써 주교의 정신적인 직무와 세속적인 기능 간에는 본질적이거나 구체적인 구별이 사실상 모호해졌다.[62] 교권과 속권 모두의 관직이 황제에 의해 수여되고 있었다. 또한 성직자들의 대부분이 귀족 가문 출신이었기 때문에 이 성직자-귀족 가문에 의한 지방행정의 효율적 관리는 황제의 제국 통치권을 안정시키고 제국 정부의 번영을 이룩하는 데도 유효하였다. 이 성직자-귀족 집단은 종교적이고 성사적인 기능뿐만 아니라, 광범위한 지역에서 행정적 외교적인 기능 역시 수행하였으며, 사실상 황제의 자문관 집단으로서도 기능하였다. 이들 가운데 다수가 주교좌 성당의 참사원으로서도 활동하였는데, 이들은 참사원으로서의 역할과 왕실에 대한 봉사를 동시에 수행하기 위해 자신의 업무 시간을 구분해 놓고 있었다. 행정에서 점하는 성직자-귀족 집단의 높은 비중으로 인해, 이들에 미치는 제권의 영향력은 제국 정부의 효율을 높이는데 매우 유용한 요소였다.

11세기 초엽에는 주교좌 성당들이 왕실의 순회 재판소로서도 활용되었다. 당시 황제 하인리히 3세는 고슬라와 카이제르스워스 등에 궁정성당을 건립하였는데 이곳에서 일했던 궁정 사제들 가운데 유능한 성직자들은 황제의 총애에 힘입어 주교로 서임됨으로써 봉사에 대해 넉넉한 보상을 받을 수 있었다. 이들은 황제의 권력과 신뢰를 위임받아 지방행정을 통해 황제 정부의 이해관계를 대변했던 지방 대리인들이었

62) H. Cowdrey, *Pope Gregory VII*, p.78.

다. 더욱이 이들은 성직자로서 독신생활을 했기 때문에 황제의 입장에서 볼 때 가계 및 혈연을 근거로 한 지방 세력화를 최대한 억제할 수 있다는 이점이 있었다. 결국 궁정성당은 황제의 정치적 지배와 인적 자원을 관리하는데 있어서 매우 중요한 조직이었다. 11세기 초엽에는 황제정부의 지배영역이 이탈리아에까지 확대되었다. 그리하여 독일인뿐만 아니라 이탈리아인도 궁정성당에서 봉사하며, 행정적으로는 황제의 지방 대리인으로 기능하게 되었다. 다수의 독일인이 아퀼레아와 라벤나 지역에서 주교가 되었고, 롬바르드 지역에서조차 소수의 독일인 주교가 있었으며, 이 지역들의 주교선임에 대해 황제는 광범위한 영향력을 행사하였다. 물론 황제정부의 권한이나 권력체계는 독일에서와 마찬가지로 이탈리아에서도 교회와 성직자를 관리하는데 있어서 체계적이지는 못했다. 그럼에도 불구하고 황제는 자신의 이익을 보호하고 증진시키기 위해서 교회와 성직자를 활용하는 방법을 터득하고 있었다.

한편 황제 하인리히 3세의 교회 개혁에 영향을 받은 교황 레오 9세는 교회 개혁운동의 중요한 일부로서 성직자의 윤리적 생활 특히 독신서약의 준수를 강조하였다. 다시 말하면 초기 그리스도교도 종파의 하나였던 니콜라스파Nicholaitans[63]의 척결이 중세 교회의 중요한 한 과제였던 것이다. 독신생활은 수도승과 수도회 참사원은 물론 주교, 사제, 보좌 신부, 부제, 부제보subdeacon에 이르는 모든 성직자에게 해당

63) 니콜라스파라는 용어는 안티오크의 부제 니콜라스의 이단적인 측면을 바로잡기 위한 것에서 유래하였다. 니콜라스는 사도행전 6장 5절에서 등장하는 인물로, 니콜라스파에 대해서는 요한묵시록 2장에서 언급되었다. 그러나 이들 간에 어떤 연계가 있었다는 것을 지지할 만한 근거는 없다. 다만 요한묵시록 2장 14절과 15절에서 간음이 니콜라스파의 죄 가운데 하나라는 단서가 있다. 시간이 경과하면서 이 용어는 이와 유사한 부류의 죄를 일컫는 데 사용되었다. C. Brooke, *Medieval Church and Society*, p.72 참조.

되었다. 이는 성사를 집전하는 사제에게 높은 수준의 윤리적 기준을 강제함으로써, 보다 완성도 높은 그리스도교도의 모범을 제시하기 위한 것이었다. 여기에는 인간 본성에 대한 초대 교회의 시각이 반영되어 있었으며, 독신서약을 지킴으로써 성직자는 인간의 참된 본성을 유지할 뿐만 아니라 신에게 보다 가까이 나아갈 수 있다고 상정되었다. 일반 그리스도교도에 있어서 독신제는 결혼만큼이나 선택의 문제였지만, 성직자들에 있어서는 세속인과의 기본적인 구별을 위해서도 독신생활은 반드시 지켜야 할 의무가 되었다.[64] 뿐만 아니라 이 독신서약의 강제는 성직자의 재산과 특권이 가족에 대한 세습을 원천적으로 불가능하게 만들었던 바, 이를 통해 교회는 정연한 관리 체계를 유지하며, 교회정부의 재산과 지배권을 효과적으로 보호할 수 있었다.[65] 그렇기는 하지마는 11세기 말엽까지의 성직자는 대부분이 지방의 교회를 위해 일하는 자들이었고, 이들의 독신생활도 독신서약의 파기가 공개적으로 문제를 야기했을 때만 처벌의 대상이 되었다. 성직자들의 실제 생활과 독신서약 등 교회법 상의 규범과의 불일치는 교회법의 위반을 은밀히 일상화하였으며, 결과적으로 성직자에게 위선자적인 경향도 부추길 수 있었다.

64) C. Brooke, *The Structure of Medieval Society* (London, 1997), p.54.

65) 추기경 훔베르트 실바 칸디다는 모든 결혼한 성직자들에게 니콜라스파라는 용어를 처음으로 사용하였으며, 성직자들의 독신생활을 강력하게 추진하였다. 이와 동시대 인물이었던 피터 다미안은 성직자 결혼생활에 대해서는 완강히 부정하는 입장이었다. C. Brooke, *Medieval Church and Society* (London, 1971), p.72 참조. 이는 피터 다미안이 당시에 은수자 집단을 창설하여 금욕적인 이상을 실현하였음에서도 알 수 있는 사실이다. 그러나 성직매매에 관해서는 추기경 훔베르트가 매우 강경하고 급진적인 입장을 지녔던 반면, 다미안은 비교적 온건한 입장을 보였다. 이 주제와 관련된 논문으로는 김봉수, 「*Libritres adversus simoniacos*를 통해 본 훔베르트의 개혁 사상」, 『기독사학 연구』 4집(1997. 1) 참조.

성직자의 윤리적 생활을 위한 또 다른 한 개혁안이었던 성직매매 simony[66] 금지는 교황 레오 9세에 의해 처음으로 니콜라스파의 금지와 더불어 천명되었던 것인데, 마침내 1049년 시노드에서 교회법적 규범으로 공식 제정되었다.[67] 사실 성직매매는 어제 오늘의 일이 아니었다. 이는 이미 고대 말엽부터 부인하기 어려운 관행의 일부로 이어져 오고 있었다. 교황 레오 9세도 이점을 분명히 인식하였다. 그러나 성직매매의 개념을 지나치게 광범위하게 그리고 지나치게 엄격하게 적용하면, 개혁을 주장하는 자신들조차도 성직매매자가 될 수도 있었다. 예를 들어서, 로마 교구에서 성직매매 금지 규정을 엄격히 시행한다면, 교황 정부의 관리자계층 성직자들 가운데 거의 모두가 성직을 잃어버리고 말 것이었다. 교황 레오 9세가 추기경 피터 다미안의 보다 온건한 입장을 수용한 것은 결코 우연한 일이 아니었다.

그런데 교황 그레고리우스 7세는 성직매매 금지와 독신생활에 대해 보다 엄격히 실천적인 개혁자의 입장을 고수하였다. 그리하여 성직서임의 순결성에 대해서는 1059-1061년 훔베르트Humbert 추기경이 집필한 『반성직매매론*Libritres Adversus Simoniacos*』에서 그 중요성을 강조하였으며, 교황 그레고리우스 7세는 이를 교회법상의 강제규정으로 처음 제도화하였다.[68] 성직매매의 금지 규정이 효과적으로 시행되기 위해서는 주교 및 수도원장이 행정직 직책을 부여받는 교회법상의 근거도 구체적으로 규정되어야만 했다. 초대교회의 전거에 따르면 주교의

---

66) 시모니는 성령을 팔려고 했던 시몬 마그누스(Simon Magus)의 이름에서 유래한 것으로, 그 개념 속에는 신성모독적인 것만큼이나 명백히 잘못된 죄의 결과를 가져왔기 때문에 이단으로 규정되었다.

67) B. Tierney, *The Crisis of Church*, pp.31-32.

68) Z. N. Brooke, "Gregory VII and The First Contest Between Empire and Papacy", *CMH*, Vol. 5 (Cambridge, London, 1962), p.63.

경우, 해당교구의 “성직자와 신도들”에 의해 선출되었고, 수도원장의 경우에는 해당 수도원의 수도승들 사이에서 선출되었다. 이에 교황 그레고리우스 7세는 주교와 수도원장에 관한 초대교회의 자유선출 원리를 엄격히 재확립함으로써 성직매매 금지 규정을 실천하고자 했던 것이다. 그러니까 세속인에 의한 주교 임명의 반대는 성직매매 금지 및 교회법에 따른 자유선출의 원리와 밀접히 결부되어 있었다.[69]

(2) 군주권의 한계

하인리히 4세가 1056년 군주에 즉위할 때 그는 6세의 소년이었다. 소년 군주의 치세 초기에는 모후 아그네스 프와투가 사실상 섭정을 실시하였다. 섭정자로서 황후는 자신의 남편 하인리히 3세의 정책들을 따르고 그가 인정한 사람들을 자신의 조언자로서 선택하려고 했다. 이러한 지속성은 특히 제국 교회에서 그녀가 다루었던 일들에서 드러났다. 그녀의 남편처럼 황후는 주교좌의 선출들에 대해 확고한 통제를 유지하였다. 1056-1062년의 새로운 주교들은 모두 그녀가 임명한 사람들이었고, 모두는 그들의 직무의 상징들 즉 반지와 지팡이를 이전 통치의 관습에 따라 어린 군주에 의해 수여 받았다.[70] 그러나 황후는 독일에서의 지지기반이 매우 취약했으며, 유력한 조력자 교황 빅톨 2세가 1057년 사망하자 크게 상심하고, 그 이후로는 주교 하인리히 아우스부르크에 주로 의지하게 되었다. 그러나 주교 하인리히 아우스부르크 자신이 황후와의 개인적 염문에 연루되어 있었으므로, 그 역시 황후의 자문에는 적합하지 않은 실정이었다.

통치 집단 내부의 이 같은 인적 구성상의 한계 이외에도, 이 시기

69) B. Schimmelpfenning, *The Papacy*, p.133.
70) I.S. Robinson, *Henry IV of Germany, 1056-1106*, pp.28-29.

1062년 하인리히 4세가 납치해가는 대주교 아노를 피해 배에서 강물로 뛰어내리는 모습

황제권의 약화에는 대체로 네 가지 이유가 있었다. 첫째, 황후 아그네스의 섭정은 1062년 쾰른의 대주교 아노Anno of Cologne가 카이제르스워스 섬에서 일으킨 쿠데타로 인해 갑작스럽게 종식되었다. 대주교 아노는 어린 군주 하인리히 4세를 인질로 하여, 황제의 옥새를 쾰른으로 옮겨 놓았고, 자신이 스스로 제국의 통치자가 되려는 야심을 숨기지 않았다. 이에 하인리히 4세는 용감하게 라인강을 헤엄쳐 대주교 아노로부터 도망치고자 했으나 결국 실패하였다.

한편 황후 아그네스는 하인리히가 성년이 될 때까지 아들 주변에서 몇 년 더 머물다가, 1065년 독일을 떠나 로마에서 생활하였다.[71] 그러니까 1062년 대주교 아노의 쿠데타 이후에는 아노의 경쟁자였던 대주교 아달베르 브레멘을 제외하고는 아노를 위협할 만한 정치적 인물이 사실상 없었다. 그리하여 황제 하인리히 3세가 사망한 이후 10년 동안

71) 황후는 피터 다미안 등의 종교적 조언을 들으며 주로 로마에 머물다가 1077년 12월 14일 이탈리아에서 사망하였다. 그러나 로빈슨 교수는 황후가 다른 황후들과는 달리 자신의 이름으로 봉헌된 수도원이 없다는 점을 들어 그녀의 말년에 로마에 머물 때 개혁 교황좌를 조력했다고 보기 어렵다는 입장이다. I. Robinson, *Henry IV of Germany*, p.29 참조.

황제의 권위는 매우 취약해졌으며, 상대적으로 고위 성직자들과 속인 관리자 계층은 공동의 이해관계를 위해 상호 유대를 더욱 밀접히 하고 정치적 입지도 더욱 강화하였다. 오토조와 잘리에르조의 치세 초기에 황제가 아니라 유력한 가신들이 스스로 백작령, 시장세, 통행세 및 주교좌와 수도원들의 다양한 특권들을 사실상 만들었다는 점은 군주에게는 불행한 일이었다. 주교와 수도원장을 선정하고 임명하는 황제의 권한이 약화될수록 이들에 대한 세속 귀족의 영향력은 더욱 커지게 마련이었다. 다시 말해서 주교 및 수도원장과 같은 고위 성직자들과 공작 및 백작들과 같은 대제후들이 황제정부에 대항하는 새로운 정치 집단으로서 공동의 유대를 강화하고 있었다. 이들은 봉토를 확대하고, 도시의 성곽들을 건설했으며, 자율적인 사법권을 확보하였고, 교권과 속권 모두에서 특권과 자유를 확장하였다. 이를테면 섭정과 쿠데타가 초래한 황제권의 취약성은 12세기 독일 사회의 지배계층 내부에서 수평적인 집단화를 진전시켰던 셈이다. 이에 대해 군주권은 미니스테일리알 계층의 유능한 관리들을 고용하여 충성서약을 받아내면서 이들을 자신의 지지세력으로 확고히 만들어가고 있었다.

둘째, 교권과 속권의 주된 갈등 이전에조차 황제권의 위약함은 일찍이 시작되어 군주를 지지하던 집단들은 심각하게 위축되었던 반면, 제후들은 그 사회에서 공고화된 권력으로서 자신들의 기반을 확고히 마련해가고 있었다. 1065년부터 로렌의 하층지역의 '수염을 기른 고드프레이'Godfrey of Bearded 공작은 황제 하인리히 3세에게도 가장 유력하고 오래된 적수였다. 그는 1054년 백작 딸 베아트리스 토스카나와의 혼인으로 토스카나의 후작 칭호와 중부 이탈리아에서의 막강한 입지를 얻게 되었다. 또한 그는 페르모의 후작 직위와 스폴레토의 공작 직위를 추가하였다. 1057년 고드프레이의 형제가 교황 스테판 9세로 등극한 것은 로마에서 그의 지명도를 높여 주었다. 이러한 지명도로 인해 카달루스 교황 분열기에 독일 황실은 호노리우스 2세를 지원하였던 반면, 고드프레이는 알렉산더 2세를 지원하게 되었다. 고드프레이는 통찰력 있는 정치인이었으며 훌륭한 군인이었다. 그의 신성로마제국 황실에 대한 태도는 자신의 이해에 근거한 것 같았다.[72)]

셋째, 프랑켄에 지역적 배경을 가진 잘리에르 왕조의 황제였던 하인리히는 작센 지방에서의 연고가 없었다. 작센 지방의 모든 계층의 사람들은 하인리히의 정책에 반대하였으며, 특히 귀족층에서 반대운동이 발전해갔다. 하인리히는 자신들의 힘을 회복하고 있던 이교도 슬라브인들의 위협성에 대처해서 일어나야만 했던 작센인들에 대항하는 요새화를 준비하는 일로 고소를 당하였고, 자신의 슈바벤 미니스테리알들과 이들보다 고위 신분 계층의 작센인 여인들과의 혼인정책을 추구함으로써 비난 받았다. 1070년 그는 오토 노르드하임의 자신에 대한 반역죄를 너그러이 용서해주었으나 그와의 갈등은 시작되고 있었다. 오토는 전투 중에 법정에 서는 것을 거부하였고, 바이에른의 자신의 공작령은 자신의 사위 엘프 4세를 위해 징발하였다.[73)] 1071년 오토와 그의 동맹자인 마그누스 빌룽은 항복할 수밖에 없었다. 1072년 대주교 아달베르 브레멘의 탄원은 오토를 용서하도록 이끌었고, 공작 오르둘프 빌룽의 사망이후 하인리히는 함부르크에서 그리 멀지 않은 엘베강의 전략적 요충지에 위치한 뤼네부르크 가문을 강력하게 통치하였다. 하인리히는 그곳의 엘리트 부대에게 충성을 요구하였으며, 또한 이 지역을 무장함으로써 작센인들의 불만은 고조되어갔다. 작센인의 반란

72) 그가 1069년에 사망했을 때, 레이체누 연대기작가 베르톨드는 "그에 대한 속죄와 자선의 이유로 사실상 맨몸으로 십자가를 지고 갔다"고 서술하였다.

73) H. Cowdrey, *Pope Gregory VII*, p.85.

에 직면하여 거의 지원세력을 얻지 못한 군주 하인리히 4세는 그레고리우스 7세가 교황이 되었던 당시에 독일에서 허약한 정치적 입지를 지녔다.

넷째, 미성년 시기의 하인리히는 정치적 불운과 함께 인간적인 명성도 밑바닥에 이르렀다. 1066년 그는 베르타 투랭과 혼인하였으나 원만하지 못하였고, 다른 여인들과 복잡한 애정관계 였다. 1069년 하인리히는 베르타와의 결혼 생활이 파탄이 나 이혼을 결심하였으나, 교황 알렉산더 2세는 이혼에 확고히 반대하는 입장이었다. 10월 프랑크푸르트 종교회의에서 추기경 피터 다미안은 알렉산더의 특사로서 교황의 견해를 강력히 전달하였는데, 만일 이혼이 이루어진다면, 알렉산더는 하인리히의 황제 대관식을 거행할 수 없을 것이라고 위협하였다. 여기에 참석한 독일 제후들은 교황의 판단에 동의하였다. 하인리히는 왕비 베르타와 억지로 화해하였으며, 1071년에는 그들의 첫 아들을 얻었다.[74)]

이런 하인리히 4세의 외교와 사생활은 그의 부친과 같은 정의로운 군주의 이미지를 만드는 데 방해가 되었다. 하인리히는 1069년 콘스탄스 주교직에 성직매매로서 찰스를 임명하였으며, 같은 해 힐데쉐임의 성 마이클 수도원의 분원장에 성직매매 방법으로 마인워드 수도승을 임명하였다. 하인리히의 지위는 1073년 알렉산더 2세의 사순절 시노드 무렵에는 취약해져 있었다. 보니조 수트리에 따르면, 이 시노드에서 교황은 교회의 통일성으로부터 하인리히를 분열시키려는 황제 자문관들의 한 집단을 파문령에 처하게 되었다.[75)]

---

74) Lampert of Hersfeld, *Annales. MGH SS rer. germ. [38] (1894)*, 1069, pp.115, 118-120.
75) *Reg.* 1. 21, p.35 ; 1. 85, p.121 ; 4. 2, p.293.

(3) 작센 전쟁(1073-1075)

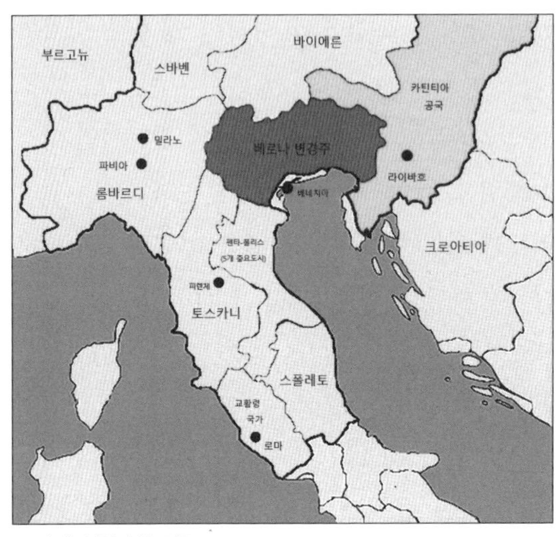

11세기 이탈리아 지도

1073년의 작센 반란은 매우 심각한 규모로 일어났다. 6월에 작센인 제후들은 그들 자신이 고슬라 법정의 모임에서 군주의 행위에 의해 모욕을 당했다고 생각하였다. 7월 호에텐스레벤에서 오토 노르드하임은 군주에 대항하는 공모자들의 대표로서 대주교 위너 막데브르크, 주교 부차드 할베르스타트, 작센 오스마르크의 마그레이브 데디와 백작 헤르만 빌룽을 만났다. 남쪽의 독일인 웰프 바이에른 공과 루돌프 슈바벤 또한 하인리히에게 적대적이었다. 하인리히가 유일하게 믿을 수 있는 속인 지지자는 1069년 그의 부친의 사망으로 공작령을 계승하였던 '고드프레이 곱사등 로렌'Godfrey the Hunchback of Lorraine 공이었다. 1073년 7월에 작센인들은 호에텐스레벤에서 반란을 일으켰다. 이 반란은 동부 작센 귀족과 자영 농민들의 다양한 계층간의 서약 결사체로부터 시작하였으며 거기에는 성직자와 속인들도 결부되었다. 이들의 공통된 동기는 인근 지역에서 하인리히의 강화된 물리력으로 인해 자신들의 자유가 위협당할 것이라는 두려움이었다. 1073년 겨울에서 1074년까지 하인리히는 보름스의 시민들에게 도덕적 물질적 지원을 받았다.

그는 그들의 충성심에 대해 관대한 특권들로 보답하였다. 남부 독일 공작들 즉 루돌프 슈바벤, 웰프 바이에른, 베르톨드 카린티아 등은 작센 전쟁 동안 그 충성심에 의문이 제기되었지만, 작센인들이 자행한 지속적인 폭력적 조치들을 꺼렸으므로 하인리히에게 유리한 조건이었다. 사실상 군주 하인리히와 루돌프 슈바벤과의 관계는 교회 개혁에 관해 하인리히와 제후들이 타협했던 1073년 가을 및 1074년 1월, 하인리히가 작센으로 되돌아가는 것이 가능하도록 하였다. 그가 지휘했던 군대는 대부분이 그에게 소속된 병사들과 용병들이었다. 1074년 2월 2일 하인리히는 새로 세운 성곽의 철거를 주장하는 작센인들의 주된 요구를 수용함으로써, 웨라 강의 게르스퉁겐에서 평화가 이루어졌다. 그러나 3월 말 작센 농민들은 자신들의 손으로 다른 건물들을 파괴하고, 교회를 약탈하였으며, 그곳의 제대와 성골함을 모독하였고, 하인리히의 첫아들과 그의 동생의 묘지를 파헤쳤다. 이러한 신성모독적인 행위로 인해 귀족들은 자신들의 재산 손실에 대한 두려움이 생겨났다. 그리하여 작센의 지도자들은 반란으로부터 손을 떼게 되었으며, 군주에 대한 연민은 모든 독일 지역으로 퍼져갔다. 이들 지지 세력은 다음의 표를 통해 알 수 있다.

〈표 1〉 작센 전쟁의 구도

하인리히 4세 지지세력	작센 농민 지지세력
루돌프 슈바벤 공, 베르톨드 카린티아, 고드프레이 곱사등 로렌	오토 노르드하임, 마그누스 빌룽 공, 대주교 베너 막데브르크, 주교 부챠드 할베르스테트

하인리히는 6월 9일 자신의 군대를 소집하여 운슈트러트Unstrut에 위치한 훔브르크Hunburg에서 유혈전투를 벌여 완벽하게 승리하였다. 루돌프 슈바벤 공은 이 전투를 승리로 이끄는 데 주도적인 역할을

하였다.[76] 그러나 가을에 하인리히의 새로운 원정계획에서는 루돌프를 포함한 남부 공작들이 제외되었다. 오히려 하인리히의 믿을만한 강력한 지원자로 등장한 것은 고드프레이 로렌 공이었다. 10월 말경에 하인리히의 군대는 존데르하우젠Sonderhausen의 남부 슈파이어에서 작센 지도자들의 무조건적 항복을 받아냈다. 하인리히는 신속하게 중단했던 성곽의 재건축을 이행하였다. 작센인의 저항은 1075년 성탄절에 이르러 무마되었다.

2) 교황권과 세속권의 갈등

(1) 서임권 투쟁

교황 그레고리우스 7세의 속인에 의한 주교 서임 금지는 군주에게는 피하기 힘든 일종의 도전장이나 다름없었다. 속인에 의해 서임된 주교는 두 가지 이중적인 역할을 하여야 했다. 먼저 그는 주교로서 성무의 집행과 관리 및 신도들의 영혼을 치유하고 봉사하는 일을 담당하여야 했다. 그리하여 교회로부터도 성직록을 수여받았다. 둘째, 이 같은 주교의 임무는 봉건적 가신으로서 의무 즉 자신의 상위 주군에 대한 군사적 봉사, 조언, 부조 등도 이행해야 했다. 다시 말해서 이들은 방대한 봉토와 이에 대한 봉건적 토지 보유권을 가진 장원의 관리자이기도 했다. 그러니까 주교는 진정한 사제인 동시에 충실한 봉건적 가신이어야 했다. 이러한 성직 서임의 관행은 카로링조 시기부터 유래되었는데, 카로링조 군주의 주된 임무 가운데 하나가 교회 공의회를 소집하고, 주교들을 임명하며, 성직자들이 지켜야 할 도덕성과 공적 규범을 제정하고, 이를 감독하며 올바른 종교적 교리를 공포하는 일

76) H. Cowdrey, *Pope Gregory VII*, p.91.

등이었다.[77] 이 시기에는 세속군주가 성직자를 임명할 때 성직과 성직록을 함께 수여할 정도였다. 11세기 전반에는 제국 정부에 의해 교회의 개혁운동이 수행된 시기였다. 황제들에 의한 교회 조직의 정화는 사실상 통치 행위의 일부였다. 문자 그대로 군주 또는 황제가 성직과 성직록을 수여하였던 성직서임을 통해서 수백 명의 성직자가 임명되었다. 성직자 서임권만큼 군주의 기능을 잘 입증하는 권한도 없었다.[78] 이 같은 속인에 의한 성직자 서임을 교황 그레고리우스 7세는 완강하게 금지하였다. 1075년 2월에 공포된 교황령은 세속군주의 성직자 서임권을 명시적으로 금지하였다.[79] 그레고리우스는 이 교황령을 원문과 함께 그 내용을 설명하는 메시지까지 동봉하여 군주 하인리히 4세에게 전달하였다. 교황의 메시지는 무엇보다도 이 교황령이 새로운 법령이 아니며, 교회법상의 명예로운 관행을 복원하기 위한 것으로서 이를 위해서는 군주의 도움이 필요하다는 내용도 포함되어 있었다.[80] 교황의 요청에 침묵으로 대응했던 하인리히는 밀라노 지방에서 교황에 대한 반란 소식을 듣고 그의 태도를 공개적으로 표명하게 되었다. 하인리히는 이제 롬바르드 주교들과 동맹 관계를 형성하고, 파문당했던 노르만 공 로버트 귀스카르Robert Guiscard와도 동맹을 시도하였으며, 스폴레토와 페르모의 공석 중인 주교자리에 군주의 권한으로 새로운 주교를 임명하였다. 더욱이 그는 교황과 첨예하게 대립하고 있던 밀라노 대주교 임명건에 있어서 교황의 의사와는 무관하게 테달드 대주

---

77) D. Luscombe, "Introduction; the formation of political thought in the west", p.166.

78) W. 울만, 『서양 중세 정치사상사』, 104쪽.

79) 이 법령들은 교황의 기록문서(*Registrum*)에는 자세히 기록되어 있지 않으나, 당대 저자였던 밀라노인 아르눌프(Arnulf)에 의해 전해지고 있다.

80) Z. N. Brooke, "Gregory VII and the First Contest Between Empire and Papacy", *CMH*, vol.5 (London, New York, 1920), p.64.

교[81])를 임명하였다. 이에 교황 그레고리우스는 1075년 12월 8일에 군주 하인리히에게 그가 파문했던 조언자들과 더 이상 접촉해서는 안 된다고 지적하고, 전쟁에서 승리한 후 교만과 불복종으로 인해 비참한 운명에 처했던 사울 왕을 상기시키는 경고문을 보냈다.[82] 교황 그레고리우스는 서한과 구두로 메시지를 전하고자 성탄절 휴가를 고슬라에서 지내고 있던 군주 하인리히에게 세 사람의 사절을 파견하였다. 이곳이 로마로부터 1700-1800㎞나 떨어져 있었기 때문에 교황 사절단은 약 23일에 걸친 긴 겨울여행을 통해 마침내 1076년 1월 1일에 군주를 만나게 되었다. 군주의 대립적 조치에 대한 교황의 대응은 단호하였다. 교황 사절단이 힘든 여행에도 불구하고 직접 전했던 교황의 메시지는 군주 하인리히 4세의 정치적 권한과 종교적 구원을 철회할 수도 있다는 일종의 최후통첩이었다. 교황은 군주 하인리히에게 로마에서 개최될 사순절 시노드에 참석하여 교황 자신에 대한 순복을 공개적으로 선언하도록 요구하였던 것이다. 이에 대해 군주 하인리히는 격노하였다. 작센 반란이 초래하였던 교황 그레고리우스에 대한 복속을 굴욕적이라고 느꼈던 하인리히의 누적된 분노가 표출되었던 것이다. 군주는 교황청

81) 밀라노는 고대 밀라노의 암브로스 대주교 이후 주교좌 권한이 막강한 지역이었다. 이 시기에도 밀라노 지역은 파타리아파의 개혁파 지도자들에게 강하게 영향받고 있었다. 밀라노인들은 공석이었던 밀라노 대주교직에 관해 고대 교회법적 전통에 따라 밀라노인들에 의한 자유선출이 이루어지기를 기대하였다. 그리하여 1072년 1월 6일 주의 공현축일에 밀라노에서의 개혁파 당수 에렘발드의 영향을 받으며 교황청 특사의 참석하에 젊은 사제 아토(Atto)가 선출되었다. 이때 교황 알렉산더 2세는 아토를 대주교로 임명하였다. 그러나 황제파의 지원을 받던 아토의 경쟁자 고드프레이(Godfrey)는 1073년 초엽 롬바르드 주교들의 지지를 얻은 군주 하인리히 4세에 의해 노바라에서 대주교로 임명되었다. 그리하여 교황 알렉산더 2세는 1073년 사순절 시노드에서 고드프레이를 파문하였다.

82) Gregory VII, ed., E. Emerton, *The Correspondence of Pope Gregory VII* (New York, 1932), pp.87-89.

이 파문에 처했던 정치적 조언자들과 공개적으로 교류함으로써 교황 그레고리우스의 요구에 대한 거부감을 표명하였다.

보름스 대성당 서쪽 정면

또한 그는 로마의 사순절 시노드에 보낼 자신들의 견해를 논의하기 위해 1076년 1월 24일 보름스에 성직자와 세속 제후들의 모임을 소집하였다. 이 회의는 24명이라는 많은 주교가 참석함으로써 공적인 성격을 띠게 되었는데, 여기서 고드프레이 로렌 공과 같은 유력한 세속 제후는 주교들이 군주에게 복속해야 한다는 논리를 설득하는 데 주도적인 역할을 하였다. 그리하여 보름스의 이 회의는 교황 그레고리우스 7세를 위증죄 및 1059년의 선거법령에 따라 선출된 적법한 교황이 아니라는 점 그리고 토스카나 마틸다 백작부인과의 스캔들 등의 죄목을 들어 교황직으로부터 폐위하였다. 이 결정에는 대주교 지그프리드 마인쯔를 비롯한 26명의 주교들도 동의했던 바, 이들은 휴 칸디두스의 후견아래 교황 그레고리우스 7세를 교황권을 주제넘게 찬탈한 침입자이며, 교황권을 무분별하게 사용한 배교자라고 정죄하였다.

한편 교황 그레고리우스 7세는 동년 2월 14일 사순절 회의를 로마의 라테란 바실리카에서 개최하였다. 이곳은 자신이 교황으로 선출되었던 교회로서, 군주 하인리히의 모후 아그네스도 이 회의에 참석하였다. 여기서 교황 그레고리우스는 하인리히를 세 가지 이유를 들어 폐위와 파문령에 처했다. 그는 먼저 하인리히가 교회에 의해 파문되고 접촉이 금지된 조언자들과 계속적으로 교류함으로써 불족종의 죄를 범했으며, 둘째 그레고리우스 자신이 교황이 되기 이전부터 여러 차례 전달했던 부성애적 충고를 군주 하인리히가 경멸적으로 대함으로써 신성한 윤리와 개인적 신의를 저버렸고, 셋째 하인리히가 보름스에서 회의를 열어 교황 폐위 결정을 주도함으로써 그리스도교 사회의 분열을 실제적으로 초래했다는 등의 이유가 그것이었다. 또한 이 사순절 법령은 보름스 반란의 한 주모자인 대주교 지그프리드 마인쯔에 대해서도 그가 독일의 주교와 수도원장들을 로마 교회로부터 분열시키려 했다고 비난하고 군주에 대해서와 마찬가지로 파문과 폐위령을 결정하였다. 그 밖에도 보름스 반란에 참여했던 트리에르의 대주교 및 24명의 주교들에게 교회법에 따라 차별적인 징계가 내려졌는데, 지위와 역할에 따라 파문과 폐위령을 제외한 권한 정지령 등이 이들에게 적용되었다. 예를 들어서, 반란의 의도가 없는 주교들에게는 주교직 권한 정지령이 내려지기는 했으나 동년 8월 1일까지 로마의 교황 그레고리우스 7세에게 개인적으로든 중개자를 통해서든 참회하는 기회를 허락해 주었다.[83] 그러나 피아첸차에서 교황 그레고리우스에 저항하기로 서약한 롬바르드 주교들에 대해서는 어떠한 자비의 암시도 없었다. 이들은 그날부터 모든 주교로서의 권한이 정지되었을 뿐만 아니라 가톨릭교회에서의 모든 성사와 집전에 대한 금지라는 엄한 징계가 내려졌다.[84)]

교황권과 군주권 간의 긴장이 일촉즉발의 위기 상황이 되자, 군주

83) *Reg.* 3. 20, pp.268-269.
84) *Reg.* 3. 10, p.269.

하인리히는 쾰른의 대주교였던 병약한 아노를 대신해서 친군주파였던 히돌프로 하여금 대주교직을 맡게 하였다. 궁정사제였으며 고슬라의 참사원이었던 히돌프는 군주 측 진영을 강화하는데 중요한 기여를 할 것으로 기대되었다. 그러나 군주 하인리히는 2월 26일에 처음으로 커다란 좌절에 직면하였다. 그의 반 교황 시도들을 강력하게 지지하였던 세속 제후로서 자신의 주요 후견인이기도 했던 고드프레이 로렌 공이 로타링기아에서 불의의 습격을 받아 사망하였기 때문이다. 이 사건은 하인리히에게는 정치적 재앙이자 불길한 조짐이었다. 하인리히는 로렌 공의 후계자를 결정하기 위해 부활절에 우트레히트를 방문하여 로렌 공의 가장 가까운 인척으로서 공작직의 승계를 기대하였던 고드프레이 부일롱을 임명하지 않고 자신의 어린 아들 콘라트를 임명하였다. 그러니까 군주 하인리히는 부활절 전야에 우트레히트에 머물면서 교황 그레고리우스가 사순절 시노드에서 내린 결정을 뒤늦게 접할 수밖에 없었다. 부활절 미사에서 우트레히트의 주교 윌리엄은 군주의 폐위와 파문을 결정한 교황의 판결을 공식적으로 비난하였다. 주교 윌리엄은 교황 그레고리우스가 오히려 위증자라고 주장하고, 그를 간통죄 및 성직매매죄로 비난하였으며, 파문령에 처한다고 공식 선포하였다. 그러나 4월 27일 윌리엄은 돌연 고통스럽게 사망하였다. 이와 함께 사건이 급진전되었고, 많은 이들은 이 사건을 신의 경고로서 해석하였다.

작센지방에서 반란이 촉발된 계기도 바로 여기에 있었다. 마침내 10월 트리브르에서 열린 제후회의에서는 두 가지 중요한 결정이 내려졌다. 첫째 하인리히가 지난 2월 22일 교황이 내린 폐위 결정을 받아들이지 않는다 하더라도, 앞으로 제후들은 그를 군주로 인정하지 않는다. 둘째, 다음해 2월 2일 아우구스부르크에서 종교회의를 소집하며, 교황이 이 회의를 주재하도록 하고, 여기에서 하인리히의 군주권이 무가치하다고 판단되는 경우 새로운 군주를 선출한다. 트리브르 제후회의의 이 결정들은 교황측과 군주측에 즉각 동시에 전달되었다. 이제 제후들의 정치적 도전에 직면했던 하인리히로서도 결정적인 조치를 취할 수밖에 없게 되었다. 당시 교황은 12월에 로마를 떠나 북부 롬바르드를 여행하고 있었는데, 롬바르드인들의 위협을 피하기 위하여 잠시 카노싸에 있는 마틸다 백작부인의 성에 머무르고 있던 터였다. 이 소식을 접한 하인리히는 교황 그레고리우스를 만나기 위해 이탈리아로 출발하였다.

그는 1077년 1월 21일경 부인 베르타, 어린 아들 콘라트, 그리고 약 50여 명의 수행원들을 데리고 카노싸에서 수㎞ 떨어진 비에넬로 Bianello에 도착하여 그곳에 머물렀다. 사실 당시의 상황에서 가족들을 데리고 여행에 나선다는 것이 결코 쉬운 일이 아니었다. 그러나 하인리히는 아내와 어린 아들을 독일에 둘 수가 없었다. 그들의 안전이 심각하게 위협받았기 때문에 사보이의 친척에게 머무는 것이 보다 안전하다고 판단되었던 것이다. 하인리히는 일년 전 보름스 회의가 열렸던 1월 25일 수요일에 아마도 카노싸의 성문 앞에 자신의 수행원들과 함께 도착했던 것 같다. 마틸다의 선조들이 세웠던 카노싸 성은 3겹으로 에워싼 단단한 요새로서 높이가 1,500피트였고, 검은색 화산 돌출부 바로 뒤에 위치하고 있었다.[85)]

---

85) 가장 바깥의 성곽은 바위 위에 기초한 대체로 평평한 고원에 세워졌다. 이곳은 전시에 농민들이 자신의 가족들과 가축들을 보호할 수 있는 곳이었다. 두 번째 성벽은 나선형으로 세워졌다. 이 벽과 깊은 심연의 협곡 사이로 난 길이 요새로 접근할 수 있는 유일한 통로였다. 언덕 중간 부분에 일련의 계단식 지층이 나타나는데, 그곳에 수도승들은 수도원을 건립하였으며, 군인들은 그들의 병영을 세우고, 사제와 가신들의 주거시설도 배치되었다. 이곳의 창고는 생필품과 안전하고 효과적인 전투를 위한 모든 것들로 가득 채워졌다. "Notre Dame" Series of Lives of the Saints, *Saint Gregory VII Pope*, p.188 참조.

마틸다 백작부인의 카노싸 성(오늘날 많이 훼손된 채 남아 있다)

하인리히와 그 일행들이 단식과 맨발, 참회자의 복장으로 3일 동안 기다렸던 곳은 가장 높은 고원 위에 세워졌던 세 번째 성벽 문 앞이었다. 이 성벽 내에는 예배당, 창고, 망루, 전망대, 무도회장, 방문객을 위한 숙소, 식당 등의 시설이 마련되어 있었다. 안전하고 안락한 시설로 인해 많은 사람들이 겨울이면 카노싸에 머무르곤 하였던 것이다. 그런데 하인리히는 혹독한 겨울 날씨에도 불구하고 교황의 용서와 사면을 성 밖에서 간청하고 있었고, 성 안에서는 하인리히의 대부였던 클루니 수도원장 휴, 마틸다 백작부인, 아델라이드 백작부인, 변방 귀족이었던 아조 2세Margrave Azzo II of Este 등이 교황과 함께 있었다. 이들은 교황과 군주가 그동안 첨예하게 누적시켜 온 갈등이 여기서 바야흐로 대단원의 막을 내린다고 생각하였다. 그리하여 이들은 한편으로는 하인리히 4세의 속죄를 확인하는

카노싸 성의 일부

동시에, 다른 한편으로는 그레고리우스 7세의 자비를 설득하였다. 결국 이들의 중재는 주효했다.

교황 그레고리우스는 사흘을 넘기지 못하고 군주 하인리히에 대한 폐위와 파문을 풀 수밖에 없었다. '길 잃은 어린 양'의 참회를 들을 수밖에 없다는 종교적 명분과 교황의 주권적 권한에 대한 군주의 복종 약속이 정치적으로 교황청의 명분과 상충되지 않기 때문이었다.

(2) 제후들에 의한 대립군주의 옹호

한편 군주 하인리히 4세가 우트레히트에서 교황 그레고리우스 7세를 폐위하고 파문한 사건이 발생한 후 얼마 지나지 않아 세 명의 남부 제후들 즉 루돌프 슈바벤, 웰프 바이에른, 베르톨드 카린티아 등은 아달베로

1077년 1월 하인리히 4세는 카노싸 성에 찾아가 무릎을 꿇고 대부였던 휴 클루니 수도원장과 마틸다 백작부인에게 그레고리우스 7세와의 중재를 요청하였다.

하인리히 4세에 대한 파문을 풀어주는 그레고리우스 7세

위즈부르크 주교와 헤르만 메쯔 주교 등과 연계하여 군주의 종교 정책에 반대하는 집단을 형성하였다. 이들은 군주 측 제후들의 도덕적 타락과 인습적인 행정체제의 비효율성을 비판하였다. 헤르만 메쯔와 다른 제후들은 하인리히가 감금을 위탁하였던 작센인 수감자들을 방면하였다. 그 해 6월 주교 부챠드 할베르스타트는 도망하여 자신의 주교좌로 복귀하였다. 당시 람페르트 허스펠드의 눈에 그는 작센인들에게 군사적인 행운을 가져올 인물로 비쳐졌다.

그레고리우스는 하인리히의 부모 즉 하인리히 3세와 황후 아그네스에게 진 빚에 관해 주장하면서 하인리히 4세가 모범적인 군주가 되기를 바라는 소망을 가지고 있었다. 하인리히의 회개를 촉구하는 것은 교황으로서 그레고리우스의 의무였다. 군주의 지지자들에 대해서도 그레고리우스는 확고한 상호 통지문을 전하였다. 만일 이들이 회개한다면 교회의 구성원으로 받아들인다는 조건이었으나, 군주를 추종하던 주교들과 속인들은 공식적으로 회개하지 않았으며, 신앙 공동체의 구성원이 되는 것을 원하지 않았다.[86] 8월 말엽에 한 통의 서한을 독일 주교들과 공작들로부터 받은 그레고리우스는 이들을 파문하였다. 그러나 군주와 더 이상 접촉하지 않는 사람들은 사면해 주었다. 그레고리우스는 교회법과 역사적인 선례들에 근거하여 교황의 개입에 대해 독일인들의 저항을 불러일으킨 교회법과 재판권에 관해 독일인들의 이해를 확대시키려고 노력하였다. 특히 주교들은 교황과 자신들 모두가 종이 될 것이라는 확고한 전통에 입각해 있었다.

카노싸 사건 이후 독일에서의 상황은 긴박하게 전개되었다. 그레고리우스는 서한을 통해 카노싸의 결과를 확산시켰다. 2월 중순경 루돌프 슈바벤 공과 그와 절친한 사람들이 사태의 심각성을 설명하면서 우름에

---

86) *Reg.* 4.1, p.291/21-6.

서 회의를 가졌으나, 소수만이 참석하였다. 3월 13일에 밤베르그 인근의 포쉬하임에서 한 회의를 개최할 것을 결정하였다. 프랑켄 지역은 911년 프랑켄 공이 군주 콘라트 1세로 자유 선출되었던 의미있는 곳이었다. 우름에서는 이탈리아에 있는 하인리히를 대신해 포쉬하임에서 곧 새로운 군주 선출이 있을 것이라고 예견되었다. 유력한 후보자는 슈바벤 공인 루돌프 라인휄덴이었다.

루돌프가 후보자로 떠오른 첫 번째 이유는 강력한 작센족 지도자 오토 노르드하임과 우호적인 관계를 맺고 있다는 것이었으며, 둘째는 루돌프가 신성로마제국의 황실과 깊은 연관을 지니고 있다는 사실 때문이었다. 그의 첫 번째 아내는 하인리히 4세의 누이였던 마틸다였으며, 두 번째 부인은 하인리히의 아내인 베르타 투랭의 자매인 아델라이드였다. 더욱이 루돌프는 황제 하인리히 3세와 여전히 생존하였던 황후 아그네스의 사위로서 잘리에르 왕조와 긴밀한 연관을 가지고 있었다는 점이다. 셋째 그는 교회 개혁을 지지하였던 인물이었다. 1073년에서 1075년까지 그의 서한들에서 충분히 보여주듯이, 그레고리우스는 그에 관해 좋은 감정을 가지고 있었고 군주로서 그의 선출이 문제로 드러날 때 그레고리우스에게 수용되어질 것이라는 것은 예상할 수 있는 일이었다.

그러나 코주리 교수는 독일 제후들이 카노싸 사건에 대한 그레고리우스의 태도에 심한 불만을 가지고 대립군주로서 루돌프를 옹립하였던 것이 아니었음을 설명하였다. 루돌프에 대한 제후들의 선출은 카노싸 사건 이전부터 이미 조성되어 있었다는 것이다. 그레고리우스도 이미 1076년 9월에 새로운 선출에 대한 조짐을 알게 되었을 것이다. 하인리히를 대체하려는 제후들의 움직임과 그에 대한 간결한 판결에 직면하여 교황청 특사들은 제후들에 의해 이루어질 포쉬하임에서의 선출에 대한 책임을 느낄 수밖에 없었을 것이다. 그들이 약속할 수 있는 모든 것은 만일 제후들에 의해 불가피하게 선출이 행해진다면 교황이 이에 대해 공개적으로 거부할 수 없다는 것이었다. 포쉬하임에서 있었던 회의 자료에 따르면 교황청 특사들은 그곳에서의 루돌프의 선출에 대해 동의를 하는 것 이외 아무 것도 할 수 없었다. 교황청 특사들의 참석으로 제후들은 루돌프의 선출이 교황 권위를 지닌다고 주장하려 하였다. 9월 이전의 그의 편지는 그렇게 행동하는 것에 대한 한 근거를 제공해 주었다. 그러나 그레고리우스 자신은 결코 승인할 수 없다는 점에 무게를 두었다.

1077년 3월 14일에 특사들이 참석한 확대 모임에서 신속한 선출만이 왕국 전체의 분열을 막을 수 있다고 결론지었다. 다음날 회의에서 교회의 사람들과 세속인들이 나누어 선거에 참여하였다. 대주교 지그프리드 마인쯔는 루돌프 라인휄덴에게 처음으로 찬성표를 던졌다. 특사들의 지휘 하에 성직매매로부터 자유 선출이 지켜지는 결과를 도출하였다. 루돌프는 전반적으로 두 가지를 약속하였다. 첫째, 그레고리우스의 비판적인 요구에 응한 것으로서 그는 주교들의 선출이 교회에 의해 자유롭게 행해져야 함을 약속하였고, 둘째 독일 군주 옹립에 있어서도 복잡한 역사에서 이미 만들어진 전통을 확고히 고수하여 그는 미래의 군주들이 루돌프의 가문조차도 세습적인 승계자로서가 아닌 제후들의 선출에 의해 승계되어져야한다는 점이었다.

카노싸 사건 이후 이를 계기로 하인리히는 다시 세력을 확장시켜갔으며, 루돌프와 하인리히는 지속적인 전쟁에 휘말리게 되었다. 3년 반 동안 내전에 시달리게 되며 1080년 3월에 라테란 시노드에서 그레고리우스는 루돌프를 군주로 인정하기에 이른다. 이에 1080년 6월 하인리히는 브릭슨에서 30명의 주교들이 참석한 종교회의를 개최하였는데,

이들 대부분은 롬바르드인들로서 힐데브란드를 신성모독의 위증자이며 이단적인 마술사 등의 이유로 교회법을 위반하였으므로 그를 폐위시키고, 그가 주교좌로부터 쫓겨났음을 공표하였다. 이들은 귀베르트 라벤나를 새 교황으로 선출하여 클레멘스 3세로 옹위하였다.

(3) 교황 그레고리우스 7세의 입장

1076년 그레고리우스는 하인리히에게 보낸 서한에서 하인리히의 폐위와 파문령에 대해 다음과 같이 설명하였다.

> 그는 한 사람의 그리스도교도로서 해야 할 복종의 의무를 거부하며, 파문당한 사람들과의 만남을 통해 타락되었고, 하느님께로 돌아갈 것을 거부하였을 뿐만 아니라 영혼의 안식을 위해 그에게 한 나의 충고마저 무시하였습니다. … 87)

그레고리우스의 판단에 의하면 하인리히의 불복종은 반드시 응징되어야 하였다. 진정한 신앙으로부터 이탈하여 이단에 빠지거나, 이교도가 된 자는 군주 혹은 어떤 사람이라 할지라도 신앙 공동체로부터 분리되어야만 하기 때문이었다. 다시 말해서 하인리히는 '그리스도교도'로서의 명분을 상실한 것이었다. 하인리히에 대한 자신의 조치는 적그리스도교 세력과 교황이 주도하는 신의 세력 간의 투쟁으로 이해한 그레고리우스는 파문과 폐위 및 봉건적 계약을 해제하였다. 그레고리우스는 「*Dictatus Papae*」를 통해 교황만이 주교를 임명, 전보, 폐위, 복직시킬 수 있음(*D. P.*3, 13, 14, 15장)을 밝혔을 뿐만 아니라, 황제 또한 교황의 명령에 복종해야 한다고 천명하였다. 이 사건을 통해 그레고리

87) ed., E. Emerton, *Correspondence of Pope Gregory VII*, pp.90-91.

우스는 「*Dictatus Papae*」의 이러한 원리를 실제로 적용하였던 것이다.

교황 그레고리우스의 이 같은 파격적인 행위는 전적으로 선례가 없는 일이었다. 그는 새로운 법률을 공포하거나 혹은 필요에 따라 낡은 법을 개정함으로써 교황의 입법권을 명시적으로 드러내었다. 이러한 그레고리우스의 행위는 카로링조에서부터 내려오던 국왕의 신정성을 파괴하는 것이었으며, 국왕을 성 베드로의 봉신 즉 교회의 복종자로서 자리매김함으로써, 종래와는 다른 새로운 관계를 조성하였다. 즉 그레고리우스는 군주-사제의 권한에 대한 겔라시우스의 이론을 변화시켰으며, 세속의 권력을 교회권력 안에 복속시킴으로 정신적인 영역에서의 사제직 권한의 우월성을 공포하였던 것이다.[88]

1080년 그레고리우스는 지속적으로 약속을 어기며 개인의 영달만을 위해 전쟁을 수행하고 있던 하인리히에게 두 번째 파문령에 처한 반면, 자신에게 복종하는 루돌프에 대한 지지를 표명하였다. 그레고리우스의 태도는 1078년과 1080년에 재반포된 세속서임에 관한 법령에서 더욱 확연하게 드러난다. 그러므로 교황에 의한 이들 세속서임 금지법령들은 주교좌에 대한 군주의 통제를 저지하는 것이었으며, 전통적인 임명방식을 거부하는 것이었다. 그러나 그레고리우스에게 중요한 점은 교회의 통치와 올바른 질서를 위해 세속적인 이익을 위해서가 아니라 교회에 헌신할 수 있는 인물을 주교로 임명하는 일이었다. 그는 「*Dictatus Papae*」에서도 천명하였듯이 교황만이 법률과 규범의 유일한 제정자이며 관리자라고 인식하였다. 따라서 교황은 질서의 틀 즉 법률을 제정하여야 했을 뿐만 아니라 법률의 강제장치들을 필요로 하였다. 교황 수장제의 가장 주요한 정치적, 사법적 장치로서 세속군주를 상정하였다. 메쯔의 주교 헤르만에게 보낸 서한에서 그레고리우스는 마태오 복음을 인용하

---

88) ed., E. Peters, *The Investiture Controversy* (Pennsylvania, 1988), p.118.

여 다음과 같이 말하고 있다.

"누구든지 땅에서 매어 있으면 하늘에서도 매어 있을 것이고, 땅에서 풀려 있으면 하늘에서 풀려 있을 것이다." 그는 군주들이 왜 예외적이어야 하는지를 반문하고 있다. "그들은 하느님의 아들이 축복한 베드로에게 위임된 양떼들이 아니었는가? 누가 이러한 묶고 푸는 보편적인 권한이 베드로의 권한으로부터 그 자신을 면제받을 수 있겠는가?" 나아가 "만약 교황좌가 영적인 것을 판단할 권한을 가진다면, 마찬가지로 세속적인 것에는 왜 그러하지 못하겠는가? 만일 성 베드로 교황좌가 천상적인 것을 결정하고 판단한다면, 세속적이고 현세적인 것을 결정하고 판단하는 일이야 말할 필요가 있겠는가!"[89]

모든 그리스도교도들은 목자로서 통치권을 행사하는 교황에게 복종해야 하며, 그리스도교 군주 역시 이 점에서 예외는 아니었다. 로마 교회의 법령에 대한 복종은 절대적인 것이었으며, 이 같은 법령을 반박하는 자는 전례 없이 '교만한' 자로 간주되며, 특히 군주의 불복종 역시 폐위 당할 중죄에 해당된다는 것이었다. 이러한 형벌은 법률상 매우 정당한 것이었다. 이처럼 군주와 관련하여 그레고리우스는 선한 그리스도교도와 사악한 군주로 선명하게 구분하였다. 전자는 신의 영광을 위해 그리스도교도들을 통치하는 사람이며, 후자는 자신의 이익을 위해 인민들을 억압하는 전제적인 지배자였다. 다시 말해서 진실한 군주가 그리스도의 몸을 이루는 데 비해, 사악한 군주는 악마의 몸을 이룬다는 것이다. 전자가 영원한 통치를 위해 최고 통치자와 함께 자신을 통치하는 데 비해, 교만의 상징인 후자는 암흑의 군주와

89) B. Tierney, *The Crisis of Church and State 1050-1300*, p.67.

함께 영원한 저주를 받게 될 것이라는 점이다.[90] 군주가 로마 교회가 공포한 "정의로운 그리스도교의 법률"을 제대로 수행할 때는 그리스도의 모든 양떼들이 보호를 받으며, 지복을 누릴 수 있지만, 군주가 사사로운 이익만을 위해 통치한다면, 그리스도의 양떼는 행복하게 살아갈 수 없는 상황이며 이때 교황의 통치 권한이 힘을 발휘하게 되는 것이었다. 그리하여 교황에게는 정신적인 직무뿐만 아니라 세속의 일까지도 관여해야 하는 중대한 과업이 부여되었다. 즉 그리스도교도 양떼 목자로서 교황은 세속군주를 종교적 도덕적으로 지도할 책임이 있으며, 자신의 통제와 책임 아래 신앙 공동체의 방향을 책임지고 있었다.[91]

따라서 정의의 수호자로서 군주의 기능은 악의 제거이며, 이 같은 악을 억제하기 위해서 사용하는 무력은 죄악이 아니었다. 이는 그리스도교 사회에서 군주의 필수적인 무기였던 것이다. 군주에게만 정의의 규범인 법률을 규정하는 자격이 부여되며, 정의의 수호자인 군주는 이러한 목적을 위해 봉사하는 자였다. 모든 그리스도교도가 그리스도에 의해 성 베드로에게 양도된 이후 성 베드로의 대리자는 결과적으로 이 사회에 영향을 끼치는 모든 문제들을 판단하고 합법화하는 의무를 지니게 되었다. 이러한 판결은 교황이 하는 것이 아니라, 성 베드로가 교황을 수단으로 하여 군주를 폐위하고 파문하는 것이었다. 그러므로 그리스도가 교황 베드로에게 승계한 사목권에 의하면 세속군주에게는 법률 집행권만이 부여되었을 따름이었다. 따라서 군주의 기능은 육체적이고 물질적인 권한의 단순한 행사로서 위임된 군주정의 모습이었다.[92]

---

90) C. McIlwain, *The Growth of Political Thought*, p.207.

91) W. Ullmann, *The Growth of Papal Government*, p.103.

92) *Ibid.*, p.290.

한편 그레고리우스는 교회 복지의 수호자이며 아버지로서 주교들의 역할도 강하게 변론하였다. 성직자의 지적, 도덕적 수준을 향상시키고 성서와 교회법 자료들의 연구를 용이하게 하기 위해 모든 주교들에게는 교구 내에 자유 학예를 가르치는 학교 설립이 용인되었다.[93] 주교들은 자신들의 교구의 동산과 부동산 등의 재산을 안전하게 지킬 의무가 있었다. 하지만 주교들은 수도원에 대해 성가신 간섭이나 부당한 봉사를 요구할 수는 없었다.[94] 수도승들은 주교들을 위해 십일조와 다른 부과금들을 지불하지 않았다. 주교들과 수도원장들에게는 이들의 사법권 밖에 있는 조직과 규율이라는 공인된 틀 안에서 사제들과 수도승들을 다루어야만 했으며, 주교들 역시 다른 교구 출신의 속죄자들을 자유재량으로 다루지 못했다.[95] 이러한 모든 입법권은 교황 권위 하에 교회에 적합한 조직을 만들기 위한 세부 지침이었다. 그레고리우스는 특별히 교회 재산을 상실할 위험이 있거나 혹은 갈등과 분쟁이 야기될 수 있는 사법권과 행정권을 명확히 하는 일에도 관심을 기울였다.[96] 교회 재산을 안전하게 관리하기 위해 그레고리우스는 십일조에 대한 속인 소유를 금지[97]한 동시에 교회 토지와 특히 교황령을 약탈로부터 안전하게 구하기 위해 속인을 향해 직접 설교하였다.[98]

그레고리우스 이후의 교황 우르반 2세도 세속군주에 의한 성직서임에 반대하는 조치를 취했다. 그리하여 프랑스와 영국의 군주들에게 성직서임에 대한 최초의 그러나 근본적인 문제가 제기되었다. 프랑스

93) 1078년 11월 시노드에서 33개 항목(*capitula*)과 13개 법령(*decreta*)이 공포되었다. 이하 항목(*caps.*)으로 법령(*decr.*)으로 표기함. *caps*. 31.

94) *caps*. 26, *decr*. 10.

95) *caps*. 24, 27.

96) H. Cowdrey, *Pope Gregory VII*, p.510.

97) *caps*. 26, 32, *decr*. 7.

98) *caps*. 1, 7, 23, 32, *decr*. 1, 2, 11.

군주의 충실한 신복이었던 주교 이보 사르트르는 순수하게 종교적인 기능을 담당하는 교권과 순수하게 세속적인 현세권을 구별하는 준거들을 발전시켰다.[99] 이를 둘러싼 프랑스와 영국에서의 논쟁은 1106년경 해결되었다. 성직자들에게 현세권을 수여할 수 있는 권한이 군주에게 부여되었을 뿐만 아니라, 잠정적인 협약이기는 하지만 성직자의 선출은 군주 내지 그의 대리인에 의해 이루어져야만 한다는 사항에 도달하게 되었다. 그리하여 교황 칼릭투스 2세는 황제 하인리히 5세와의 오랜 논쟁 끝에 한 합의점에 도달하였다. 이는 1122년에 체결된 보름스 협약으로 황제권의 개별적인 영역들을 구분하였다. 변경 지역이 이제 최초로 독립적 주권적 영역으로 명시되었던 독일에서의 홀의 수여를 통한 현세권의 서임이 군주 선출이 이루어진 후 교회에서의 서품식 사이에 행해져야만 했다. 제국의 이탈리아와 부르고뉴에서는 이 같은 홀의 수여가 서품식 이후 6개월 안에 이행되어야만 했다. 이 같은 결정은 모든 절차가 규정대로 이행되어진 이후에야 군주가 자신의 권력을 행사할 수 있었기 때문에 이탈리아와 부르고뉴에서는 군주에 대한 어떤 기회를 심각하게 제한하는 것이 되었다.

3) 교회 개혁운동의 진전

(1) 수도승 및 수도 참사원

그레고리우스 7세의 개혁운동에서 수도승과 수도 참사원은 중요한 역할을 수행하였다. 교황청과 수도원들 간의 긴밀한 동맹에 대한 확실한 증거는 1073-1198년의 19명의 교황들 가운데 11명이 전직 수도승 내지 수도 참사원들이었다는 사실에서 드러난다.[100] '서임권 투쟁기'에

---

99) B. Schimmelpfennig, *The Papacy*, p.134.

6명의 교황 중 5명이 전직 수도승 출신들이었으며, 먼저 그레고리우스 7세 자신도 그의 적들에게 '가짜 수도승 힐데브란드'라 불렸던 수도승이었으며, 자신의 교황 이름을 '그레고리우스'로 명한 것도 예전에 자신이 보좌했던 교황 그레고리우스 6세를 기리기 위한 것이기도 했지만, 첫 번째의 위대한 수도승 교황인 그레고리우스 1세를 따르고자 함이었다. 그레고리우스 다음의 계승자인 빅톨 3세는 전직 몬테카시노의 수도원장인 데시데리우스였으며, 그 후 교황 우르반 2세도 역시 전직 클루니 수도원의 대분원장이었다.[101] 이들 교황뿐만 아니라 꾸리아와 추기경단에서 일했던 많은 사람들이 자신들의 경력을 종교적인 집단들에서 시작하였음을 알 수 있다. 가장 중요한 교황의 조언자들 일부와 교황 정부의 일꾼들은 전직 수도승 내지 참사원들이었다. 11세기 마지막 25년간 모든 주교급 추기경들은 알려진 그들의 출신이 수도승들이었다. 교황들이 종교적인 집단들과 긴밀한 연계를 지니는 것이 그레고리우스 교황권의 한 특징이었으며, 이는 12세기를 통해 지속되었다. 의심할 여지없이 꾸리아에서 종교적인 집단들의 존재는 지속적으로 장려되었으며 12세기 말엽이 되어서야 약화되었다.

로빈슨 교수는 그레고리우스의 교황좌에 더 많은 영향을 준 수도원은 클루니보다 오히려 몬테카시노였다고 파악하였다. 클레비츠Hans-Walther Klewitz는 몬테카시노를 '개혁 교황좌의 정신적 무기 저장소'로

---

100) I. Robinson, *The Papacy*, p.211.

101) 교황 파스칼 2세 역시 수도승 출신이며, 겔라시우스 2세도 교황직에 오르기 전 몬테카시노의 수도승이었다. 이들 5명의 수도승 출신 교황들 이후의 교황들을 보면, 전직 수도 참사원 출신인 대주교 귀도 비엔나가 칼릭투스 2세가 되고, 그 다음 호노리우스 2세는 볼로냐의 성 마리아의 참사원이었다. 교황 인노켄티우스 2세는 로마의 성 요한 라테란 교회의 전직 참사원이었고, 그의 경쟁자이자 1130년의 분열을 야기하였던 대립교황 아나클레투스 2세는 클루니의 전직 수도승이었다.

묘사할 정도였다. 1073-1118년까지 몬테카시노는 로마 교회에서 11명의 추기경들을 배출했으며, 그 중 2명은 교황이 되었다. 이들은 사제급 추기경이며 수도원장인 데시데리우스와 부제급 추기경인 존 제타였다.[102] 몬테카시노는 또한 서임권 투쟁기에 가장 뛰어난 지식인들 두 사람을 추기경단에 배출하였다. 이전의 연구가 클루니의 영향력과 중요성에 많은 관심을 기울인 것이었다면, 최근에는 다른 수도원 집단들도 중요한 역할을 수행해 왔다는 결과가 나오고 있다.[103]

이들 수도원 가운데는 은수자 집단들 특히 이탈리아에서 피터 다미안의 은수자 집단의 중요성이 부각되었다. 이들 은수자들은 세상을 완전히 등진 사람들로 상상하는 것은 잘못된 편견일 수 있다는 것이다. 오히려 그들은 자신들의 영향력을 받아들일 수 있는 지지자들을 모으고, 비슷한 정서를 지닌 사람들을 연계하는 일에 주력하였다. 이러한 운동의 한 결실이 새로운 수도원 공동체의 설립이었는데, 이들은 은수적인 요소와 베네딕트 전통을 결합한 까마돌리Camaldoni 같은 수도원이었다. 그러나 이들 은수자 집단들보다 교황청에 더욱 직접적인 영향을 미친 중요한 이들은 이탈리아, 프랑스, 독일의 수도승 집단이었다.

더욱이 수도 참사원의 공동체는 성직자들로 구성되어 함께 살면서 성 아우구스틴의 규율을 따르던 자들이다. 그레고리우스 7세의 교황좌에서 시작된 이와 유사한 공동체들이 독일, 프랑스, 이베리아 반도에 설립되었다. 이들은 전적으로 '사도의 길'을 따르는 자들로서, 이것이 의미하는 바는 그리스도교 속인들의 신앙을 강조하기 위해서 가난한 삶의 전형으로서 예수와 사도들의 모범을 따른 것이었다. 이러한 이유

---

102) 존 제타는 교황 우르반 2세와 교황 파스칼 2세에게 참사원장과 도서관장으로 봉사하였던 인물로, 1118년 파스칼이 사망하자 그는 교황 겔라시우스 2세로 선출되었다.

103) B. Schimmelpfennig, *The Papacy*, pp.139-140.

로 인해 이들은 일반민들에게 강한 영향을 주었으며, 이들은 교황들 특히 알렉산더 2세로부터 후원을 받게 되었다.

이들 은수자, 수도승, 수도 참사원 집단들은 모두 그들 자신의 이상들로 인해, 교황 그레고리우스 7세와 함께 니콜라스파와 성직매매를 반대하는 투쟁의 일에 동참하게 되었다. 교황청과의 이러한 전반적인 투쟁에 합류함으로써 이들은 교황에게 면제권과 다른 특권들을 요구하였다. 11세기 말엽과 12세기는 수도원의 발달과 수도 참사원의 생활을 발전시킨 중요한 시기였다. 교회를 개혁하는 일에 교황 대리인으로서 수도승과 참사원들을 고용하는 관행은 그레고리우스 7세의 교황시기에 시작되어 12세기의 교황들에서도 지속되었던 정책이었다. 개혁의 전달자들로서 활동하면서, 지방의 상황에 대해 교황 꾸리아에 조언하였던 이들 수도승과 참사원들은 종교적인 집단들뿐만 아니라 재속교회의 개혁까지도 조력하였다. 개혁 대리인들로서 종교적인 일에 대한 이들의 관여는 교황들에게 기꺼이 수도원의 일에 개입하게 하였으며, 이는 수도원의 보호와 자유를 보증하게 하였음을 설명해준다.

수도원의 자유와 면제권에 관해서는 이미 앞장에서도 살펴보았듯이 클루니 수도원이 탁월한 본보기가 되었다. 그레고리우스 7세는 프랑스에 있는 교황 소유의 수도원들에게 클루니 수도원장의 보호를 받게 하였다. 교황 소유의 수도원에 대해 그레고리우스 7세는 자신의 특권을 클루니 수도원장 휴에게 일임해 주었다. 이 같은 특권은 로마 교회의 사법권에 속해있는 수도원에 신성한 지식과 종교적인 생활을 증진시키는 것이 교황의 특별한 의무라고 언급되었다. 교황의 소유권은 방해받지 않고 남아있었다. 클루니의 수도원장들은 교황의 대리자들로서 활동하게 되었다. 더욱이 그레고리우스 7세는 성 베드로와 클루니의 긴밀한 관계를 강조하였다. 그가 1080년 3월의 로마 시노드에서 클루니의 특권을 강화하였을 때, 그레고리우스는 이 특별한 관계에 초점을 맞추어 다음과 같은 찬사를 하였다. 클루니는 '성 베드로와 연결되어 있으며, 일종의 사적인 재산으로서 특별한 권한에 의해 로마 교회와 연계되었다'는 것이다. 클루니의 수도원장들과 수도승들은 어떤 외부적인 혹은 세속적인 권한에 속하지 않으며 성 베드로와 로마 교회의 보호에만 복속되어 있는 것이다.[104] 이러한 언급은 수도원장의 특별한 지위로 클루니의 '로마 자유권'이 반대에 봉착하였을 때, 교황권에 의해 옹호되었다. 1079-1080년의 위기는 클루니 수도원의 교구 대주교인 란데릭 마콩에 의해 표출되었고, 마콩 교회의 특정한 지방 권리를 침해하는 클루니에 대해 대주교의 게뱅 리용도 마콩 주교와 같은 입장이었다. 이 문제는 가장 논쟁적인 클루니의 자유권에 대한 주교좌의 공격으로 발전되었다. 즉 주교의 정신적인 사법권으로부터의 면제권에 관한 것이었다. 클루니의 수도원장 휴는 교황에게 탄원하였고, 특사 추기경 주교 피터 알바노를 클루니로 파견하여 주교의 공격에 대한 교황 특권들을 확고히 하였다. 그레고리우스 7세의 클루니의 자유권에 대한 옹호는 클루니가 "로마교황좌에 의해 클루니에게 인정해준 불입권과 면제권을 영구적으로 소유하게 되었다"는 1080년의 로마 시노드의 공포에서 절정에 이르렀다.[105]

클루니의 특권화된 지위에 대한 교구와 대교구에서의 적대감은 다음 세대인 칼릭투스 2세의 랭스 공의회(1119년 10월)에서 재연되었다.[106]

104) H. Cowdrey, *Clunics and the Gregorian Reform*, pp.272-273.

105) *Ibid.*, pp.51-57.

106) 대주교 훔발드 리용과 주교 베라르드 마콩과 다른 유권자들은 클루니가 교회들, 십일조, 서품식에 대한 교구의 권한들을 강탈한 것을 비난하였다. 클루니의 수도원장 폰티우스는 다음과 같이 대답하였다. "클루니의 교회는 로마 교회에게만 종속한다"며 교황이 그의 교회를 방어한다고 하였다. 클루니의 특권들은 성 그리소고노의 사제급 추기경이며 교황의 최측근 조언자인

마콩 주교와 리용의 대주교에 대한 클루니의 특별한 지위는 주교좌의 권위에 대한 모욕을 나타낸 것이었다. 그들에게 클루니의 면제권은 교회법에 역행하는 것이었다. 칼케돈 공의회(451년)는 '수도승들이 주교에게 복속될 것'을 언급하였기 때문이다. 1100년경의 클루니와 로마와의 특별한 관계는 클루니의 수도원장 휴와 그레고리우스파 교황좌의 결속으로 클루니를 세상을 등졌던 수도승들의 임무보다는 재속 성직자들에게 더욱 접근하는 길로 이끌게 되었다.[107]

로마 교회에 복속하는 수도원들의 면제권은 11세기 말엽과 12세기 초엽 주교좌와 개혁 교황권 간의 첨예한 논쟁 가운데 하나가 되었다. 그레고리우스 7세는 그들 교구의 악행 혹은 불신으로부터 개혁된 수도생활들을 보호하려는 의도로 정신적인 면제권을 방어용 무기로서 생각했다.[108] 그는 1075년에 투랭의 주교 쿠니베르에게 다음과 같이 설명하였다. "신성한 교부들은 그들 상위자들의 전제정으로부터 그들을 해방하기 위해 자신들의 대교구로부터 주교들, 교구 주교들로부터 수도원을 해방하였다. 교부들은 수도원들이 영구히 자유로워야 하며, 그들의 머리에 대한 지체들로서 사도좌에 속해 있어야 함을 공포하였다."[109] 1075년 1월 그레고리우스 7세는 클루니의 수도원장 휴에게 보낸 서한에서 주교들이 교회를 개혁하려는 교황권에 조력하기 어려울 것이라고 이야기하였다. 왜냐하면 그들은 성직매매 혹은 불복종자들이었기 때문

존 크레마에 의해 공의회 이전에 성공적으로 옹호되었다. 추기경 존은 모든 교회를 통치하였던 '로마 권위'의 한 표현으로서 클루니의 특권들에 대해 교황의 보호를 대표하였다.

107) 이후 시기에 클루니에 대한 거센 비판은 클루니의 수도원적 이상에 대한 베르나르 클레르보의 유명한 논쟁(1124-1125)에서 나타났으며, 이러한 반발에 당시의 클루니 수도원장 피터 베너러블은 클루니의 특권들을 옹호하는 입장으로 대응하였다.

108) I. Robinson, *The Papacy*, p.226.

109) *Reg.* 2, 69, p.228.

이며, 세속군주들 역시 동일하게 불만족스러운 자들이었다. 그들은 부와 자신의 명예만을 사랑하고 있기 때문이었다.[110] 교황권은 봉건 귀족들 가운데 성 베드로를 사랑하는 자들과 개혁된 수도승들에게만 의지할 수 있었다. 독일에서의 서임권 투쟁동안 교황청, 수도승들 및 제후들과의 이 동맹은 하나의 실체가 되었다. 히루소, 쉐프하우센 그리고 성 블라젠의 개혁 수도원들은 교황청의 피신처가 되었고, 개혁 수도원에서 '유랑하는 수도승들'은 그레고리우스 교황청의 원리들을 선전함으로써 '모든 곳에서 가장 커다란 불화의 씨'를 만들었다.

로빈슨 교수는 면제권의 이러한 발전이 개혁 교황청의 심사숙고한 정책이 아니었으며, 이것은 서임권 투쟁의 상황에서 우연히 발생한 것[111]이라고 파악하였다. 그레고리우스 7세가 수도원들에게 반포한 대다수의 특권들은 교황 방어를 제공한 것이지 수도승을 그들 교구의 정신적 사법권으로부터 면제하는 것이 아니었다는 주장이다. 이 방어는 교구 주교의 교회법적인 사법권을 유보하는 것을 인정한 것이었다. 그러나 서임권 투쟁의 발발 후 많은 제국의 주교들이 그들의 불복종으로 인해 교황의 파문령이 있었을 때, 교구의 권한을 위해서 이 구절은 불가피하게 조건적이 되었다. 교황의 특권들은 만일 그가 가톨릭교도이며 신성한 사도좌와 친교를 나눈다면, 교구에 복속을 요구하기 시작하였다. 남부 독일의 쉐프하우젠 수도원(1080년)에 대한 교황의 특권은 꽤나 분명하다. 수도원이 '자유'라는 선물의 향유를 보증하기 위해서는, '쉐프하우젠 교구의 콘스탄스 주교가 사도좌와 일치하지 않거나 불복종할 경우 …, 수도원장은 서품식과 봉헌식과 같은 모든 주교좌의 기능들을 이행하기 위해서 다른 가톨릭 주교를 요청하거나 혹은 사도좌에게

110) *Reg.* 2, 49, p.188.
111) I. Robinson, *The Papacy*, p.227.

복속하여 완전한 면제권을 지닌다.'[112] 한 주교의 파문은 임시적인 정신적 면제권은 만들어냈으나, 수도원의 입장에서는 영구히 주어진 것이라는 의도로 파악되었던 것이다. 교황에게 봉사하는 종교집단들에게 성 베드로와의 특별한 관계를 맺는 것은 칼케돈 공의회에서 표현되었듯이 고대 교회법의 규범들과는 완전히 상충하는 것이었다.

그레고리우스 7세는 기존의 정치세력인 군주권과 군주들의 지지세력인 성직자에게는 확고한 개혁을 단행하기에 이르며, 자신의 지지기반으로는 교회내의 여러 새로운 세력들 즉 수도원, 수도 참사원, 은수자, 종교적인 집단들에게 교황 특권을 제공하면서 그들의 힘을 불순종한 지방 주교들의 영향에서 벗어나 자유로운 특권을 누리게 함으로써 교황 자신의 입지를 확고히 하는 정책을 펼쳤던 것이다.

(2) 세속인들

① 마틸다 토스카나 백작부인(1050-1115)

그레고리우스는 많은 귀족 여인들로부터 후원을 받았으며, 이는 이후에 그의 적대자들로부터 여성들과의 스캔들을 공격하는 재료로도 악용되었다. 이들 여성들 가운데 가장 많은 영향을 미친 사람은 토스카나의 마틸다 백작부인과 그 모친인 베아트리스이다. 이들은 개혁 교황좌의 종교적으로 가장 충실한 세속 동맹자였으며, 특히 마틸다는 토스카나와 로타링기아의 대사유지를 로마 교회에게 기증하였다. 마틸다의 아버지 보니페이스 카노싸는 토스카나 지방의 매우 온건한 공작이자 후작이었는데, 1052년 사냥 도중 사망하였다. 이듬해 어머니 베아트리스는 로렌의 공작이었던 고드프레이Godfrey the Bearded와 재혼하였다. 당시 교황 레오 9세는 이들의 결합을 인정하고 축복해 주었다. 고드프

---

112) *Reg.* 7, 24, pp.504-505.

레이는 독일인들이 반란을 도모하려고 할 때마다 이들의 불만을 표출하였던 핵심적 인물이었다. 그의 영지는 프랑스 국경의 변경지대에 형성되었다. 한편 플랑드르 백작은 그의 든든한 동맹자였다. 이제 그의 주도하에 제국의 개입에 더 이상 참을 수 없게 된 부유한 토스카나 도시들은 '혁명을 위한 모든 준비'가 자연스럽게 무르익어 가고 있었다. 이로 인해 베아트리스는 남편의 인질이 되어 독일에 감금되었다. 그녀는 하인리히 3세가 사망한 1056년에서야 자유의 몸이 되었다. 남편 고드프레이는 그녀가 오랫동안 포로로 잡혀 있었던 동안에도 반란을 꾀하였다. 하지만 교황 빅톨 2세는 하인리히의 어린 아들 대신 섭정하던 황후 아그네스와 고드프레이를 화해시켰다. 이러한 교황의 노력은 교황좌가 토스카나와 로렌지역을 차지하는 데 기여하였다. 그런데 이 일을 사려 깊게 주선한 이는 베아트리스와 그녀의 어린 딸 마틸다와 친분 관계에 있었던 힐데브란드였다.[113] 고드프레이의 형제인 프레데릭은 추기경 훔베르트와 함께 동서 교회의 화합을 위해 콘스탄티노플로 떠났다. 그러나 그가 1055년 콘스탄티노플에서 돌아오자, 비잔틴 제국의 황제는 교황에게 그들을 체포·구금할 것을 요청하였지만, 교황은 이를 거부하였다. 프레데릭은 신변에 위협을 느껴 로렌에 있는 자신의 오래된 수도원에 은둔하는 대신에 몬테카시노에 있는

마틸다의 부친 보니페이스 3세

113) "Notre Dame" *Saint Gregory VII Pope*, p.80.

마틸다는 중세기 그리스도의 여전사로 유명하다.

수도원으로 들어갔다.114) 이후 빅톨 2세가 사망하자 그는 교황 스테판 9세(1057-1058)로 선출되었다.

마틸다는 공작 엘프 바이에른의 아들인 고드프레이 로렌과 혼인하였으나, 출발부터 순탄하지 않았다. 이들의 부부관계가 소원해진 이유는 개인적인 성격차이 못지않게 정치적인 것이 있었다. 그레고리우스 7세는 그녀에게 수녀 베일을 더 이상 착용하지 말라고 권고하였다.115) 뿐만 아니라 그레고리우스는 고드프레이 로렌이 자신이 계획한 동방 원정을 돕겠다는 약속을 이행하지 않는 것에 실망을 표하면서 그에게 여전히 냉소적인 서한을 보냈다.116)

1077년 카노싸의 굴욕사건에서 하인리히의 사면을 이끌어내는 데 마틸다의 역할은 두드러진 것이었다. 그러나 카노싸에서 하인리히의 사면에 반대하는 세력들 가운데는 독일 제후들이 상당히 있었다. 따라서 그레고리우스가 롬바르디 지역으로 여행하는 것은 매우 위험한 일이었다. 마틸다는 그레고리우스를 보호하는 호위병들을 파견하여 그의 안전을 도왔다. 그해 여름 그레고리우스는 독일로의 여행을 진행하지 못한 채 기회를 기다리면서 토스카나에서 지냈다. 9월 마틸다는

114) 그곳에서 그는 전례에 참례하며 나머지 시간에는 접시 닦기와 야채 씻기 등의 평온한 생활을 하였다. 그는 1057년 여름에 그곳의 수도승들에 의해 수도원장에 선출되었다.

115) *Reg.* 1. 47, 1074년 1월 16일, pp.71-73.

116) *Reg.* 1, 72, 1074년 4월 7일, pp.103-104. 동방원정 계획에 관해서는 *Reg.* 7, 1. H. Cowdrey, "Pope Gregory VII's 'Crusading' Plans", pp.29-31 참조.

그를 경호하여 로마로 되돌아가도록 배려해주었으며, 라테란 궁정의 성 십자가 성당에서 그녀의 영혼과 부모님의 영혼 및 당시 그녀가 가지고 있던 전 재산을 성 베드로 교회에 기부하였다. 시인 돔니조 Domnizo는 그녀의 이 같은 행동을 다음과 같이 묘사하였다.

> 그녀는 자신의 모든 재산을 열쇠의 보유자인 성 베드로에게 의탁하여
> 하늘의 문을 연 성 베드로가 자신의 상속자가 되게 하였으며
> 그녀 자신은 성 베드로의 종이 되었네.[117]

로빈슨 교수는 마틸다는 그레고리우스 7세의 교황좌 동안 아마도 1077년에서부터 1080년에 이르는 기간에 토스카나와 로타링기아에 있던 자신의 방대한 전 재산을 로마 교회에 헌납하려는 의사가 있었으나, 1102년 11월 17일에 가서야 이것이 실행에 옮겨졌다고 지적하였다.[118] 그러나 생애 마지막에 마틸다는 자신의 친족인 황제 하인리히 5세와 화해하였다. 그녀의 사망 후 황제는 그녀의 상속자로서 그녀의 개인 사유지의 소유권을 주장하며, 이를 교황이 상속할 수는 없다고 말했다. 이 문제는 이후 교황 인노켄티우스 2세와 하인리히 5세의 계승

마틸다 백작부인과 자신의 생애를 저술하고 있는 돔니조(당대 베네딕트 수도승 돔니조의 『마틸다 생애』의 권두화에서, 바티칸 코덱스)

117) "Notre Dame", *Saint Gregory VII Pope*, pp.195-196.
118) I. Robinson, *The Papacy*, p.246.

자인 로타르 3세 간의 타협에 의해 해결되었다.[119)]

그레고리우스 7세가 개혁을 안정적으로 지속할 수 있었던 데는 강력한 재정적인 후원 또한 중요한 것이었다. 1084년 7월 망명할 때까지 그레고리우스의 교황좌는 당시 기준에서 비추어볼 때 상당히 안정적이었다. 그레고리우스는 교황 재임기간 대부분의 시간을 성 베드로의 세습 교황령의 주군으로서 수입 확충에 할애하였다. 여기에는 세습 토지로부터 유래하는 세속제후들의 여러 의무, 다양한 지대 및 서비스 등이 포함되어 있었다. 그레고리우스 7세와 하인리히 4세 간의 본격적인 충돌 이후 이들 수입은 황제의 공격에 대항하기 위한 로마 방어비로도 불충분할 정도였다. 교황의 재정적 파탄을 야기한 것은 1082년 5월 사건이었다. 즉 그레고리우스는 황제와의 전쟁을 치르기 위해서 로마 교회의 재산을 저당 잡혀 재원을 마련해야 한다고 제안하였다. 하지만 이 제안은 로마 성직자 회의에서 거부되었다. 이후 재원들은 그의 세속 동맹자들의 긴급 지원으로 충당되었다. 이를테면 1082년 백작부인 마틸다 토스카나는 성 아폴로니오 디 카노싸의 수도원 재정에서 은 700파운드와 금 9파운드를 교황에게 보냈다.[120)] 이러한 긴급 지원은 교황의 주요 수입원이 되었다. 하인리히 4세가 '클레멘스 3세'를 대립교황으로 세우자, 1084년부터 1100년까지 로마 교황좌는 클레멘스 3세가 성 베드로의 교황령의 재원들에 접근하지 못하도록 하였다. 1084년 귀스카르의 노르만 군대들이 로마를 약탈할 때, 마틸다는 대립

---

119) 1133년 6월 8일 교황 인노켄티우스 2세는 황제에게 마틸다의 토지를 수여하였는데, 그 대가로 매년 100파운드의 은을 상납해야 하며, 황제가 사망할 시 그 토지는 로마 교회에 환수해야 한다는 조건이 붙어 있었다. Innocent II, *JL* 7633: (n.8) pp.169-170.

120) Memorandum in the Canossa manuscript of Donizo's *Vita Mathilidis*, *MGHSS* 12, p.385.

교황의 군대들에 맞서 북부에서 항전하였다. 이때 그녀는 로마에서 발생한 일련의 사건의 진상을 파악하기 위해 독일에서 사절들을 파견하였다. 하지만 그녀의 군대는 하인리히의 군대에게 포위되어 6월 중순 경에야 달빛 없는 밤을 틈타 겨우 도주할 수 있었다.

이같이 마틸다는 개혁교황 그레고리우스의 가장 헌신적이고 신뢰할 만한 속인 후원자였다. 이는 그레고리우스가 바로 생애 마지막 순간에 성 안셀름 루카에게 자신의 삼중관을 보낸 것과 사랑하는 딸 마틸다에게 30년간의 성공과 승리가 담긴 축복을 보내는 특별한 메시지를 보냈다[121]는 사실에서도 여실히 드러난다. 그레고리우스의 사망 소식을 전해들은 마틸다는 그 슬픔을 달래느라 많은 시간을 눈물로 보내야만 했다.

② 노르만 공 로버트 귀스카르(?-1085)

교황 니콜라스 2세(1059-1061) 재임 시에 노르만 제후들과 교황청은 공식적인 관계로 발전되었다. 1059년 멜피 공의회에서 니콜라스는 아퀼리아와 칼라브리아의 공 로버트 귀스카르와 아마도 리차드 카푸아에게도 신서의 서약을 받았을 것이다.[122] 로버트 귀스카르의 서약은 그에게 로마 교회의 방어, 교황령 및 교황권의 확장에 조력하겠다는 것이었다. 만일 교황이 사망하면, 그는 '성 베드로의 영예를 따르는' 승계자의 선출과 취임을 준비하는 로마 추기경들, 성직자와 속인의 더 나은 권고를 따를 것이다. 사실상 귀스카르 공은 최근의 선거법령에 서명하였다. 그는 또한 봉신으로서 자신의 토지에 대해 파비아 화폐로

121) "Notre Dame", *Saint Gregory VII Pope*, p.218.

122) 로마 연대기(*Annales Romani*)에 따르면, 니콜라스는 힐데브란드를 리차드에게 급파하여 로마 교회를 보호하기 위해 충성을 다하는 공작의 칭호를 그에게 수여하였다.

12데나리우스를 매해 부활절에 헌납하였다. 당시 대부제였던 힐데브란드는 교황의 이러한 계획안을 효과적으로 이행함에 있어서 종종 주도적인 역할을 수행하였다.[123]

그러나 귀스카르가 교황의 충실한 지지자로서 교황을 방어하기 위해 동맹을 맺은 것은 그레고리우스가 하인리히와의 전투를 행하던 1080년대의 일이었다. 하인리히는 1075년부터 남부 이탈리아에 대한 자신의 종주권을 주장하고 있었다. 귀스카르에게 하인리히의 득세는 자신의 남부 이탈리아 통치권에 대한 위협이기도 하였다. 이처럼 귀스카르가 그레고리우스와 동맹을 맺은 데는 정치적인 이해관계가 숨어있었다. 그는 이미 1073년 아말피의 지배가문이 단절된 후 그레고리우스와 동맹을 체결한 란돌프 제후의 상속자겸 아들인 판돌프를 죽음으로 내몰기도 하였다. 그리하여 1074년 사순절 시노드에서 그레고리우스는 귀스카르와 그의 추종자들을 파문과 영벌에 처하였다.[124] 마틸다 백작부인, 아조 2세 아스테 후작, 기술프 살레르노 제후 등이 그레고리우스의 지지세력이었다. 그러나 이 원정은 어떤 것도 얻기 전에 참패로 끝나버렸다. 1075년 사순절 시노드에서 그레고리우스는 다시 한번 로버트 귀스카르와 함께 그의 사촌 로버트 로리텔로에게 파문령을 내렸다. 왜냐하면 이들이 교황령의 재산을 약탈하였기 때문이었다.[125] 1075년에서 1076년 겨울 동안에 있었던 교황 그레고리우스와 하인리히 4세간의 불화는 그레고리우스와 귀스카르 간의 공동의 이해관계의 문제로서 오랜 세월이 지나서야 해소되었다. 그러나 1076년에서 1077년 겨울동안 로버트 귀스카르의 살레르노의 포위와 함락은 그레고리우

123) H. Cowdrey, *Pope Gregory VII*, p.47.
124) *Reg.* 1, 8, p.123.
125) *Reg.* 2, 5, p.197.

스의 우호적인 정치적 동맹 관계를 파기하는 것이었다. 그럼에도 불구하고 그레고리우스와 귀스카르는 여전히 비잔틴에 대해 공통의 이해관계를 가지고 있었다.교황과 노르만 공은 몇 년간 평행선을 달리고 있었다. 1073년 이래로 그레고리우스는 동방과 서방 교회들의 통일을 모색하기 위해 비잔틴 황제 미카엘 7세 두카스(1071-1078)와 접촉하고 있었다. 귀스카르 역시 미카엘과의 오래된 관계에 관심을 기울이고 있었다. 그리하여 1074년 그가 자신의 어린 딸과 미카엘의 맏아들을 약혼시키겠다는 내용의 혼인동맹을 체결함으로써 확고한 발판을 마련하였다. 그러나 그레고리우스와 귀스카르의 관계는 불운하게 끝이 났다. 1078년 10월 나세포루스 3세 보타니아테스Nicephorus III Botaniates(1078-1081)가 미카엘의 황제 직위를 박탈한 것이다. 더욱이 1080년 귀스카르에게는 이탈리아에 대한 독일 군주 하인리히 4세의 보다 많은 개입을 환영할 어떤 이유도 없었다. 귀스카르에게 자신의 군주권을 주장하던 하인리히는 1080년 3월 7일 로마에서 그레고리우스에 의해 재차 폐위와 파문령에 처해졌다. 이때 몬테카시노 수도원장 데시데리우스는 희망을 만들 수 있는 협상자로서 자신의 수도원과 교황청의 이해를 위해 나서게 되었다. 이는 노르만 공 귀스카르와 노르만 제후 카푸아를 교황청의 방어자와 동맹자로서 세웠으며, 또한 이들에게 몬테카시노 수도원의 후원자가 되도록 만들었던 멜피 시노드 협약의 이행을 복원하려는 것이었다.[126)]

한편 교황청과 노르만인과의 동맹은 신속하게 재개되었다. 1080년 사순절 시노드에서 공포된 그레고리우스의 법령은 이전의 법령들보다 훨씬 온건한 것이었다. 그는 아직 침략 당하지는 않았지만 페르모의 일부지역, 스폴레토, 캄파니아, 마리티마, 사비나, 몬테카시노 수도원

126) H. Cowdrey, *Pope Gregory VII*, p.433.

의 전 재산 그리고 베네벤토를 침략하거나 파괴하려는 사람들에게 파문령으로 위협하였다. 그러나 그는 그들의 토지의 주민들을 합법적으로 괴롭혔던 이들 노르만인들에게 그 자신 혹은 자신의 대리인들에 의한 법률적인 구제책을 약속하였다. 만일 법정이 그들을 거부한다면, 그들은 그들 자신의 과오에 비례하는 조치들을 취하게 될 것이다.[127) 그해 여름 행운의 여신은 하인리히에게 미소지었다. 마틸다는 자신의 롬바르드 이웃들에게 진압되었으며, 귀스카르는 그리스 전투에 참전 중이었다. 알렉시우스 코메누스(1081-1118)가 비잔틴 황제 미카엘의 지위를 박탈하고 제위에 오른 반면, 10월 15일 군주 루돌프는 고드프레이 빌롱의 손을 통해 메르스부르그에서 전사한 미카엘의 시신을 받게 되었다. 작센지방에서는 다시 반란이 일어났다. 그러나 지도자가 없는 작센인들을 하인리히는 두려워하지 않았다.

1081년 3월 하인리히의 군대는 로마를 향해 진군하였다. 이즈음 귀스카르의 군대는 동방에서 전투 중이었다. 그러나 로마는 제국의 군대에 포위되지는 않았다. 여름의 폭염으로 인해 하인리히는 군대를 철수할 수밖에 없었다. 그 후 3년간 그의 대립교황은 캄파나를 위협하였으며, 그에게 은밀히 봉사하는 사람들은 로마로 자금을 보냈다. 동방의 알렉시우스 황제는 하인리히와 동맹을 맺고 자신의 군자금을 잘 공급해주어 이탈리아에서의 전투가 그리스에 대한 침탈을 완화시켜줄 것을 희망하였다. 노르만인들이 그의 바랑제르Varanger 용병에 대해 큰 승리를 하였을지라도, 귀스카르가 그의 인민들이 곤경에 처한 것을 못 본체 할 것이라고 생각할 수는 없었을 것이다. 그레고리우스 진영에는 인력과 재원이 부족하였다. 마틸다는 북부에서 심한 압박을 받고 있었으며, 그녀가 소유한 황금 접시를 비롯한 카노싸에 축적되어 있는

127) *Reg.* 7, 14, p.481.

모든 가보는 그레고리우스의 전투를 돕기 위해 사용되었다.

그레고리우스의 말과 군대에도 불구하고 1082년 3월 하인리히는 또다시 로마와 로마 시민들을 위협하였으며, 1083년 4월에는 더 큰 승리를 거두었다. 고드프레이 빌롱이 레온 방어에서 허점을 드러내 티베르 강의 서쪽 전 지역을 내주게 되었던 것이다. 그해 봄 하인리히는 바티칸에서 그의 법령을 공포하였다. 교황은 성 안젤로 성으로 피신하였고, 귀스카르에게 서한을 쓰기를 그의 서약 시에 그 앞에서 했던 "아버지로서 아들에게"로 시작하여 말미에는 "우리는 다른 어떤 제후보다도 아들인 당신에게 의지한다"고 끝을 맺고 있었다. "우리는 우리의 봉인된 인장을 이 서한과 함께 보내 적들이 그것을 가져가 사악한 의도로 사용되지 않기를 우려하고 있다." 귀스카르는 이러한 메시지를 전해 받은 즉시 전장을 자신의 맏아들 보헤문드에게 맡기고 이탈리아로 향하였다. 그는 병사들에게 다음과 같이 연설했다.

> 우리는 신의 목소리에 언제나 복종해야만 한다. 나는 주군이신 교황의 명령에 복종하기 때문에 가야만 했다. 나는 나의 아버지 탄크레드의 영혼을 걸고 당신들에게 맹세하노니, 내가 다시 여러분에게 돌아올 때까지 나는 몸을 닦지도 면도를 하지도 않을 것이다.

그러나 귀스카르의 진군은 오랫동안의 폭풍우를 견디어야 했으며, 고향에서는 무질서가 그를 기다리고 있었다. 해결해야 할 일들이 산적해 있었다. 한편 로마에서는 중요한 변화가 일어났다. 1083년 여름 그레고리우스에게 유리한 일들이 전개되었다. 6월 로버트 귀스카르가 칸내Cannae에서 일어난 반란군을 진압하였으며, 제후 조르단 카푸아와 다시 평화를 회복하기 위해 그에게 갔다. 두 노르만 제후들 간의 일종의 화합이 조성되었다. 백작 로버트 귀스카르는 금화 3만 솔리두스 이상을 교황을 돕기 위해 보냈는데 이는 하인리히가 비잔틴으로부터 받았던 재정지원금을 상쇄하는 것이었다.[128] 하인리히는 1083년에서 1084년 겨울을 로마 근교에서 보냈다. 그 후 11월 교황은 '제국과 교황좌 간의 전투를 종결하기 위해 라테란에서 시노드를 개최'하였다.

〈표 2〉 1080-1082년 신성로마제국의 내전 상황

	하인리히 4세 진영	교황 그레고리우스 7세 진영
각기 인정하는 대립 인물	대립교황 클레멘스 3세 (귀베르트 라벤나)	대립군주 루돌프 슈바벤 공
지원 세력	롬바르드 주교들, 비잔틴 황제 알렉시우스	노르만 공 로버트 귀스카르, 마틸다 토스카나 백작 부인, 고드프레이 빌룡

1084년 3월 21일 하인리히는 로마로 진군하려는 모든 희망을 포기하려던 때, 라틴 광장의 성 요한 성당의 문을 그에게 열어준 교황청내 반역자들을 발견하였다. 하인리히는 지도자급 시민들과 서약을 하였다. 그 서약에는 하인리히가 교황이 사망하거나 피신해 있지 않는다면 성탄절 이전에 성 베드로 교회에서 자신의 대관식을 가지겠다는 것이었다. 하인리히는 자신이 임명한 대립교황 클레멘스 3세가 있었을지라도 그레고리우스에게서 대관받기를 원했다. 그러나 그레고리우스는 또 한번 성 안젤로 성으로 피신해야했다. 3월 24일 성지주일에 세 명의 파문당한 주교들이 성 베드로 성당에서 대립교황 클레멘스 3세에게 서품되었다. 1주일 후에 하인리히와 베르타는 서구의 황제이며 황후로서 이 대립교황에 의해 대관되었다.

128) Lupus Protospatarius, *Chronicon*, 1083, p.61 / I. Robinson, *The Papacy*, p.245 재인용.

5월 21일 하인리히는 용맹스러운 군인들에게 충분한 보상을 하고 빨리 돌아올 것을 약속하고 북부로 떠났다. 그 주에 귀스카르와 그의 3만 명의 군대가 6천 마리의 말을 타고 캠푸스 마르티우스 진영을 공격하여 그 도시를 포위하였다. 그레고리우스는 전시 상황에서 행렬을 통해 성 안젤로 성에서 라테란으로까지 호위되어 왔다.[129] 그러나 노르만인들과 사라센인들의 혼성부대였던 귀스카르 군대는 로마인들을 살인하고 전리품을 약탈하였다. 콘술 센시오는 가옥의 방화를 조언하였다. 이와 관련하여 귀스카르는 '로마인들은 쓸모없는 배신자들'이라고 하며, "그들은 신의 신성한 교회에 결코 감사하지 않으며, 앞으로도 그러할 것이다. 나는 그들의 죄로 물들은 이 도시에 불을 질러 신의 가호로 이곳을 새롭게 건설하여 알프스를 넘어온 새로운 사람들로 채울 것이다."[130]라고 말했다. 그리하여 수천 명의 로마인들이 투옥되었다. 일부 교회들과 공공건물들은 교황의 방어에 내맡겨져 손해배상의 약속을 하게 되었다. 노르만인들의 잔혹성에 경악한 모든 로마인들은 수만의 황금보다도 황제에게 마음이 쏠리게 되었다. 비록 로마가 이전에 반달족, 고트족, 훈족 등에게 심한 약탈을 당하였을지라도, 이와 같이 참혹한 피해는 결코 경험하지 못하였다. 귀스카르의 군대는 콜로세움과 라테란 성당 사이에 있는 모든 것을 불태워 버렸다. 이제 그레고리우스는 더 이상 자신의 도시인 로마에 안전하게 머무를 수 없게 되었으며, 노르만 공과 함께 남쪽으로 떠나는 것 이외에는 어떤 선택도 할 수 없게 되었다.

그레고리우스 7세는 살레르노에서 약 1년여 기간의 망명생활 도중 1085년 5월 25일 죽음을 맞이하였다. 그레고리우스가 사망하자 귀스카

---

129) *Ibid.*
130) "Notre Dame", *Saint Gregory VII Pope*, pp.208-209.

그레고리우스 7세의 임종

르도 그 충격으로 인해 몇 주 지나서 갑작스럽게 죽었다. 귀스카르가 그레고리우스를 잃은 슬픔은 자신의 아내와 자식들을 잃었을 때보다도 훨씬 더 충격이었다.[131] 그러나 코주리 교수는 귀스카르를 포함한 노르만인들의 그레고리우스에 대한 협력을 거의 예외적인 일로 평가하였다. 그들은 결코 믿음직스러운 성 베드로의 봉신이 아니었다는 것이다. 이들은 자신들의 이해관계가 있을 경우에만 충성하는 사람들이었다. 로버트 귀스카르의 세 번의 파문에서도 알 수 있듯이, 이들은 그레고리우스에게 심각한 문제들을 야기시켰던 것이다. 그러나 코주리 교수 역시 남부 이탈리아에서의 그들의 존재가 그레고리우스에게도 중요한 것이었음을 인정하고 있다. 이들은 그레고리우스가 남부 국경선을 주요한 적들로부터 확고히 방어할 수 있는 역할을 하였다. 노르만인들이 이슬람으로부터 시실리를 되찾은 것은 그레고리우스에게 로마 교회에서 가장 멀리 떨어진 곳에까지 그리스도교적 생활과 질서를 재확립하려는 희망을 심어주었다는 것이다.[132]

131) *Ibid.*, p.220.
132) H. Cowdrey, *Pope Gregory VII*, p.439.

제4장

교황 수장제 교회정부의 실체화

그레고리우스는 자신의 개혁을 조직적이고 체계적이며 지속적인 것으로 만들기 위한 법제적 제도화가 필요하였다. 이러한 조치 가운데 하나로 그는 먼저 개혁을 지속적으로 수행할 수 있는 교황 자문조직인 추기경단을 강화하였다. 교황은 여러 문제를 판단함에 있어 이들의 의견과 조언을 반영하여 결정을 내렸다. 그는 또한 시노드를 활성화하여 정례적인 모임, 일정한 수의 참석인원, 다수의 수평적인 토의 과정을 통해 민주적인 방식을 시도하였으며, 로마 시노드를 그의 교회 개혁의 중요한 수단으로 활용하였다. 그레고리우스는 이러한 시노드에서의 결정 사항을 널리 알리고 책임 있게 수행할 유능하면서도 신뢰할 수 있는 특사제도를 발전시켜 자신의 개혁을 안정적으로 정착시키려 노력하였다.

1. 추기경 제도

1) 개혁 교황좌 시기(교황 레오 9세-1073)

개혁 교황좌는 새로운 통치 조직을 만들어냈다. 이러한 새로운 통치 조직은 이미 로마 교회에 봉사하면서 오랜 역사를 가진 추기경들의 변화된 모습에서 찾을 수 있다. 이전 교황좌에서는 추기경들이 통치 목적을 위해 고용되지 않았다는데 있다. 추기경들의 의무는 언제나 전례를 담당하는 일에 치중하였다. 그러나 개혁 교황좌는 추기경들을 교황의 주요 조언자들이자, 그의 정부의 핵심적 행정가들로 전환시켰다.[1] 이들 추기경들은 더 이상 구 로마귀족에게서 채용되지 않았기 때문에 이들은 점차 국제적인 성격으로 변모해 갔다. 그들은 귀족의 지배로부터 교황좌의 자유를 획득하는 데 주도적인 역할을 담당하게 되었다. 그러면 먼저 개혁 교황좌 이전시기의 전반적인 상황이었던 교황청에 대한 로마귀족들의 영향력부터 살펴보도록 하자.

(1) 로마귀족 가문의 영향

카로링조 시기의 법률은 부당한 지방 압력으로부터 교황 자신들을 보호하려는 의도를 지닌 것으로 한 사람의 교황을 옹립하는 데 로마 성직자의 독립을 선포하였다. 교황 스테판 3세는 사제들과 부제들의 영향력을 확대시키려는 시도를 하였다. 교황은 769년에 한 시노드를 개최하여 교황선출에 관한 새로운 법령을 공포하였다. 오로지 로마의 성직자만이 한 사람의 교황을 선출할 자격이 있으며, 사제급 추기경들과 부제급 추기경들이 유일하게 적합한 선출 후보들이었다.[2] 선출된

---

1) I. S. Robinson, *The Papacy*, pp.16-17.

새로운 교황은 라테란 궁으로 옮겨가 살았으며, 그곳에서 그는 통치자들과 군대의 장성들, 상층 시민들과 로마 시민 공동체 등의 모든 주군으로서 충성의 서약을 받을 수 있었다. 이러한 절차가 진행되는 동안에는 어느 누구도 이웃의 지역으로부터 로마로 들어오는 것이 허용되지 않았다. 교황 그레고리우스 2세의 『사목서*Liber Pontificalis*』에서 암시하듯이, 이 법령은 다음 선출에서도 뒤따랐으나 이 법령이 지방 가문의 영향을 막아내지는 못하였다.

속인은 성직자가 뽑은 교황을 '우리의 주군으로서' 맞이해야만 했다. 817년 루이 경건왕의 협약*Pactum*은 선출이 로마인의 손으로 이루어져야 함과 외부의 어떤 이도 그들의 의지를 거부하는 개입을 할 수 없음을 확고히 하였다. 824년 로타르 1세의 '로마 법령'은 어떤 외부의 로마인도 로마인들의 교황을 선출하는 그들의 고대적인 권한을 행사하는데 로마인을 방해해서는 안 된다는 것을 거듭 알렸다. 그러나 선거과정이 어떻게 진행되어야만 하는지에 대해서는 거의 언급하지 않았다. 실제로, 이것은 로마와 그 인접지역에서 이해를 가진 파당들의 압력을 열어놓은 것이 되었다. 로마 가문들은 교황청과 교황의 행정부에 대해 일련의 지배를 하게 되었다. 962년 오토 1세의 대관식 이후, 독일의 통치자들은 그들의 상황과 소망에 따라 로마 가문들의 영향력을 증가시킬 수 있었으며, 교황선출에서 결정적인 입김을 가질 수 있었다.

960년부터 1040년까지 80년 간 로마와 교황청에 관한 역사의 많은 부분이 근대 사가들에 의해 편리하게 크레센티안Crescentians 가문과 투스쿨란Tusculans 가문이라 명명되는 두 가문 혹은 족벌의 역사라는 측면에서 서술되었다. 그들은 크레센티안을 다시 스테파니안과 옥타비안이라는 두 가문으로 나누고, 이 두 가문 모두는 테오피렉트 가문에서 유래한

---

2) *Coll, can*. 2. 161, p.268 / H. Cowdrey, *Pope Gregory VII*, p.4 재인용.

다고 파악하였다. 975년부터 크레센티안은 사도좌의 보호자 혹은 지지자로서 그들의 기능을 표현하기 위해서 보호자*patricius*라는 명칭을 부활시켰다. 테오피렉트와 알베릭이 로마에서 실질적인 주인이 되었던 반면, 크레센티안들은 권력의 균형이라는 측면에서 교황들과 권력을 공유하고자 하였다.

허약하고 무능한 교황들이 개별적으로 사도좌로서 로마의 위엄, 즉 성 베드로와 성 바오로의 사도들의 왕좌에 등장하였던 시기는 바로 10세기의 한 특징이었다.[3] 1012년 로마에서 크레센티안의 지배는 백작 그레고리우스 투스쿨란의 아들인 테오피렉트가 교황으로 선출되면서 종말을 맞이하였다. 테오피렉트는 교황 베네딕트 8세(1012-1024)가 되었고, 그의 형제인 교황 요한 19세(1024-1032)에 의해 계승되었다. 두 사람의 명망 있고 유능했던 교황들은 다방면에서 1046년 이후 개혁 교황들의 준비기이며 전조였다. 투스쿨란 가문은 보호자(파트리키우스)라는 용어를 사용하지 않았다. 그 가문은 가문의 자원들을 이용하여 공공질서를 유지하면서 로마 교회의 재원들을 관리하는 데 도움을 주었다. 설령 베네딕트와 요한이 그들 가문의 지방적 지원으로부터 성직을 얻었을지라도, 이들은 선한 의지를 지닌 인물들이었으며, 황제 하인리히 2세 및 콘라트 2세와 여러 측면에서 상호 연대하였다.

그러나 투스쿨란 교황권의 미약한 이점은 다음 세대의 교황인 베네딕트 9세 때에 광채를 잃었다. 그의 12년간 교황 재위기간은 1044-1049년까지의 교황청을 파국의 위기로 몰아가고 있었다. 설령 교황청이 오랜 기간 동안 행정적 경제적 측면에서 상당한 정도의 지방적 지원을 상실하였다는 것이 과대평가 되어서는 안 될지라도, 교황청과 이들 두 가문들 간의 관계가 양편 모두에게 이득이 없었던 것은 아니었지만,

---

3) H. Cowdrey, *Pope Gregory VII*, p.6.

산타 마리아 마조레 성당의 에스퀼리노 광장

그 기간에 크레센티안가와 투스쿨란가는 교황의 업무를 지배하기 위한 그들 대부분의 능력을 상실하였다. 그레고리우스 7세가 로마에서 대부제로서, 그리고 교황으로서 그것을 인식했을 때, 그 관계는 심각하게 악화되었다. 교황 베네딕트 9세가 1055년 타계한 후, 특히 투스쿨란 가문은 정치적 사건의 주변부로 밀려났다.[4)]

11세기 말엽 교황청과 제국 간의 갈등이 표출되었을 때 이들 로마귀족들은 자신들의 강력한 동맹을 이끌어냈다. 서임권 투쟁기 동안 구 로마 가문들은 신성로마제국의 하인리히 4세 및 하인리히 5세를 지원하였고, 로마 교회의 제국적인 대립교황들을 세우는 것을 가능하게 하였

4) 그럼에도 불구하고 투스쿨란가家와 크레센티안가 양가는 모두 토지소유의 유형에서 의미있는 위치를 점한다. 투스쿨란가의 재산분배에 대한 증거는 몬테카시노와 연관된 자료들로부터 거대한 양이 나온다.

다. 그레고리우스 7세의 교황좌의 시작 때에 개혁 교황청에 반대하는 로마귀족의 지도자는 크레센티안 가문의 일파인 센시우스 스테파니였다. 그는 1075년 성탄절에 교황을 성 마리아 마조레의 바실리카에서 유괴하여 감옥에 가두었다. 그러나 교황의 지지자들은 금방 그를 구해주었으며 센시우스는 하인리히 4세의 궁정으로 도피할 수밖에 없었다.[5] 구 로마귀족 가문들은 그레고리우스 개혁의 적대자들이었다. 군주 하인리히 4세가 대립교황 클레멘스 3세를 옹위하였을 때 이들은 그를 지원하였다.[6]

(2) 1059년의 교황선출 법령

이러한 로마귀족의 막강한 영향력 하에 있던 교황좌는 교황 레오 9세 때부터 교회 개혁을 시도하였고 더욱이 신성로마제국의 황제 하인리히 3세는 그의 개혁을 강력히 지지하는 후원자였다. 이러한 개혁 열기는 1059년 4월 13일에 교황 니콜라스 2세의 부활절 시노드에서 113명의 주교들을, 그들 가운데 거의 대부분은 이탈리아인들로서 라테란 바실리카에 모이게 하였다. 이때 교황선출에 관한 선거법령을 공포하였다.

> 우리 선조들과 다른 신성한 교부들의 권위로 우리는 다음과 같은 법령을 공포하고 명령한다. 이 보편적 로마 교회의 주교가 사망했을 때, 주교급 추기경들이 가장 먼저 힘써서 선출에 관해 함께 협의할 것이다. 그런 다음 그들은 다른 사제급 추기경들을 소집할 것이며, 그 후 나머지 성직자

5) Bonizo of Sutri, *Liber ad amicum* (n.5) pp.606, 610-611. 관련 논문으로는 G. B. Borino, "Cencio del prefetto Stefano l'attentatore di Gregory VII", SG 4 (1952), pp.373-440.

6) I. Robinson, *The Papacy*, p.7.

와 인민들이 새로운 선출에 대한 자신들의 동의를 하게 될 것이다. …[7]

이 교황 선거법령에서는 공석이 된 교황좌의 선출에 가장 먼저 관여할 수 있는 사람들은 주교급 추기경들로 명시하고 있다. 이는 주교급 추기경들의 손에 교황선출의 주도권을 주었던 것이다. 주교 선출 시 메트로폴리탄의 경우와 유사한 것으로, 주교급 추기경들이 교황좌의 보편적 역할을 대신하는 것이었다. 선거법령은 니콜라스 2세의 선거에서 도시주변 주교들의 역할을 만들어주었으며, 황제 하인리히 3세가 강하게 행사했던 독일 군주측의 주장을 일축하였다. 사실 1059년 이전에 교황을 선출하는 일에는 독일 군주의 역할이 중요하였다. 그레고리우스의 반대자인 벤조 알바Benzo of Alba의 언급에서 "하인리히 3세의 생애 동안 1056년 훨씬 이전에 힐데브란드는 많은 주교들이 참석한 자리에서 하인리히 3세와 그의 아들이 살아있는 한 힐데브란드는 군주의 동의 없이 그 자신은 물론 그가 할 수 있는 한 다른 이에게도 교황직을 받아들이지 못하게 할 것이라는 서약을 하였다"는 것이다.[8] 1073년에 그레고리우스는 작센 주교들과 제후들에게 보낸 서한에서 "하느님이 그 자신의 최근 선출을 분명히 선포하였기 때문에, 그가 한때 서약했던 것을 근거로 이 선출을 거부할 수가 없다"[9]는 언급을 통해 그가 한때 이러한 종류의 서약을 했던 것을 알 수 있다.

힐데브란드는 짧지만 매우 중요한 교황좌 시기였던 교황 니콜라스 2세 때에 교황의 고정적이자 성실한 조력자로 활동하였다. 이후 저술가들은 힐데브란드가 시에나에서 니콜라스 2세의 선출[10]과 그의 경쟁자

7) B. Tierney, *The Crisis of Church and State*, p.42.
8) Benzo of Alba, 7. 2, p.671/22-34.
9) *Reg.* 1. 39, 1073년 12월 20일 서한.
10) 전임교황이었던 스테판 9세(1057-1058)는 대공 로렌 고드프레이의 동생으로

베네딕트 10세의 폐위 이후 로마에서 니콜라스의 대관식을 주관하는 일을 주도하였다고 본다. 그러나 코주리 교수는 이 법령의 성립에 주로 주교급 추기경들, 아마도 피터 다미안과 훔베르트가 주도적인 활동을 하였을 것으로 파악하였다. 직접적인 증거도 없이 힐데브란드가 그것에 관여했거나 혹은 전적으로 승인했다고 가정할 수는 없을 것이며, 그는 그것을 작성하지도 않았을 뿐만 아니라, 그의 경력에 어떤 영향도 미치지 않았다는 것이다.[11] 이 시기는 힐데브란드의 대부제 시절로 그가 선거법령에 관해 적극적으로 참여하지 않았던 것으로 보인다.

(3) 교황 그레고리우스 7세의 선출

그러나 이들 주교급 추기경들이 교황선출을 할 수 있는 선거인단으로서 정착된 것은 그레고리우스 7세 교황좌 이후의 일이었다. 11세기와 12세기에서의 교황, 주교, 수도원장 혹은 군주의 선거는 선거인과 피선거인 모두에게 있어서 무엇보다도 하나의 종교적인 경험으로서 간주되었다. 선거인들은 함께 모여서 신의 의지가 자신들의 만장일치 선거를 통해 그 자체로 표현될 수 있을 것으로 생각하였다. 그리하여 메쯔의 수도원장 와로Walo는 1073년 그레고리우스 7세의 선출에 관해 다음과 같이 서술하였다.

서 교황 레오 9세 시기에 개혁에 동참했던 인물로, 그의 교황좌 동안에도 개혁을 지속하였다. 교황은 피렌체에서 서거하였다. 그리하여 피렌체의 주교였던 제라르가 시에나에서 교황으로 선출되었다. 이에 일부 로마귀족들은 벨레트리의 주교 요한을 교황 베네딕트 10세로 선언하였다. 이들은 투스쿨란 가문을 지지하였으며, 교회 개혁에 반대하였다. 로렌 고드프레이 대공이 군대를 동원하여 교황을 안전하게 로마로 데려와 대관식(1059년 1월 24일)을 거행하였다.

11) H. Cowdrey, *Pope Gregory VII*, pp.44-45.

성령의 활동이 없었다면 그렇게 광범위한 만장일치와 그렇게 위대한 조화를 이룰 수 있는 곳이 어디 있는지 나는 묻고 싶다고 반문하였다.

선거는 신의 영감을 얻어 만장일치에 이르러야 하며, 일반적으로 군주 선출의 경우에서는 고대적 관행에 의해 기존의 선거 절차에 따라 진행되었고, 교회의 선출인 경우에는 교회법에 따랐다. 한 사람의 교황을 선출하는 과정들은 1059년의 선거법령이 모델이 되었다. 1059년 교황 선거법령은 한 세기 동안 강제적으로 남아있었고, 15번의 선거를 이 시기에 치렀다.[12)]

1059년의 원판 선거법령에 의하면 보편적인 로마 교회 교황의 선거에 관해, 먼저 주교급 추기경들이 가장 주도적인 역할을 행해야 하며, 그런 후 그들은 사제급 추기경들을 소집하고, 나머지 성직자와 인민들이 새로운 선거에 대해 동의를 하는 것이었다. 1059년 선거법령 이후 개정판에서는 교황선출의 주된 역할이 주교급 추기경들에서 추기경이라는 용어로 대체되었다. 교황선출에 관한 남아있는 자료들을 통해보면 실제적으로 주교급 추기경들이 선거원판에서 그들에게 주어졌던 역할을 수행하는 것에 종종 어려움을 겪었다.

그레고리우스 7세의 교황선출에 관해서는 우호적인 측과 적대적인 측 모든 사료에서 군중의 소요적인 착좌에 관해 언급하였다. 군주 하인리히 4세의 편에 있었던 독일 주교들은 1076년 1월에 그레고리우스에게 복종하는 것을 거부하였다. 그들이 주장하는 불복종의 이유 가운데 하나는 군중적인 소요에 의한 선출은 '추기경들의 선출'이라는

12) 1159년에서 1177년의 교황분열기 이후 새로운 법령에 대한 요구가 생겨났고, 1059년의 법령은 교황선출을 통제하는 새로운 법령에 의해 1179년 3차 라테란 공의회에서 폐지되었다.

1059년의 선거법령의 측면에서 어긋난다는 것이었다.[13] 그러나 11세기 대부분의 관찰자들은 1073년 4월 22일의 소요적인 선거를 '성령에 의한' 선출로 인정하였다. 단지 인간의 과정들은 '성령의 영감'에 이끌려 이루어졌다는 것이다. 성령에 대한 직접적인 언급은 교황 선거법령의 불필요한 절차들로 간주되었다. 1085년 5월 살레르노에서 그레고리우스의 수행원들은 그의 임종을 지켜보면서, 그러한 위기 상황에서 후계자의 선출은 매우 어려울 것이라는 점이 명백해졌다. 그리하여 주교들과 추기경들이 임종하려는 그레고리우스 교황에게 후계자로 원하는 인물을 물어보았을 때, 교황은 루카의 주교 안셀름 2세, 추기경 주교 오도 오스티아, 대주교 휴 리용을 적합한 후보자들로 거명하였다.[14] 1059년의 법령은 교황이 자신의 후계자를 지명하는 권한에 대한 언급이 없었다. 그러나 이러한 절차는 11세기 말엽 교회법학자들에게 알려진 고대 문헌에서 이미 권고된 것이었다.[15] 1059년의 선거인단은 영향력 있는 교회법 책자인 『74개조 모음집』 혹은 안셀름 2세 루카의 교회법 모음집을 통해서 이를 알고 있었을 것이다.

11세기 말엽의 선거는 지연이라는 위험에 직면하였다. 1085년 5월 25일 그레고리우스 7세의 사망으로 그의 승계자 빅톨 3세가 1086년 5월 24일 교황으로 선출되기까지 근 1년간 공석으로 있었고, 1087년 5월 9일 신임 교황으로 서품되기 전 근 1년이 지나갔다. 그해 9월 16일 빅톨의 사망 이후 우르반 2세의 선출이 이루어지기까지는 또 6개월이 지연되었다. 군주 하인리히 4세와 대립교황 클레멘스 3세는

---

13) I. S. Robinson, *Authority and Resistance in the Investiture Contest* (Manchester, 1978), pp.33-39.

14) H. Cowdrey, *The Age of Abbot Desiderius of Monte Cassino* (Oxford, 1983), pp.181-185.

15) 이는 499년의 교황 심마추스의 로마 시노드의 법령에 의한 것이었다.

이러한 갑작스럽고 위험한 지연의 날들을 이용하였고, 1085년에서 1088년까지 그레고리우스 개혁파의 마비사태로 인해 정치적인 수세와 내부적인 분열이 일어났다. 그러나 그레고리우스파인 우르반 2세의 교황 승계가 이러한 상황을 종식시켰다.

2) 그레고리우스 7세 시기의 변화

오늘날의 추기경단이 행해야 할 가장 중요한 의무 가운데에는 교황을 선출하는 일일 것이다. 그러나 교황 그레고리우스 7세 때에 추기경단은 교황을 선출하는 일보다는 그레고리우스의 개혁운동에 중요한 조언자이면서 협력자들이었다. 그리하여 추기경의 일차적인 의무는 교회 개혁이었으나 그들의 주된 역할이 또한 전례적인 것이었음을 잊어서는 안 될 것이다. 이들과 그레고리우스의 유대는 더욱 강화되었다. 왜냐하면 그가 로마에 있을 때마다 로마의 교회들과 바실리카에서 돌아가면서 교회력에 따라 전례를 행하는 추기경들의 지도자였기 때문이었다. 이것은 고대의 관습을 따른 것이었다. 그렇다면 이들 추기경들이 어떻게 교황선출을 담당하는 추기경단 조직으로 발전해 갔는가? 이러한 변화는 그레고리우스 7세 말기의 대립교황의 등장으로부터 서서히 일어났다.

(1) 주교급 추기경

1050년부터 1100년의 기간에 로마의 추기경단은 로마라는 한 도시의 지방적 기구로서의 역할을 끝내고 보편 교회의 제도가 되었다. 이러한 변화가 일어나기 전의 추기경단의 기능은 순전히 전례적인 것이었다.[16] 주교급 추기경에 관한 첫 번째 언급은 교황 스테판 3세

(768-772) 시기에 등장한다. 769년 스테판에 의한 라테란 시노드에 의하면, 로마 교회 내의 사제급 추기경 혹은 부제급 추기경 중의 1인만이 (교황으로) 선출되어져야 한다.[17)]

성직자 개혁 과정을 추진하던 스테판 교황은 라테란 성당에서 한 주 동안 서비스를 수행하였던 7명의 주교급 추기경들에게 주일마다 성 베드로의 중앙 제단에서 미사를 집전해야 한다고 명령하였다. 그가 라테란 성당에서 주일 미사를 홀로 지키는 동안 아마도 그들은 교황의 대리자로서 행동하였을 것이었다. 전통적인 해석과는 달리 이러한 규정이 스테판 시기부터 7명의 주교급 추기경들이 라테란 바실리카에 소속되었음을 의미하지는 않는다. 사실상 이러한 행위는 이미 존재해오던 것으로 묘사되었다. 여기서 새로운 것은 성 베드로에게 봉사하는 것에 있었다.[18)]

그러나 주교들이 이들 7명에 속해 있었던 것은 12세기까지 확고하게 정립된 것은 아니었다. 이 법령에서 장로들의 한 집단을 특별히 교황에게 묶여있는 "추기경들"로서 언급하였다. 이것은 8세기에 아마도 교회마다 하나씩 있었던 명목상의 교회 대표들이 한 상위 인물로 하여금 교황 통치를 이야기하도록 하였다. 전체 장로들의 대표에서 나온 매우 드문 이들 선출은 추기경 제도의 발전에서 중요한 단계였다. 그리하여 '추기경'이라는 미래의 타이틀은 본래 이 집단에서 유래되었던 것이었다. 이들과 함께 법령은 부제들에게도 새로운 중요성을 언급하였다.

7명의 '주교급 추기경들'은 라테란 바실리카에서 매주 돌아가면서 전례 의식을 이행할 의무를 가지고 있었다. 그리하여 간혹 어떤 자료들

---

16) I. Robinson, *The Papacy*, p.33.
17) H. Cowdrey, *Pope Gregory VII*, p.4.
18) B. Schimmelpfenning, *The Papacy*, p.83.

에서는 이들을 '라테란의 주교들'이라고도 불렀다. '추기경'이란 명칭[19]은 로마시 성벽 안에 등록된 교회들을 주관하였던 28명의 사제들에서 유래하였다. 그들은 4개의 교구 바실리카에서 매주 의례에 대한 책임을 졌는데, 7명의 주교급 추기경들은 성벽 안에 있는 성 베드로 성당, 성 바오로 성당, 성 마리아 마조레 성당, 성 라우렌스(라테란) 성당에서 순차적으로 예식을 담당하는 일이었다.

산타 마리아 마조레 성당의 기공식 장면(위에서 예수와 그의 어머니 마리아가 내려다보고 있다)

그리하여 사료들에서는 이들을 성 베드로, 성 바오로, 성 마리아, 성 라우렌스의 추기경들로 명명하였다. 11세기 중엽에 7명의 주교급 추기경들은 오스티아, 포르토, 알바노, 팔레스티나, 실바 칸디다, 라비아쿰, 벨레트리 등이었다. 1060년부터 1073년 사이에 라비아쿰은 투스칼룸으로 바뀌었고, 벨레트리는 오스티아와 통합되었다. 그렇게 만들어진 공석은 사비나로 채워졌다. 그레고

19) 추기경은 단순히 로마의 원로 사제들이었다. 용어 자체는 경첩 혹은 이음쇠를 뜻하였다.

리우스 7세 교황좌 시기에 실바 칸디다는 공석으로 남겨졌으며, 1079년부터 세니가 그 직위를 위임하였다. 주교급 추기경들은 그들 자신의 주교좌를 가지고 있었기 때문에 그들은 로마 성직자라는 측면에서 이중적인 직위를 지녔던 것이다.

교황 레오 9세(1049-1054)는 교황의 조언자로서 주교급 추기경의 독자성을 찾았던 인물이었다. 그 훨씬 이전에도 7명의 주교급 추기경들은 모라에서 상당한 정도의 지위를 지닌 인물이었다. 1050년대에 주교급 추기경들의 의식적, 전례적 기능들이 주요 임무들인가에 대한 논쟁이 있었다. 더욱 빈번히 주교급 추기경의 직위는 비로마인 출신의 개혁가들에게 수여되었다.[20] 1085년 역사가 보니조 수트리는 레오 9세의 첫 번째 개혁 조치를 다음과 같이 묘사하였다.

> 로마 주교들 가운데 성직매매의 이단을 통해 성직에 임명된 추기경들과 수도원장들은 폐위되었고, 다양한 지방에서 온 다른 이들이 그 자리에 성직 수여되었다.[21]

1050년대 추기경직에 발탁된 새로운 인물들은 훌륭한 외부인사들인 훔베르트, 피터 다미안, 보니페이스 알바노 등으로 교회를 통치하고 개혁하려는 교황을 조력하는 이들이었다. 1050년대의 개혁적인 관행은 11세기 말엽에도 이어졌다. 이 방법으로 주교급 추기경의 위엄은 본질적인 교황 조언자의 역할과 동일시되었다. 이러한 동일시는 1050년대 말엽과 1060년대 초엽에 오스티아의 주교급 추기경인 피터 다미안의 지적에서 드러났다. 그는 주교급 추기경의 권한이 다른 어떤 주교들의

---

20) I. Robinson, *The Papacy*, p.35.

21) Bonizo of Sutri, *Liber ad amicum v*, *MGH Libelli* i, 588.

권리뿐만 아니라 교구와 사제들의 권리까지도 능가하는 것이라고 서술하였다. 또 처음으로 교황 조언자들과 고대 로마의 원로원간의 유사성을 들먹였다. 즉 주교급 추기경들은 '보편 교회의 정신적인 원로원들'이었다.[22]

1062년에 피터 다미안이 서술한 주교급 추기경들의 가장 중요한 권한은 '그들이 본질적으로 로마 주교를 선출하는 것'이었다. 그는 '1059년의 교황 선출법령'을 언급하면서, 주교급 추기경들에게 하나의 예비선거를 치를 수 있는 권한을 부여한다. 그리하여 다른 추기경들과 나머지 로마 성직자들이 찬성하기를 기대하였다. 이것이 주교급 추기경들의 새로운 지위에 대한 가장 두드러진 언급이다. 한 사람의 교황선출에서 그들의 권위는 한 사람의 주교를 선출하는 대도시교구의 그것과 비견되는 것으로 나타났다.

1059년의 주교급 추기경들 대부분은 개혁가들이었으며 비로마인들이었다. 교황 선거, 미래의 개혁 교황좌의 선거는 그들 수중에 안전하게 정착될 수 있었다. 1059년 이후 한 세대동안 주교급 추기경들은 로마 개혁파의 단단한 핵심부를 구축하였다. 그들은 그레고리우스 7세의 가장 신뢰할 수 있는 지지자들이었으며, 그들 구성원들 중에 유일하게 존 포르토John of Porto만이 1084년 그레고리우스를 폐위하였던 12명의 추기경들 중 하나였다. 우르반 2세를 선출함으로써 1088년에 분열된 그레고리우스파를 회복하였던 사람들도 바로 이들이었다. 주교급 추기경들이 1050년대에 교황의 주요한 조언자들로서 등장하여 사제급 추기경들과 부제들이 통합되어 하나의 집단을 형성한 것은 1080년대의 일이다.[23]

---

22) Peter Damian, *Epistolae* i, 20, *MPL* 144, 238.
23) Becker, *Urban II.* i, 91-6.

(2) 사제급 추기경과 부제급 추기경

코주리 교수에 의하면 로마 성직자의 자아 인식의 중심과 핵심에는 주교들이 아니라 사제급 추기경들이 있었다고 파악하였다.[24] 그러한 그들의 책임감은 로마 도시 전체에 대한 것이었다. 로마에서 그들은 연로한 성직자였으며 등록된 교회의 사제들이었다. 그들의 수는 28명으로 그 가운데 7명은 라테란과 멀리 떨어져 있는 각각의 교구 바실리카에서 책임을 맡았다. 라테란의 주교들처럼 사제급 추기경들은 한 해 내내 그들의 바실리카의 주요 제대에서 전례 임무들을 이행하였다. 더 성대한 축일에 이들은 교황을 도와 라테란 바실리카에서 봉사하였다.[25]

부제급 추기경은 추기경단에서 하층을 차지하는 자들로서, 그들의 다양한 임무들은 전례적, 행정적, 자선적인 것이었다. 그들이 한 집단으로서 출현한 결정적 장면은 그레고리우스 7세의 사망 이후에 일어났다. 과거 오랫동안 대부제와 6명의 팔라틴 부제들은 특별히 라테란에서의 미사집전과 관련을 맺어왔는데, 그곳에서 그들의 임무는 미사 때에 복음서를 낭독하는 전례적인 것이 포함되었다. 다른 12개 지역의 교회들에서 부제들은 유사한 봉사를 이행하였다.[26] 부제 밑에는 부제보들이 있었는데, 그중 중요한 집단은 7명의 팔라틴 부제보들로 라테란 바실리카의 교황 미사에서 독서와 서간문을 읽었으며, 라테란 궁전의 교황 만찬 때에 봉사를 하던 자들이었다.

개혁 교황좌의 초기에 사제급 추기경과 부제급 추기경은 소수의 몇 사람을 제외하고는 주로 전례 기능들을 지속적으로 이행하였다.

24) H. Cowdrey, *Pope Gregory VII*, p.12.
25) *Descr. eccles. Lat.* pp.548-549, 553-554.
26) *Descr. eccles. Lat.* pp.549, 554.

로빈슨 교수는 이러한 사제급 추기경과 부제급 추기경이 주교급 추기경과 하나의 집단으로 합쳐져서 등장하게 된 것을 서임권 투쟁기와 귀베르트 라벤나의 분열기로 보고 있다. 즉 황제가 선출한 대립교황 '클레멘스 3세' 재위기간에 그들에게 '보편 교회의 정신적인 원로원들'의 임무를 수행하는 주교급 추기경들과 합쳐지는 기회가 주어졌다고 지적하였다. 로빈슨은 사제급 추기경들이 1080년대 초엽에 이미 그러한 역할을 하였음을 주장하는 분명한 증거를 1059년의 교황 선거법령에 관한 두 개의 원판에서 찾았다. 이들 중 하나는 1059년의 라테란 시노드의 법령들 중에 포함되어 있는 선거법령의 개요로서, 3명의 주요 그레고리우스파 교회법학자들인 안셀름 루카, 추기경 데시데디트, 보니조 수트리의 교회법 모음집에서 발견되는 것이었으며, 다른 하나는 '제권주의자 법령집'에서 만들어진 것으로 군주 하인리히 4세의 지지자들 가운데 기원한 것이었다. 이 두 법령집 모두에서 주교급 추기경들의 선거권들을 다루고 있는 문구는 수정되었는데, '주교급 추기경'이라는 용어가 '추기경들'로 대체되었다는 점이다. 이들 두 자료들은 전반적인 교황 선출권을 지닌 주교급 추기경의 독점적인 권한을 박탈하고 추기경 모두에게 선출권을 부여하게끔 시도했다는 것이다.

그레고리우스 7세의 통치 스타일에 대해 가장 비판적인 목소리를 낸 두 인물은 사제급 추기경들이었음을 언급할 필요가 있다. 휴 칸디두스Hugh Candidus는 교황 레오 9세에 의해 추기경직에 임명되었으며, 그의 주교직 초기부터 그레고리우스에 적대적이었다. 그는 하인리히 4세의 보름스 시노드(1076)에서 그레고리우스를 '가증스런 수도승 힐데브란드'로 만들어 고소한 장본인이었다. 그리고 그는 하인리히의 대립교황 귀베르트의 선거에 참석한 유일한 추기경이었다. 그리고 또 한 인물은 성 마르티노와 성 실베스터의 사제급 추기경인 베노Beno였다. 그는

1084년 대립교황을 위해 그레고리우스를 버린 12명의 추기경들 가운데 한 사람이었다. 그는 『힐데브란드에 대항하는 로마 교회의 공저』에서 변절자의 행위를 옹호하는 주장을 폈다. 또 그레고리우스가 신성한 사도좌의 조언자로서 추기경들을 제거하였음을 언급하였다.[27)]

12명의 '변절한' 추기경들 가운데 1명만이 주교급 추기경이었고, 8명이 사제급 추기경들, 3명이 부제급 추기경들로 대부제 테오디누스를 포함하였다. 이는 다음과 같은 가능성을 암시하였다. 즉 그레고리우스 7세의 주교좌 내부에서의 주된 화두는 통치상 주교급 추기경들의 역할과 동일한 역할을 획득하려는 노력이 다른 두 추기경 집단들에 의해 시도되었다는 것이다.[28)] 그레고리우스에게 충성파로 남아있었던 한 사람의 사제급 추기경은 교회법학자인 데오시데트였다. 그는 자신의 집단의 주장을 선호하였던 많은 사본들의 모음집을 발간하였다. 유사한 내용이 익명으로 된 『라테란 교회의 신성성의 묘사』로 출간되었다. 이 책의 저자는 사제급 추기경들의 권한을 열망하는 자였다.

> "사제급 추기경들은 모든 시노드와 시노드에서 로마 제국 전역의 모든 주교들을 판단할 권한을 지닌다"는 것이었다.[29)]

사제급 추기경들과 부제급 추기경들의 주장에 대해 그레고리우스 7세가 어떤 입장을 취했는지는 추측의 문제이다. 그러나 그의 경쟁자인 대립교황 귀베르트는 의심할 여지없이 이들의 역할에 대해 적극적이었다. 1084년 변절자들의 지지를 획득하기 위해서 대립교황은 그들이

---

27) Beno, *Gesta Romanae ecclesiae* i, *MGH Libelli* 2, 370.
28) I. Robinson, *The Papacy*, p.37.
29) Deusdedit, *Collectio canonum ii*. 40, 110, 161 (n.10) pp.205, 235, 268 ; Kuttner, "Cardinalis" (n.1), p.176.

주장하였던 교황 통치상의 역할을 이들에게 양도하였다. 이들이 참여했다는 증거는 그레고리우스 7세의 특권들과 날카롭게 대비되는 사제급 추기경들과 부제급 추기경들의 무수한 예약금을 담고 있는 '클레멘스 3세'의 특권들에서 발견된다. "귀베르트 라벤나는 추기경단의 진정한 건축가였다"는 것이다.[30] 개혁 교황좌가 그들이 모두 참여하는 하나의 추기경단을 만든 것은 바로 사제급 추기경들과 부제들의 충성심에 대한 대립교황과의 성공적인 경쟁을 하기 위한 것이었다.[31]

추기경단이 마침내 그 명확한 형태를 드러냈을 때인 1100년경에 그것은 세 집단들로 구성되었다. 즉 7명의 주교급 추기경들, 28명의 사제급 추기경들, 19명의 부제급 추기경들이다. 그리하여 이들 54명의 원로 성직자 집단은 교황선출을 위한 유일한 선거집단으로서 만들어졌으며 주교급 추기경들이 주도적인 역할을 담당하게 되었다.[32]

『라테란 교회의 신성성의 묘사』를 작성하던 시기에 이미 이들 추기경들과 교황의 관계는 다른 임무들을 추정해 볼 때 보다 긴밀해져 있었다. 이들의 전례적인 기능들은 급속히 부차적인 것이 되었다.

그러나 코주리 교수는 1084-1085년에 그레고리우스와 그의 교황직 말년 이후에도 그에게 충성하였던 추기경들의 목록은 대립교황 클레멘스 3세를 옹호하였던 추기경들보다 더욱 많았고 두드러진 일이었다는 것은 주목해야 할 부분이라고 지적하였다.[33] 주교들 가운데 유일한 반대파는 연로한 존 2세 포르토였으며, 베노는 8명의 반대하는 사제급

---

30) I. Robinson, *The Papacy*, p.38.
31) 이후 교황 우르반 2세는 추기경 집단에 네 번째의 집단인 로마 교회의 부제보들을 통합하여 유지하였다. 그러나 일부 알려지지 않은 이유들로 21명의 로마 부제보들이 로마 교회의 원로원으로서 지위를 지닌다는 것을 발견하기는 어려운 일이었다.
32) E. Duffy, *Saints and Sinners: A History of the Popes* (Yale Univ. Press, 1997), p.92.
33) H. Cowdrey, *Pope Gregory VII*, p.321.

추기경들을 언급하였다. 이들 그레고리우스의 충성파와 반대파에 관해서는 다음의 도표로 도식화 하였다.

〈표 3〉 교황 그레고리우스 7세의 충성파와 반대파(1084-1085)

	교황 그레고리우스 7세의 충성파	그레고리우스 반대파
주교급 추기경	오도 오스티아, 피터 알바노, 훔베르트 팔레스티나, 후발드 사비나, 세니, 존 투스쿨룸(6명)	존 2세 포르토(1명)
사제급 추기경	데시데리우스 세실리아, 라너 클레멘스, 본누세누아 산 마리아 트라스테베르, 데우스데디트 산 피에트로 빈콜리, 베니딕트 산 프덴지아나, 헤리마누스 산 쿠아트로 코로나티, 불확실한 지위의 리차드(7명)	레오 산 로렌조 다마소, 베노, 휴 칸디두스, 존이라는 불분명한 지위의 인물, 피터 2세, 아토 산 마르코, 인노켄티우스라는 불분명한 지위의 인물, 레오 산 로렌조 루치나(8명)
부제급 추기경	다미안, 그레고리우스, 오데리시우스(3명)	테오디누스, 존 산 마리아 돔니카, 크레센티우스(3명)

이러한 과정에서 이름이 알려진 12명의 그레고리우스의 반대파들 가운데 단지 2명의 부제들만이 1073년 이후 그 직위를 얻게 되었음을 알 수 있고, 반박 사제 8명 모두는 주교 존 포르토를 포함하여 1073년 이전에 그 직위를 얻은 인물들로 나타났다. 만일 반대파들의 대부분이 그레고리우스가 임명하지 않은 인물들이라면, 그의 시대에 직위를 얻은 대다수의 추기경들은 충성파로 남아 있었다는 것이다. 이들은 3명의 주교들, 5명의 사제들, 아마도 2명의 부제들이었다. 두 사람의 주교들과 마찬가지로 한 명의 사제인 강력한 힘을 가진 몬테카시노의 수도원장이었던 데시데리우스 세실리아와 한 사람의 부제는 1073년에 직위를 얻었다. 그레고리우스는 그의 이전 교황들이 뽑았던 추기경뿐만 아니라 더 많은 수의 그레고리우스 자신이 직위를 주었던 추기경들에 의해 보필 받았다는 것이다. 심지어 주교 존 포르토조차 오랜 동안 그레고리

우스에게 잘 봉사하였던 인물이었다. 그러나 이 표를 통해 알 수 있듯이 여전히 추기경들 가운데 반대파들의 수가 가장 많은 부분이 사제급 추기경들이었다는 점에서 로빈슨 교수의 지적이 흥미 있어 보인다.

(3) 추기경단의 탄생

그렇다면 어떤 사람들이 추기경이 될 수 있었는가? 1050년대 교황 레오 9세 때 시작된 로마인으로부터 국제적인 기구로의 변화 과정은 12세기를 통해서도 지속되었다.[34] 그러나 추기경단 구성원들의 출신

---

34) 12세기 파스칼 교황좌는 추기경단 내부에서 오래된 베네딕트 수도원의 영향력이 최고조에 달하던 시기였다. 그가 선출한 66명의 추기경들 중에 1/3이 수도승 출신이었다. 그의 계승자 겔라시우스 2세는 그레고리우스의 개혁파 수도승 출신 교황들 가운데 마지막 인물이었다. 1120년 새로운 수도원의 수도승들이 교황 꾸리아에 등장하기 시작하였는데, 이들은 시토파 수도원 출신들이었다. Franz-Josef Schmal(1961)의 연구는 Hans-Walther Klewitz(1939)의 주장을 따라서 분열기에 화두로서 등장한 것은 오래된 수도원과 새로운 수도원의 이상들의 경쟁적인 주장의 중요성에 강조를 두고 있다. 아나클레투스의 선출자들은 아나클레투스 자신과 같은 구세대 추기경들로 오래된 베네딕트파 수도원의 영향을 받던 이들이었다. 그러나 인노켄티우스의 선출자들은 보다 젊은 세대의 추기경들로 수도 참사원과 새로운 수도원 특히 시토파와 연관을 맺은 새로운 영성에 의해 영향받은 자들이었다. 분열기에 교황으로 인노켄티우스를 인정하게 된 결정적 요소는 그가 베르나르 클레르보와 로베르트 막데부르그, 피터 베네러블, 왈터 라벤나 그리고 제오크 레이쉐스 베르그 등의 새로운 영성의 대표자들을 지지자로 받아들였다는 점이다. 그러나 Klewitz와 Schmal의 분열기에 대한 이러한 해석은 G. Tellenbach(1963)에 의해 도전받았다. 1120년대 클루니의 통합적인 변화에 주된 관심을 가진 텔렌바흐는 추기경 Haimeric와 그의 파당이 더욱 오래된 베네딕트 수도원의 이상들을 폐지하였던 '새로운 영성'에 영향을 받았다는 이론에 의구심을 제기하였다. 텔렌바흐의 연구는 인노켄티우스의 파당의 개혁적인 이념들이 새로운 정신적 영향력의 어떤 징표를 드러냈으며, '새로운 영성'이 꾸리아의 정책에서 그 원리를 어떻게 드러내었는지 반문하고 있다. 즉 '베네딕트파 신비주의가 분열기에 베르나르 클레르보의 중요한 역할과 어떻게 명확히 연관되었는가?' '인노켄티우스 파당'에 대한 쉬메일의 묘사는 Peter Classen(1968)과 Waleczk(1981)에 의해 도전되어 왔다. 1130년의 분열을 만들어낸 추기경단 내부의 긴장은 사료의 제한으로 연구하는 데 어려움이 있다. 그러나 종교적인 집단에

에 관한 유용한 자료에서 12세기 추기경들의 3/5-3/4을 차지하였던 추기경단의 주된 비율이 로마인 출신이었음은 명백한 것이었다. 로마인 추기경들은 주요한 귀족 가문 내지 궁정사제이거나 로마 꾸리아에서 부제보들로 있던 이들이 주였다. 전자의 사람들은 많은 경우에 아마도 정치적인 이유로 인해 등용되었고, 후자의 사람들은 교황 정부를 위한 그들의 유용성 때문에 등용되었을 것이다. 후자의 로마의 궁정사제들과 부제보들은 12세기 추기경단에서 거의 30명을 넘어 가장 다수의 단일 구성원을 이루었다. 비로마 출신 추기경들의 주요 자질로는 일반적으로 그들의 도덕성, 문자 해독력, 신심 등이 기준이 되었을 것이다. 그러나 로마 출신이 아닌 추기경들의 많은 수는 귀족이었으며, 심지어 왕족과 연관되었고, 이들은 정치적인 이유뿐만 아니라 개혁적인 이유로 인해 임명되었을 것이었다.

그레고리우스의 교황좌는 추기경들이 전례적인 조력자란 존재에서 많은 책임을 지닌 하나의 집단으로 변해가는 11세기 말엽에 일어난 추기경들의 변화 중간점으로 볼 수 있다. 1059년 교황 니콜라스 2세 시기에 추기경들은 이미 그레고리우스의 사망 이후에야 만들어질 하나의 집단성과 발전된 기능을 보여주기 시작하였다.

1072년 피터 다미안의 사망으로 개혁 교황좌의 초기 시절을 특징지웠던 주교급 추기경들의 응집력 있는 집단은 마침내 해체되었다. 주교급 추기경이라는 바로 그 타이틀은 일반적인 유행이 지난 것이었다. 그 용어는 그레고리우스의 서한들에서 사용되지 않았다. 그의 서한에서 등장하였던 추기경들*cardinales*이라는 용어는 사제들과 다른 로마

서 추기경단으로 옮겨간 형제들은 12세기 중반에 수도 참사원들과 오래된 베네딕트 수도원보다 새로운 수도원에서 그 수가 조금씩 증가하였다는 것은 분명하다. 그럼에도 불구하고 구 베네딕트파 수도원의 대표자들은 12세기의 추기경단에서 사라지지 않았다.

성직자들의 구성원들에 한정된 것이었다. 이 용어는 그레고리우스 자신의 선출에 대한 의정서에서 만들어지고 작성되었다.[35] 주교급 추기경들의 지위에 반대하는 로마 성직자들 가운데 반동은 부정적이거나 이해할 수 없는 일이 아니었다. 사제급 추기경 데우스데디트Deusdedit의 『교회법 모음집』 서문에서 그는 주교급 추기경들에게 주된 역할을 담당하도록 한 1059년의 선거법령에 대한 반감을 일부분 감추었을지라도 독설적으로 서술하였다.

데우스데디트는 사제급 추기경들 혹은 부제급 추기경들 가운데 한 인물을 선택하도록 한 769년의 교황 스테판 3세의 선거법령을 인용하였다.[36] 이것은 그레고리우스가 말년까지 데우스데디트의 충성과 데우스데디트가 비판한 특권을 지녀온 로마 주교들의 봉사를 하게 하는데 좋은 영향을 미치도록 하였던 그레고리우스의 용의주도함을 매우 잘 설명해 준다. 그러나 데우스데디트는 교황의 개인적 권위에 대해 어떤 여지도 내어주지 않았다. 그는 법인체로서 사도좌의 특권이 구현된 신성한 로마 교회의 대변인으로 만들었다. 그것의 수위권이 위임된 것은 교황 자신에 의해서라기보다는 로마 교회에 의한 것이었다. 데우스데디트의 견해는 아마도 많은 수의 사제급 추기경들 특히 추기경 베노와 같은 인물들에 의해 공유되었던 것 같다. 매우 다양한 견해들이 로마에서 토론되었다. 그곳에 주교 오도 오스티아는 교황 권위의 근거로 베드로가 사도들의 우두머리로서 그리스도에게 위임받았음을 주장하였다. 1073년 교황 그레고리우스의 선출은 데우스데디트가 승인할 수밖에 없는 한 근거가 되었으나, 그레고리우스의 임종시 자신의 후계자로 선택할 것을 조언하였던 3명의 주교들은 안셀름 루카, 오도 오스티

35) *Reg.* 1. 1, pp.1-2.

36) *Coll, can.* 2. 161, p.268 / H. Cowdrey, *Pope Gregory VII*, p.324 재인용.

아, 휴 리옹이었다. 이들 세 인물은 데우스데디트의 원칙에 위배되는 이들로, 그들 중 어느 누구도 로마 교회의 사제급 추기경 혹은 부제급 추기경도 아니었기 때문이었다.

1100년경에 주교들, 사제들, 부제들은 단일한 추기경단의 형태를 구성하였고, 이후 21세기까지 지속되고 있는 교회 안에서의 역할을 수행하게 되었다. "성스러운 로마 교회의 추기경들은 로마의 원로원을 구성하며, 교황의 가장 최고의 조언자들이며 조력자들로서 교회를 통치하는 교황을 조력하였다." 1059년의 교황 선거법령 원문은 주교급 추기경들을 선거인들과 동일시하였다. 그러나 이후 추기경들의 세 집단은 하나의 단일 집단으로 흡수되어 갔으며, 주교급 추기경들, 사제급 추기경들, 부제급 추기경들을 하나의 단위로서 통합하는 추기경단collegium이라는 용어가 1150년에 처음으로 등장하였다.[37]

추기경단이 창설되는 시기에 교회에서 추기경들의 특별한 지위에 관한 이념은 추기경 자신들의 저작에서 명확히 드러났다. 그러나 1100년 이후 이 이념은 점차적으로 추기경단 외부와 로마로부터 멀리 떨어진 곳에서의 저자들의 저작에서 발견되었다. 피터 다미안이 처음 사용한 원로원의 이미지는 이후 계속 등장하였다. 돌Dol의 대주교 발데릭은 '모든 사도적인 권한의 원수정을 획득한 원로원들'이라는 다소 엉뚱한 의미로 언급하기도 하였으나,[38] 베르나르 클레르보의 저작에서 12세기의 추기경직에 보다 근접한 인식을 살펴볼 수 있다. 다음은 그가 교황 유게니우스 3세에게 추기경에 대해 이야기한 대목이다.

"하느님은 당신을 높은 자리에 올려놓았습니다. 그리하여 하느님의 교회

37) I. Robinson, *The Papacy*, p.41.
38) Balderic of Dol, *Vita sancti Hugonis Rothomagensis episcopi*, *MPL* 166, 1167A.

안에서 당신이 보다 유용한 삶을 살면 살수록, 교회 안에서 당신의 권위는 더욱 고귀해질 것입니다. …"

추기경들은 '당신을 매일 도와줄 사람들이며, 인민들의 원로이고, 세상의 재판관들', '당신의 동료들이며 조력자들', '당신의 눈' 등으로 묘사하였습니다.[39)]

현대에는 교황선출이 추기경단에 의한 콘클라베(교황선출 비밀회의)에서 이루어진다. 이러한 추기경단이 대두한 것은 1150년경이었다. 이러한 전문화된 집단에 의해 교황이 선출되기까지는 오랜 반목의 역사가 있어왔다. 특히 교황 레오 9세를 필두로 하는 개혁 교황좌 이전 시기의 교황선출은 주로 정치적 영향력이 강한 로마귀족 가문의 영향을 받아왔다. 무능한 교황들이 속속 등장하게 된 원인도 이와 연관되어 있었다. 그러나 개혁 교황좌의 등장으로 교회 개혁이 이루어지면서 한편으로는 1059년 교황 선출법령이 선포되었다. 이 법령은 이제 교황선출의 중요한 지표가 되었다. 이 법령에서 명시된 주교급 추기경들의 역할이 매우 중시되었으며, 특히 교황 그레고리우스 7세는 주교급 추기경들을 교회 개혁의 핵심지지 세력들로 인식하여 이들로 하여금 그의 개혁 행정부의 주축을 이루게 하였다.

추기경단은 고대 로마의 원로원에서 유래된 것으로서, 이는 교황에게 지속적으로 이론적 조언과 실천적 프로그램을 함께 제공하는 개혁가 집단으로 기능하였다. 지방에서의 중요 사안을 해결하기 위해서 많은 경우 추기경들 가운데 교황에 의해 선임되어 파견되었다. 그리하여 교황 그레고리우스 7세에게 추기경단 특히 주교급 추기경들은 개혁을 수행하는데 매우 중요한 집단이었다. 그러나 군주 하인리히 4세에

39) Bernard, *Epistolae* 188, 230, *MPL* 182, 352A, 417B.

의해 1083년 옹립된 대립교황 귀베르트 라벤나는 자신의 지지층을 보다 많이 규합하기 위해 추기경들을 더 넓은 범위로 확대하였다. 이는 피터 다미안의 주장으로 기존의 주교급 추기경들의 역할이 높은 비중을 차지하고 있는 점에 대비되는 것으로 사제급 추기경, 부제급 추기경의 역할을 강화하는 것이었다. 이에 이후 교황 그레고리우스 7세 측에서도 추기경의 역할에 대해 주교급 추기경과 함께 사제급 추기경, 부제급 추기경을 포괄하는 형태로 발전해 갔다.

이러한 추기경들은 1100년경에 이르러서야 이 세 집단을 하나로 통합하는 추기경단을 구성하게 되었다. 따라서 교황 그레고리우스 7세의 추기경 제도의 개혁은 첫째, 추기경단의 역할과 규모면에서 큰 변화를 가져왔고, 둘째, 또한 이들 추기경들은 이후 12세기 교황청 역사에서 교황을 보필하는 조언자의 역할에서 법률자문관으로 변화하여 교황청 법정을 운용하는 데 매우 중요한 인적 자원을 제공하게 되었다.

2. 로마 시노드 Rome Synod

1) 사순절 시노드의 정례화

교황 그레고리우스 7세 이후의 개혁 교황들은 모든 라틴 교회 관할 구역의 주교들이 참석하는 시노드를 자주 개최하였다. 시노드는 회의 assembly 라는 의미를 지닌 '시노도스 synodos'에서 유래된 것으로, 초대 교회 시기에 같은 지역의 여러 주교들이 교리와 규율에 관한 문제를 명확히 하고자 모인 것에서 비롯하였다.[40] 이 시노드는 크게 두 범주로 나뉜다. 첫째는 황제들이 소집하고 주재하였던 제국의 시노드로서, 제국 전역의 교회 문제들을 조정하기 위한 것이었다. 오토조와 잘리에르조에서는 이 회의에 교황이 참석하여 황제와 함께 주재하기도 하였다. 사실상 제국 시노드에 교황이 참석하는 것은 개혁 교황좌의 초기 시절에도 지속된 일이었다. 1049년 10월 마인쯔 제국 시노드에서 교황 레오 9세는 황제와 동석하였으며, 1055년 피렌체에서 개최된 제국 시노드는 교황이 참석하였던 마지막 시노드로서 독일 출신의 교황 빅톨 2세와 황제 하인리히 3세가 동석하여 함께 개혁 법령들을 반포하였다.

둘째는 교황의 시노드로서 그레고리우스의 개혁 이전부터 있어 온 것이었다. 이는 로마시 외곽의 주교들이 주로 참석하였는데, 때로는 로마 교회 관할 지역의 주교들, 드물게는 비잔틴 제국의 지배에 복속되지 않은 이탈리아 지역의 주교들이 참석하였다. 이 시노드는 로마 교회의 지방 문제들과 관련된 문제를 해결하기 위한 것이었으며, 또한 지역 교회들에게 보편 교회의 원칙을 가르치고 실행할 수 있도록 계도하는 의미도 지닌 것이었다. 로빈슨Robinson은 교황 레오 9세 시기에 새로운 부류의 교황 시노드가 출현하였음을 지적한 바 있다.[41] 그의 견해에 따르면, 1049년 교황 레오 9세는 마인쯔에서 제국 시노드가 열리기 2주 전 랭스에서 열린 교황 시노드에서 새로운 형태를 발견하였던 것이다. 이 시노드에서 교황은 처음으로 비이탈리아인과 비제국의 주교들을 소집하여 로마의 외곽 지역과 제국의 변방에까지 교회의 최고 판결권을 행사할 수 있게 하였던 것이다. 레오의 이러한 교황 시노드의 형태는 11세기 말엽 개혁 교황들의 모델이 되었다는 것이다.

---

40) B. Schimmelpfenning, *The Papacy*, p.7.
41) I. Robinson, *The Papacy*, pp.122-123.

1073년에 이르기까지 교황들이 주재하였던 로마 시노드는 교회의 업무를 집행하고 많은 지역에서 교회 개혁을 수행하기 위해 부활절 이후에 자주 열리게 되었다. 그러나 1073년 교황 알렉산더 2세의 마지막 시노드는 부활절 이후라기보다는 사순 시기에 개최되었다. 교황 그레고리우스 7세는 이것을 하나의 선례로 만들어 매년 라테란 성당에서 사순 시기에 시노드를 개최하였다. 단지 1077년은 그레고리우스가 '카노싸의 굴욕' 사건 이후 북부 이탈리아를 여행하고 있었기 때문에 이 해에는 사순 시기에 열리지 못했다. 1082년에서 1085년까지 로마의 정치적 군사적 상황이 불안정하였음에도 불구하고, 그레고리우스는 로마 사순 시노드를 개최하였다. 그러나 이례적으로 1074년과 1078년에는 11월에 시노드를 한 번 더 개최하기도 하였다. 또한 1083년에는 11월에만 소수의 인원이 참석하는 시노드가 개최되었다. 그레고리우스 7세의 마지막 시노드는 1084년 망명 중인 살레르노에서 열리게 되었다.

이에 대해 카스파르E. Caspar는 종교회의의 빈번한 개최에 대하여 고대적인 두 전통이 대립한다고 보았다. 그 가운데 하나는 니케아 공의회로 존중받아 오는 것으로서, 1년에 12번의 시노드를 개최할 것을 장려하는 것이었고, 다른 하나의 전통은 4세기 말엽과 5세기의 아프리카 공의회에서 기원하는 것으로서 연중 공의회들의 개최를 언급하였다. 그러나 어디에서도 로마 공의회를 특별히 언급하고 있지는 않았다는 것이다.[42] 교황 그레고리우스 7세는 고대적인 전통으로도 명확히 언급하고 있지 않은 시노드의 개최지를 로마로 정하여, 매년 사순 시기에 로마의 라테란 성당에서 정기적으로 열리도록 정례화하였다. 1075년에 그레고리우스 7세는 라벤나의 대주교에게 사순절 첫 주에 시노드를 소집한다는 다음의 서한을 보냈다. "몇 년 동안 사도

42) R. Somerville, "The Councils of Gregory VII", SG 13 (1989), p.36.

좌에서는 주님의 도움으로 시노드를 관례대로 사순절 첫 주에 개최하기로 결정하였습니다."[43]

그레고리우스는 로마 주교들과 추기경들과 함께 협의한 내용을 로마 시노드의 작동을 통해 보완하였다. 이들 시노드의 공식적인 기록과 교황의 서한들에서 알 수 있는 바는 그가 시노드를 자신의 사도적 권위를 증명하고 그리스도교 공화국에서의 정신적 도덕적 정치적 생활의 체계화를 추구하는 한 주요 기구로 인식하였다는 것이다.[44] 그레고리우스의 기록집*Registrum*의 공식적인 기록은 시노드의 목적이 유래없이 광범위하다고 서술하였다. 시노드는 "거룩한 교회의 쇄신을 위하여*pro restauratione*" 그리고 "유익을 위하여*ad utilitatem*" 소집되었다. 이러한 목적은 1079년 사순절 시노드가 "신의 영예와 거룩한 교회의 건설*hedificationem*을 위하여 그리고 영혼과 육신을 지닌 인류의 복지*salutem*를 위하여" 개최되었다는 기록에서 확인할 수 있다.[45] 이 목적의 광범위함과 일관성은 1078년과 1080년의 사순절 시노드에서 묘사되었던 약간의 제한된 성격과는 대비되는 것이었다. "이들 시노드에서 사도적인 법령을 확정하였던 그레고리우스는 교정을 필요로 하였던 많은 사건들을 교정하였고 확정을 필요로 하였던 많은 일들을 확정하였다."[46]

2) 시노드 참석자들

그렇다면 그레고리우스의 시노드에는 어떤 사람들이 참석하였는가? 그레고리우스가 개최한 시노드에는 일반적으로 그리스도교 사회

---

43) *Reg.* p.179.
44) H. Cowdrey, *Pope Gregory VII*, p.586.
45) *Reg.* 6. 17. p.425.
46) *Reg.* 5. 14. p.368 ; 7. 14, p.480.

의 광범위한 지역의 사람들이 참석하였다. 이는 당시 군주의 대관식과 맞먹는 정도의 모습이었을 것이다. 이러한 연구는 탕글G. Tangl [47]에 의해 주로 이루어졌는데, 그녀는 당시 교황의 서한이 주교들과 수도원장들에게 보내졌다는 점에 주의를 기울이면서, 수도원장들의 시노드 참석을 그레고리우스 교황좌의 혁명으로 보고 있다. 수도원장들은 이전의 교황 특히 교황 레오 9세의 시노드에도 확실히 포함되어 있었다. 그러나 탕글이 강조하는 점은 (레오 9세 시기) 수도원장들의 참석이 아니라 특정한 수도원장들의 초대이다.[48] 그리하여 그레고리우스의 로마 시노드에는 주로 주교들과 수도원장들이 참석자의 다수를 이루었다. 교황이 주교들을 소집하여 시노드에 참석하도록 하였으며, 이러한 과정을 다른 주교들에게도 고지하였던 것이다. 로마 시노드의 법령들은 주교들의 지방이나 교구에서 주교 자신의 시노드를 통해 시행되어질 것이었다. 또한 수도원장들은 시노드에 주의를 기울이는 상당수의 성직자와 속인 공직자들에게 시노드에서의 도덕적 속죄적인 판결이 이행됨에 따라, 자신이 속한 지방에서 중심적인 역할을 수행해 줄 것을 기대하였던 것이다.[49] 하층계급의 성직자와 속인들 역시 시노드에서의 자신들의 직무를 지녔다. 그레고리우스에게 있어서 지방 교회는 그곳의 성직자와 일반민들로 구성되어 있었기 때문에 이러한 로마 시노드는 양자 모두로 구성된 전체 교회를 대표하는 것이었다. 그레고리우스의 시노드에 다수를 이루며 지속적으로 참석한 이들은 도시 외곽의 주교들과 로마 사법권에 직접 복속되었던 중부 이탈리아의 '로마 교회의 교구' 주교들로 구성되었을 것으로 추정된다. 1079년에

47) G. Tangl, *Die Telinehmer an den allgemeinen konzilien des Mittelalters* (Weimar, 1932).
48) R. Somerville, "The Councils of Gregory VII", p.40.
49) Reg. 7. 14. p.482 ; H. Cowdrey, *The Age of Abbot Desiderius of Monte Cassino* (Oxford: Clarendon Press, 1983), pp.43-44 참조.

사순절 시노드의 기록은 참석자들에 관해 언급하였는데, "이웃의 대주교들, 주교들, 성직자들, 그리고 다른 교구의 성직자들"의 순서로 서술하였다.[50)]

로빈슨Robinson은 그레고리우스 7세의 교황좌에서는 여전히 로마의 지방 시노드로서의 전통적인 흔적이 남아 있었던 교황의 시노드가 우르반 2세의 승리의 진군(십자군 원정) 동안 라틴 교회의 법률을 집행하는 전체 공의회로 명확하게 변화하기 시작하였고 그러한 변화는 교황 칼릭스투스 2세의 공의회에서 완성되었다고 파악하였다.[51)] 그러나 코주리Cowdrey는 이미 그레고리우스 7세시기부터 교황 시노드의 범위가 확대되었음을 밝히고 있다. 1080년의 사순절 시노드에서는 주교 선출시의 양도 권한에 관한 법령이 우선적으로는 로마에 직속으로 소속해 있었던 주교좌에 부여되었으며, 그 다음으로는 다른 대 도시교구에 속해 있던 주교좌에 주어졌다.[52)] 구성원들을 살펴보면 그레고리우스의 시노드에 정규적으로 참석한 사람들은 로마 사법권에 직접 소속된 중부 이탈리아의 '로마 교회 속주'의 주교들과 외곽suburbicarian주교들이었다. 전체 교회의 시노드로서 라테란에서 열린 시노드들의 위상과 그들의 많은 업무들에서의 보편적 적용은 시노드들이 그레고리우스의 보편적 사법권에 상응하는 권위를 지녔음을 보증해 주는 것이었다.[53)] 그러나 몇 번의 시노드는 그레고리우스 자신이 특별히 마음에 두었던 고위층의 성직자만을 소집하였던 경우도 있었다.

50) *Reg.* 6. 17. p.425; 7. 14, p.482.
51) I. Robinson, *The Papacy*, p.131.
52) *Reg.* 6. 17. p.425; 7. 14, p.482.
53) H. Cowdrey, *Pope Gregory VII*, p.588.

3) 시노드의 주요 의제

그렇다면 교황 그레고리우스 7세가 추구하였던 시노드는 구체적으로 어떤 일들을 다루었는가? 그레고리우스 7세는 먼저 개혁의 수단으로서 교황의 시노드를 고수하였음을 알 수 있다. 그레고리우스 7세는 1074년 1월에 시카르드 아퀼레이아 총대주교에게 보내는 서한에서 이 해 사순절 시노드에 그를 초대하면서, 이 시노드는 “우리 시대 교회의 고질적인 부패와 파괴”를 막는 데 꼭 필요한 “위안과 치유”를 위한 것[54]이라고 밝히고 있다. 이는 무엇보다도 성직매매를 금지하고 성직자 결혼의 남용을 바로잡는 것이었고, 악한 자들을 처벌하는 것이었다. 1078년의 11월 시노드에서 그레고리우스는 자신의 교황 초기시절의 관심을 새롭게 다졌는데 이는 바로 성직매매와 성직자 간음을 금지하는 것이었다. 성직매매의 금지에 관한 한 그레고리우스는 교황 그레고리우스 1세가 이미 행하였던 모든 형태의 금지를 확장시켰다. 그레고리우스 7세는 주로 주교들에게 한 연설에서, 자신의 교구 안에서 예를 들어 성직록, 대부제직, 대성당 관리직 등과 같은 교회 관직을 팔았던 사람들에 대해 그들의 직위를 박탈하겠다고 밝혔다. 이는 어떤 방식으로든지 성직매매를 통한 서품이었다면, 그레고리우스는 그레고리우스 1세가 교황 초기 시절에 돈을 건네주었던 사람들뿐만 아니라, 호의 혹은 봉사에 대한 대가로 수여받았던 사람들까지도 구별해 내는 조치를 취한 것을 뒤따르는 것이었다.[55] 더욱이 이들은 올바른 서품자에게 뒤따르는 승인의 절차였던 성직자와 인민들에 의한 자유선출권을 침해하였다는 의미에서 그 서품들은 반교회법적인 것으로서 무효임이 선언

---

54) *Reg.* 1. 42. p.65.

55) H. Cowdrey, *Pope Gregory VII*, p.509.

되었다.

그리하여 그레고리우스 7세의 교황좌에서 시노드는 이전 개혁 교황들과 마찬가지로 정의의 법정 역할을 하였다. 정의로움에 대한 추구는 그레고리우스가 그리스도교 공화국을 수립하기 위해 꼭 이룩해야 할 불가결의 요소였다. 그의 서한 대부분에서 이러한 확고한 신념을 지닌 그레고리우스의 모습은 쉽게 확인되고 있다. 확장된 교황의 소집문들과 시노드의 의정서들에서 사악한 자들을 처벌하는 일이 그레고리우스의 시노드들의 가장 중요한 것이었음을 암시하고 있다. 예를 들어 그레고리우스의 최초의 의정서로 1075년의 사순절 시노드에서는 독일의 군주 하인리히 4세의 다섯 명의 조언자들과 프랑스의 군주 필립 1세, 노르만 귀족 로버트 귀스카르와 그의 조카에 대해서, 그리고 일곱 명의 제국 주교들에 대한 파문령의 선고를 기록하였다. 1076년의 사순절 의정서는 독일 군주에 대한 놀랄만한 선고뿐 아니라 프랑스와 제국의 많은 주교들에 대한 선고문을 기록하였다. 교황좌가 소집한 일련의 모든 교황 시노드는 군주 하인리히 4세의 사건에 관한 내용이었다.

1078년 11월 시노드에서 1080년 사순절 시노드까지 그레고리우스는 초기 시노드 동안 자신이 실행하였고, 그것들에 관한 자신의 입장을 진전시켰던 많은 문제들을 처리하였다. 먼저 성직매매에 관한 문제에서, 그레고리우스는 리용의 주교좌에 갈리아 루그두넨시스를 대주교로 확정함으로써 자신의 특권을 행사하는 기회로 삼았다.[56] 교황 그레고리우스 1세의 그것에 대한 저술을 보다 완전히 인용하면서 그레고리우스는 세속 권력의 부당한 호의를 받아 리용 주교좌로 부임하게 될 사람을 비난하였다. 그는 법령에서 도둑과 강도들처럼 대문이 아닌 다른 곳을 통해 들어온 사람들에게 더욱 강력한 형태의 법률적 제재를

56) *Reg.* 6. 34. pp.447-449.

가할 것임을 거듭 천명하였다.[57] 리용 주교좌와 대주교좌는 그레고리우스가 이루고자 열망한 자유롭고 도덕적으로 정화된 교회 상황에 대한 프랑스에서의 전형이 되었다.

그레고리우스는 1078년 속인에게 서임 받은 성직자들에 대해서만 법적 제재를 가하였다. 그는 그것을 수여하였던 속인에 관해서는 아무 언급도 하지 않았다. 그러나 1080년 3월의 시노드에서의 그의 입법화는 성직자들과 그것에 연루되었던 속인들에 대해서도 동일하게 보다 강경한 어조로 지시하였다. 주교들과 수도원장들 그리고 다른 성직자들에 관해 초기에 그가 행했던 비난을 반복하면서 그는 이제 그들의 야망의 죄 뿐만 아니라 우상숭배와 맞먹는 불복종의 죄(사무엘 상. 15장 23절)에 대해 매우 심각한 질책을 하며 이를 도덕적 죄로 확대하였다. 그리하여 성직자에게만 언급되던 것이 이제는 황제로부터 그 아래의 모든 속인들에 대한 것이 되었다. 성직자에게만 적용되었던 면직과 직위 박탈의 처벌이 속인에게도 동일하게 적용되었다. 그레고리우스는 교회의 적합한 자유를 훼손하면서 성직록을 받던 성직자들의 관행에 죄명을 씌웠으며, 그들이 합당한 회심을 할 때까지 육체 혹은 정신의 모든 축복에서 그들을 배제하였다.[58]

그레고리우스는 시노드에 참석하는 그 자체가 입법과정에 참여한 것이었으며 더욱이 시노드 자체의 일관된 법적 재가가 추가되어진 시노드를 통해 교황 권위를 행사하려 하였다. 그레고리우스의 시노드 방식은 교황 결정에 대한 일반적인 원칙들을 공포한 것이라기보다는 오히려 그가 특별한 사건들로서 인식하였던 죄, 남용, 불법행위 혹은 실정 등에 관한 검증 과정이었으며, 특히 주교들을 동원하여 그들로

---

57) H. Cowdrey, *Pope Gregory VII*, p.512.

58) *Reg.* 7. 14a. pp.480-481.

교회를 재조직함으로써 전체 수준이 그가 수용할 수 있는 기준에 올 때까지 향상시켜야만 했던 것이었다.[59)]

4) 토론에 의한 방식

그레고리우스의 시노드들은 그 규모가 더욱 발전되어 갔다. 시노드에서 내려진 결정들은 교황 혼자만의 의지와 권위로부터 나온 것이 아니었다. 이 점에서 그레고리우스는 집단적인 결정에 대해 특별한 가치를 부여하는 신념을 가지고 있었는데, 그는 "그의 이름으로 둘이나 셋이 모인 곳에는 언제나 그리스도가 함께 하겠다"는 성서 구절[60)]을 인식하고 있었다. 더욱이 당시의 세속 통치자들의 대관식과 마찬가지로 그레고리우스의 시노드는 그리스도교 사회의 광범위한 지역에서 온 참석자들로 구성되어, 그의 조력자들의 조언과 동의에 의해 뒷받침되었을 때 더욱 큰 힘을 발휘할 수 있었다. 그는 1074년 5월 투르의 랄프 대주교에게 보내는 서한에서는 앙주 백작 풀크의 파문을 이야기하면서 "이 문제가 우리 로마 시노드에 보고되고 안건으로 상정되었기 때문에 이는 신성한 시노드의 전체 회의를 통해서 동의되었다."[61)]는 내용을 담고 있었다.

또한 그는 1075년 사순절 시노드에서도 "우리의 형제들인 주교들의 조언과 전체 회의에서의 동의를 얻어" 그의 법령들을 공포하였다고 천명하였다.[62)] 주교들은 시노드에서 법률 보좌관이자 공동 재판관으

---

59) H. Cowdrey, *Pope Gregory VII*, p.51.

60) 마태오 복음 18장 20절 참조.

61) Gregory VII, *Epistolae Vagantes*, ed. H. Cowdrey (Oxford: Clarendon Press, 1972), 투르의 랄프 대주교에게 보낸 서한, 1074년 3월 9일 이후, p.9.

62) *Reg.* 2. 62, 대주교 지에하르드 아퀴레이아에게 보낸 서한, 1075년 3월 23일,

로 활동하였고, 이들의 시노드 결정은 '변경할 수 없는 합의'에 따른 것이었다. 그리하여 그레고리우스는 시노드에서 주교들의 지방 업무를 논의하여야 할 필요가 있을 때마다 주교들의 참석을 요구하였다. 그레고리우스는 시노드에서 프랑스 군주와 프랑스의 많은 주교들의 파문을 고려해야만 하였을 때인 1076년에 상스의 대주교에게 "프랑스 교회의 요구와 어려움 및 그의 왕국과 관련된 많은 다른 일들에까지도 당신의 우정은 로마 시노드에 참석해야만 한다는 것입니다"는 서한을 보냈다.[63] 대주교는 전문적인 증인으로서뿐만 아니라 한 재판관으로서 필요하였던 것이다. "우리는 보다 완전히 더욱 친밀하게 당신의 분별력 있는 조언과 다른 동료들과의 조심스러운 합의에 의해 정복당했으며, 우리는 교회의 자유와 종교의 방어를 위해 더욱 안전하고 확실히 무장되었다."[64] 그러므로 1083년 군주 하인리히 4세의 배신행위는 주교들이 시노드에 참석하는 것을 막았을 때였는데, 이는 교황이 주교들의 조언을 가장 경청하였기 때문이었다.[65] 그리하여 이때의 시노드는 효과적으로 기능할 수 없었다. 이런 자료들을 통해 볼 때 시노드에서 주교들의 기능이 단순히 부차적인 기능 즉 교황에 의해 이미 내려진 결정을 단순히 비준하는 일을 수행하였던 것으로는 보이지 않는다. 오히려 반대로 결정들은 시노드에서의 토론 방식으로 도출되었던 것으로 보인다.[66]

그레고리우스의 서한들에서는 시노드에 참석한 자들이 전반적인 토론을 통해 도출해낸 결정들의 많은 사례들을 보여준다. 예를 들면,

---

p.217.

63) *Reg.* 4. 9. pp.307-308.

64) *Reg.* 1. 42. p.65.

65) *Reg.* 9. 35. pp.627-628.

66) I. Robinson, *The Papacy*, p.124.

1075년 사순절 시노드에서 주교 디오니시우스 피아첸자의 면직은 "신성한 시노드의 부동의 판결과 그곳에 참석하였던 모든 형제들의 최종적인 동의에 의해 결정되었던 것이다."[67]

시노드의 조언과 동의에 대한 언급들은 형식적 절차 그 이상이었다. 교회 업무의 많은 항목이 토론에 붙여졌고 시노드에서의 적극적인 참여를 통해 결정이 도출되었다.[68] 좋은 일례로 1079년의 사순절 토론은 베랑가르 투르의 성찬식 가르침에 관한 것이었다. 이것은 그레고리우스 자신이 수십 년 동안 주저해왔고, 불확실하게 인식해 온 문제였다. 시노드에서 양측 모두의 주장은 전적으로 강력하게 제기되었으나 베랑가르는 전체 회의체 앞에서 최종적인 항복을 하게 되었다. 1078년의 사순절 시노드에서는 독일에서의 문제들이 한 주제로 상정되었고 조심스러운 토론에 붙여졌다.

1080년에 투르의 대주교와 돌 주교간의 논쟁에 대해 시노드의 결정이 지연되었고, 리모주의 주교와 델로스의 수도승 간의 수도원의 소유권에 관한 논쟁에서 잠정적인 판결이 내려졌는데, 그레고리우스는 이를 "우리 형제들의 동의와 조언에 따라" 도출된 것으로 묘사하였다.[69] 그레고리우스의 시노드들은 그의 개인적 권위를 단지 표명하기 위한 장으로서가 아니라 그것을 완성하고 강화하는 무대였다. 주교들이 하인리히 측으로부터 그레고리우스의 고발을 들었을 때, 매우 많은 시노드의 법령들은 하인리히의 전제정에 대항하여 파문이라는 사도의 검을 칼집에서 빼들어야만 한다고 주장하였다. 그러나 교황은 사도적인 온순함으로 이를 거부하였다. 교황의 거부권은 그를 실제로 시노드

67) *Reg.* 2. 54. 피아첸자 교회에 보낸 서한, 1075년 3월 3일, pp.198-199.
68) H. Cowdrey, *Pope Gregory VII*, p.590.
69) *Reg.* 7. 17. 1080년 3월 8일, pp.491-492.

에서의 주군으로 만들었으나 그레고리우스 7세가 관습적으로 이 역할을 수행하였다는 어떤 표시도 찾아 볼 수 없다.[70]

그러나 로마 주교인 교황만이 교회 안에서 최종적인 권한을 지니며, 모든 성직자와 심지어 전체 공의회에 대해서도 법률을 만들고 최고의 권한을 행사할 수 있었다.[71] 시노드의 집단적인 측면은 그것의 절차를 강화시켰으며, 시노드는 일반적으로 한 주 동안의 대략 3일에서 5일이 소요되었다. 이들은 종교적인 사건들뿐만 아니라 행정적이고 사법적인 사건들의 성격을 함께 지녔다. 시노드의 판결들을 기록하였던 그레고리우스의 서한을 보자.

> 우리는 이 회의 회기 중에 참석한 모든 형제들의 한결같은 동의를 얻어 신성한 시노드의 불변의 판결에 따라 선포하였다. … [72] 시노드의 회의는 선포되었다. … [73]

시노드는 교회의 최고재판권을 지니며 동시에 개혁 법령들을 반포하는 일종의 입법 회의체로서도 기능하게 되었던 것이다. 11세기의 교황 시노드의 주된 과제였던 사법적인 임무는 공의회에서 일종의 부차적 기능으로 밀려났고, 일부 사건들이 마지막 분기에야 다루어졌다. 이같이 교황 시노드의 정의로운 법정의 역할에서 전체 공의회로의 변화는 인노켄티우스 2세의 교황좌에서 완성되었다.[74] 교황의 시노드

---

70) *Reg.* 6. 17. pp.425-427.

71) K. F. Morrison, "The Church Reform and Renaissance in the Early Middle Ages", *Holiness and Politics in Early Medieval Thought* (London: Variorum Reprints, 1985), p.150.

72) *Reg.* 2. 54. pp.198-199.

73) *Reg.* 7. 17. pp.491-492.

74) I. Robinson, *The Papacy*, p.139.

가 공의회Concilium라는 명칭으로 사용된 것은 12세기에 들어서였다. 이 공의회라는 용어는 공식적인 문서와 연대기에서 개혁 교황좌의 공의회를 묘사하는 데에 종종 사용되었다.[75] 제2차 라테란 공의회의 시기에 전통적인 교황의 시노드의 사법적인 기능들은 새로운 기구인 추기경회의consistory 의 일상적인 업무로 대치되었다. 일단 시노드에 의해 조사되고 판결된 사건들은 이제 교황의 형제들 즉 그의 공적인 상담자들인 추기경들의 조언에 따라 교황에 의해 결정되었다.

4. 교황청 특사 Papal legates

그레고리우스는 그의 특사들을 파견하여 대도시 교구와 다른 주교들에게 시노드의 판결을 알리고 적용시키고자 하였다. 교황 정부의 가장 중요한 기구들 중의 하나로서 교황청 특사의 발전은 교황의 꾸리아와 지방 교회들 및 서구 그리스도교 세계의 세속 통치자들을 연결하는 고리역할을 하였다. 이는 개혁 교황좌의 혁명이었다.[76] 이러한 특사의 파견은 이미 중세 초기의 교황청에서 콘스탄티노플에 사절단을 파견하면서 시작되었는데, 카로링조 법정에 로마 교회의 이익을 대변하는 사절단을 두는 결과를 가져왔다. 로마 사절단의 이 같은 개혁적인 기구로의 급격한 변화는 교황 그레고리우스 7세의 생애 초기에 일어난

---

75) 이들 12세기 공의회들 가운데 7개가 교황에 의해 소집되어 '전체 공의회(*concilium generale*)'라는 명칭이 붙여졌고, 그리하여 공의회는 '전체의(general)' '세계적인(ecumenical)' 종교회의를 의미하게 되었다. 공의회는 교황 칼릭스투스 2세의 세 번의 공의회 즉 1119년의 툴루즈 공의회, 랭스 공의회, 1123년의 제1차 라테란 공의회에서 완성되었다. 그리하여 이는 12세기의 일련의 모든 교황 공의회에 모델을 제공하게 되었다.

76) I. Robinson, *The Papacy*, p.146.

일이었다. 그레고리우스 자신의 특사 임무는 교황의 대리 업무를 행하던 부제vice-pontiff로 일하고 있던 한 교구에서 시작되었다. 그의 교구 주민들은 마치 그를 성 베드로인 것처럼 인격적으로 받아들였고, 마치 그가 "우리 교구민의 목소리를 빌어 주님이 이야기하였던 것처럼 모든 일에서 그에게 경청하고 복종하도록" 교황에게 명령받았다.[77]

1) 특사직의 세 유형

이들 교황청 특사에 대한 최초의 체계적인 연구는 13세기의 교회법 법률가들에 의한 것으로, 1073-1198년까지의 시기를 이미 알고 있었던 '교황령 연구자들Decretalists'에 의한 것이었다. 이들은 교황청 특사를 3가지 범주로 나누어 설명하였다. 첫째는 교황청에서 파견한 특사the *legatus a latere*로서 이는 교황 전권을 위임받은 일반적인 추기경들로 이 시기에 가장 흔하게 등장하며 중요한 임무를 맡은 특사들이었다. 둘째는 선교특사*legatus missus*(혹은 *nuncius apostolicus*)로서 약간의 권한을 지닌 사절로 흔히 중재의 권한이 없는 단순한 전달자들이었다. 셋째는 토박이 특사*legatus natus*로서 명예직으로 특별한 대주교에게 붙여진 것이었다. 이 직위의 보유자는 로마 특사로서의 광범위한 지역에 대한 권한과 기능을 가지지 않는 자들이었다. 그러나 이 같은 13세기의 구분은 1073-1198년까지의 특사들의 알려진 활동과 정확하게 일치하지는 않는다. 11세기 후반에 교황 서한에서는 "로마 특사", "사도좌의 특사", "우리의 특사" 등의 언급이 가장 자주 등장하는 표현들이었다.[78]

1070년대의 거의 모든 특사는 꾸리아의 구성원들로 이루어졌으며

77) *Epistolae Vagantes*, pp.56, 58.
78) I. Robinson, *The Papacy*, pp.147-149 참조.

대부분이 단기 지속이었으나, 몇몇의 특사들은 그 지방 출신들로서 종신직으로 활동한 경우도 있었다. 그레고리우스는 광범위한 다양한 사람들을 특사로 고용하였다. 그들의 선발 기준은 충성심과 능력 및 자격을 갖춘 것에 따라 그리고 각각의 사절들의 요구에 따른 것이었다. 그레고리우스 시대의 이들 특사들은 세 유형으로 나눌 수 있다.

첫째, 중요하거나 긴급한 상황에서 그레고리우스는 주교급 추기경들을 기용하는 경향이 있었다. 그레고리우스가 독일로 파견한 첫 번째 특사는 주교급 추기경들인 제랄드 오시티아, 후버트 팔레스티나로서 이들은 그레고리우스의 첫 번째 개혁 시노드에 참석하였으며, 이후 1074년 3월에 급파되었다. 주교급 추기경이었던 제랄드 오스티아는 그레고리우스의 교황직 초기 시절에 프랑스에서 이미 특사로 활동하고 있었던 인물이었다. 이들의 사명은 로마 시노드에서 시작된 성직 매매와 성직자의 결혼에 반대하는 격렬한 운동을 벌여 군주 하인리히 4세와 독일 교회로부터의 지지를 획득하는 일이었다. 1070년대 중반 독일 왕국으로 파견된 특사들은 이 개혁안을 수행하고자 하였으며, 로마 교황의 수위권에 존경을 드러냈다. 제랄드 오스티아의 후임자 오도는 1084-1085년에 독일에 홀로 파견되기도 했지만, 1079년에는 주교 울리히 파두아가 추기경 피터 알바노와 동행하여 독일로 파견되었다. 그레고리우스의 특사들은 일반적으로 홀로 행동하지 않았다. 휴 디에처럼 교황 대리자는 그의 파트너 아마투스 올롱과 함께 화합하여 행동하였다. 피터 알바노는 1079년 독일에 있었는데, 그는 1079-1080년의 클루니와 그의 이웃 주교들간의 위기를 수습하기 위해 보내졌으며, 1084-1085년에 프랑스로 되돌아왔다. 그레고리우스의 교황좌 초기에는 사제급 추기경 휴 칸디두스를 스페인에 급파한 경우도 있었으나, 일반적으로 그레고리우스는 특사직에 로마 사제들을 거의 기용하지 않았다. 왜냐하면 이들에게는 로마에서의 전례 임무를 담당하도록 하였기 때문이었다. 오히려 그는 보다 하위직의 로마 성직자들인 부제와 부제보를 자주 기용하였는데, 그레고리우스 자신도 부제 시절에 특사직을 수용했던 일이 있었기 때문일 것이다. 그레고리우스는 이러한 성직자들이 자신의 심중을 충분히 알아주기를 기대하였으며, 또한 그들이 기꺼이 책임질 수 있기를 권고하였다. 이들은 성 베드로의 가족이었던 것이다.

둘째, 그레고리우스는 상당수의 수도원장들을 특사로 기용하였다. 수도원 제국의 수도원장들은 광범위한 지위와 연결망을 가지고 있었다. 그리하여 클루니 수도원장 휴와 베르나르와 마르세이유의 리차드 생 빅톨과 같은 수도원장들은 그레고리우스가 신임하는 특사들이었다. 이 시기에 그레고리우스는 사도적 은총과 판단력의 대리자로서 클루니의 수도원장 휴와 연대함으로써 자신의 열정에 균형을 잡을 수 있었다.

셋째, 서임권 투쟁의 모든 시기에 특징이 되었던 종신직 특사들이다. 이들은 특사가 되기 이전까지는 로마 교회 내에서 어떤 성직의 품계도 받지 않았으며, 지방이나 '변경지역'에서 추기경직을 받지 않았던 이들로서, 이들 모두는 그들이 활동하였던 지방 토박이 출신이었다. 이들은 대부분 그 지방의 주교의 힘이 막강하였던 지역에서 주교로 임명되어 교황 특사로서 적극적인 활동을 하였던 사람들이었다. 그리하여 이들이 특사로서 활동을 시작하였을 때 이들은 주교지위를 갖고 있었다. 1073년 이전과 1077년 이전에 조차 그들의 지위와 역할은 서구 교회에서 유형화된 것이 아니었다. 이들은 그레고리우스와 로마 교회의 지속적인 의존도가 높아감에 따라 많은 양의 업무 압박에 부응하여 점차적으로 출현하게 되었으며, 프랑스와 독일의 두 중요한 서구 왕국을 다루기 위해 변화하는 상황에서 매우 중요하게 등장한 인물들이었다. 리용의 대주교가 되었던 휴 디에는 종신직 교황청 특사로서 한정된 지역을 넘어서서 활동하였던 선택된 집단의 사람들의 전형적인 유형이 되었다.

1077년부터 특별히 휴 디에가 프랑스에서 행하였던 역할은 주교 아마투스 올롱이 그해 남부 프랑스와 북부 스페인에서 광범위하게 수행했던 역할이었으며, 1081년부터는 루카의 주교 안셀름 2세가 롬바르디아에서, 그리고 주교 알트만 파사우가 남부 독일에서 수행한 역할과 동일한 것이었다. 교황 대리자로서 이들의 역할이 발전되어갈 때, 그들은 그레고리우스 교황 정부에서 대부분의 결정적인 역할을 개별적으로 대변하였다. 그럼에도 불구하고 교황 정부의 제도화라는 장기적 측면에서 살펴보면 이들의 역할은 일시적인 것이었다. 12세기에 교황 행정부가 확대되면서 더이상 이들은 필요치 않게 되었다.

2) 특사의 임무

그렇다면 특사는 교회 내에서 어떠한 임무를 이행하였는가? 첫째, 특사는 교황의 권위를 신도들에게 가르치는 교황의 본질적인 의무를 공유하는 자들이었다. 특사에게 시노드는 신도를 가르칠 수 있는 기구였다. 둘째, 특사의 의무는 로마 교황의 개혁 시노드에서 결정된 법령들을 그의 지방에 급송하는 일이었다. 그레고리우스는 자신의 개혁안을 관철시키기 위해서는 특사에 의존하여야 함을 인식하였다. 개혁적인 법령들은 그레고리우스가 주장하였던 '서한들과 특사들을' 통해 세상 전역으로 선포되었다.

1073년에서 1198년까지의 기간 동안 19명의 교황 가운데 4명을 제외하고 모두가 특사로 활동하였음을 로빈스 교수는 이미 밝힌 바 있다.[79] 이 시기에 활동하였던 대부분의 교황들은 그들의 실제적인 첫 통치 경험을 특사직을 통해 얻었는데, 꾸리아에서 멀리 떨어진 지역에서 교황청 특사로 일하는 것은 권력 장악의 첫 시험대가 되었다. 그들 중 절반은 제국의 영토에서 꾸리아를 대표하였으며, 제국 법정에서 중재자의 역할을 담당하였다. 이들 가운데 일부는 교황청에 관련된 선거의 책임을 지녔고, 교황과 제국과의 관계 속에서 전문가적 의견을 제시하였다. 그레고리우스 7세의 서한에서는 개혁의 필요 속에서 긴급하게 한 교회에서 특사들의 기능의 중요성을 여러 차례 언급하고 있다. 그는 아뀌텐느의 종신직 특사인 주교 아마투스 올롱에게 다음과 같이 서술하였다.

> 로마 교회는 교회가 설립되는 초대 시기부터 이 관습을 가지게 되어, 전 지역에 특사를 파견하여 그리스도교도를 가르쳤으며, 특사에게 교회의 권위를 부여하여 로마 교회의 통치자와 지배자가 일반민들에게 행할 수 없는 일을 행하여서, 세상 전역의 모든 신앙인들에게 구원과 도덕적 고결함을 설교하고, 신성한 종교와 관련된 모든 일 안에서 사도적인 원리를 신앙인들에게 부지런히 가르치도록 하였다.[80)]

힐데브란드(교황 그레고리우스 7세)는 교황직에 오르기 이전이었던 1050년대 부제보Subdeacon 이후 1059년대에 대부제Archdeacon가 되면서 특사의 강화된 권위를 행사하는 최초의 사람 중의 하나였다. 당시의 교황 레오 9세 이래로 특사들의 기용은 일반적인 일이 되었다. 힐데브란드는 이탈리아, 프랑스, 독일에서 특사직을 맡아 광범위한 경험을 하였다. 그는 특사의 기능을 행정적이고 사법적인 기능뿐만 아니라 구원을

---

79) *Ibid.*, p.147.
80) *Ibid.*, pp.149-150.

선포하고 덕을 증진시키며 건전한 원리로 세상을 계도하는 교황의 의무를 반영하는 것으로 이해하였다.[81] 프랑스에서 두 번째 특사직(1056년)에 있을 때, 그는 칼론에서 한 번의 종교회의를 개최하여 성직매매의 죄목으로 몇 명의 주교들을 폐위하였다. 또한 그는 독일 법정과 밀라노의 법정에 파견되어 로마 수장권에 대한 경외심을 가르치려는 교황청의 시도들에 주력하게 되었다.

모든 지역에서 주교들에 대한 교황의 권위에 대해서는 11세기 말엽 라테란 성당의 콘스탄스의 법률 네 번째 실베스터 법령*Actus Silvestri*에 따르면, 세속의 모든 재판관들이 황제를 그들의 수장으로서 섬기는 것과 꼭 마찬가지로 로마의 세상에서는 주교들이 그들의 수장이며 군주로서 교황을 섬긴다.[82] 또한 그레고리우스 7세의 「*Dictatis Papae*」(1075년) 4조항에서 언급하고 있듯이, "(교황청) 특사는 비록 그가 하위 등급일지라도 한 시노드에서 모든 주교들을 통제하며, 그들을 폐위할 수 있다"는 것이었다. 이와 같이 특사의 지위는 교회의 계서제 내에서 주교들보다 상위에 있었으며, 교황의 전권을 지닌 특사들은 지방에서 교황의 대리인으로서 활동하였다.

3) 대주교들과의 갈등

그러나 유력한 성직자들 특히 대주교들은 그 자신들이 신으로부터 직접 뽑힌 인물들이며 그들이 지닌 권한은 옛날부터 내려오는 전통적인 권한이라고 생각하였다. 그리하여 교황의 개입 특히 교황청 특사들의 활동은 주교의 권한을 침해하는 일로 간주되었다. 1074년 주교직을

81) H. Cowdrey, *Pope Gregory VII*, p.592.
82) *Ibid.*, p.593.

폐위당하고 교황청 특사들과 충돌하였던 브레멘의 대주교 리에마르 Liemar of Bremen는 '힐데쉐임 편지 모음집'에서 그레고리우스 7세를 위험인물로 묘사하였다. "위험인물은 주교들이 마치 자신의 하급관리인 것처럼 주교들에게 명령하기를 원하였다. 그리고 주교들이 그의 명령을 이행하지 않는다면 그들은 로마로 회부될 것이며 또는 재판 없이도 폐위될 것이었다."

이런 인식은 1073-1074년에 그레고리우스와 대주교 지그프리드 마인쯔 간의 서신 왕래에서도 이미 나타났다. 지그프리드도 로마의 역할은 그리스도교 왕국의 교회들의 전통적인 권한을 보호해 주는 것이라고 믿었다. 그래서 그는 "신성한 교황좌가 마인쯔의 교회에게 위임하였던 즉 존경받는 어머니가 사랑하는 딸에게 주었던 것처럼 은총의 특권"을 그레고리우스에게 간청하였다. 랭스의 대주교 마나세스 Manasses 1세 (1069-1080)도 그레고리우스의 특사에게 강력히 저항하였다. 마나세스의 이름으로 발표된 저항적인 세 통의 편지들은 교황이 위임하였던 랭스 교회의 전통적인 권리에 대한 다양한 공격을 서술하는 것이었다. 1080년 마나세스는 리용 종교회의에서 폐위되었다. 마나세스는 고대적인 전통을 지녀왔던 그의 주교좌의 주교권을 주장하였으며 그의 주교구에 다른 주교들이 간섭하는 것은 교회법이 금지하는 것이라고 비난하였다.[83] 그가 주교좌에 있는 동안 마나세스 1세의 주된 목적은 개혁을 방해하려는 것이 아니라 그들이 이시도루스 메르카토르 Isidorus Mercator와 위대한 대주교 힝크마르 시대에 지녀왔던 랭스 교회의 전통을 사라지지 않게 보존하려는 것이었다.

성직에 대한 마나세스의 생각에 따르면, 로마 교회의 기능은 다른

---

83) I. Robinson, "*Pericuosus Homo* : Pope Gregory VII and Episcopal Authorith", *Viator* 9 (1978), p.123.

교회들의 특권을 보호하고, 그 특권들의 위반을 처벌하는 것이었다. 랭스의 특권을 옹호하는 마나세스에 대한 그레고리우스 7세의 행동은 교회의 전통적인 구조에 대항하는 것이었다. 이러한 마나세스와 그레고리우스 7세의 대립에서 알 수 있듯이 교회의 조직화에 대한 개념에 차이가 있었다. 마나세스는 교회를 특권들을 열정적으로 보호해 주는 엄격한 계서제로 정의했던 반면, 그레고리우스에는 더욱 역동적인 개념으로 파악하여 교회 구조를 그리스도교 사회의 필요에 따라 재구성하고 새로운 틀을 만들어야 한다고 생각했다. 마인쯔, 브레멘, 그리고 랭스의 대주교들이 옹호하고자 하였던 그 당시의 영예로운 특권은 그레고리우스 7세에게는 단지 교회와는 관련 없는 관습의 외형처럼 보였다. 오랫동안 만들어지고 잘 알려진 관습일지라도 그레고리우스에게는 진리를 대신할 수 없었다.[84]

그레고리우스 7세에 따르면 로마 교회는 모든 교회들과 인민들의 보편적인 어머니이며 군주였다. 서구는 로마로부터, 로마에 의해서만 유일하게 복음을 전파하였다는 고대적인 전통을 이어 받았다. 라벤나 교회가 성 아폴리나리스St. Apollinaris(사망 179년)를 통해 지니게 되었던 위엄 내지 명예가 아무리 크다 할지라도 그것은 사도좌의 은총에 의해 허용된 것이었다. 라벤나 대주교가 로마에게 복종과 예속의 의무를 인정하지 않았을 때, 그레고리우스 7세는 성 베드로와 순교자이며 주교인 성 아폴리나리스를 사랑하는 모든 라벤나의 인민들에게 저항할 것을 설교하였다.[85]

교황 수장제 정부 형태의 운용은 예외 없이 하위직 관리자들에 대한

84) I. Robinson, 앞의 논문, p.131.

85) *Reg.* 6. 10. 1078년 11월 26일 귀베르트의 파직을 라벤나인들에게 알리는 서한, p.411.

엄격한 통제를 필요로 한다. 그것은 주교 조직에 대한 통제를 의미하였다. 교황은 이에 대한 통제 없이는 효율적인 통치권의 구사를 기대할 수 없었다. 프랑스는 전통적으로 상스와 랭스의 대주교의 권위가 막강하였다. 이에 그레고리우스는 이들의 권위를 약화시키기 위해 특히 리용 대주교의 지위를 강화시켰다. 1079년 4월 20일 교황은 4개의 지방교회 즉 리용, 루앙, 투르, 상스에 대한 최고권을 리용 주교좌에게 부여하였다. 그리하여 그는 자신이 신뢰할 수 있는 인물들에게 그것을 수여하였다. 이때 특사는 대주교를 축복하였고, 상당히 많은 주교와 대주교들을 그들의 직위에서 파면하였다. 특사의 열정에 가장 두드러진 희생자는 랭스의 대주교 마나세스였다. 마나세스와 휴 디에와의 오랜 투쟁은 그가 1080년 성직매매로 면직되면서 절정에 달하였다. 쉐이퍼Theodor Schieffer는 프랑스에서의 교황 특사에 대한 연구(1935년)를 통해 휴 디에의 특사 활동에 관해 다음과 같은 결론을 도출하였다. "그레고리우스의 특사직은 공격 기구였다. 개혁적인 특사의 관심은 교회 권위를 증오하거나 거리끼는 힘과 경쟁하는 것이었다. 그리하여 어떤 특사직의 승리는 주교와 메트로폴리탄의 권한을 약화시키는 것을 의미하였다." 그레고리우스 특사에 대한 당대의 비판자들은 이들을 꾸리아의 공격용 무기와 동일시하였다.

브레멘의 대주교 리에마르는 1075년 독일에서 추기경 특사들이 그와 동료인 마인쯔 대주교 지그프리드에게 보인 행동에 대해 불평하였다. "마치 무모한 미친 자들처럼 이들은 우리를 사도좌에게 복종하도록 엄명하였다. 특사들은 명령을 통하여 시노드를 소집하였으며 이에 불복하는 자들은 로마로 보내 자신들을 해명하도록 하였다." 그레고리우스에 대한 비판은 그가 "전대미문의 혁신가"로서 교회의 고대적 특권을 약화시킨다는 것이었다. 그러나 이와는 반대로 그레고리우스의 입장은 자신의 개혁 조치들이 "신성한 교부들의 고대적인 발자취를" 뒤따르는 것이라고 생각하였다. 그는 의심할 바 없이 초기 교황들의 법령들에서 언급된 교회의 권위 있는 제도들을 복원시키는 것이라고 믿고 있었다. 그의 목적은 명백히 위 '이시도르 법령집'에 근거한 '교부들의 법규'를 이행하는 것이었다. 그레고리우스의 특사 제도는 '관습적인' 것으로서 권위 있는 것으로 보였다. 그가 아마투스 올롱의 종신직 특사에게 "로마 교회가 설립되는 초대 시기로부터"라고 언급한 바 있었다. 그레고리우스는 특사직을 초대교회의 제도를 복원하는 것으로 간주하였으나, 랭스 대주교 마나세스와 브레멘 대주교 리에마르 같은 반대자들은 그레고리우스의 특사직이 관행적으로 이전 그레고리우스 교회의 전통을 지녔던 사람들에 반대하는 공격용 제도로 쉽게 변질될 수 있다고 주장하였다.

주교들의 임무에 대한 그레고리우스 7세의 인식은 1074년과 1075년의 로마 사순절 회의의 개최를 서술한 교황 서한에서 잘 표현되었다. 그는 주교의 의무가 우선적으로 복종*obedientia*의 개념에 근거해야 한다고 생각하였다. 이것은 성경 사무엘 상 25장 22-23절까지를 인용한 것으로 "복종은 희생제물보다 더 나은 것이며, 귀 기울이는 것이 기름진 숫양을 드리는 것보다 나은 일이다." 이 복종에 대한 개념은 교황 그레고리우스 1세에게는 "신의 의지에 대한 인간 의지의 자발적인 복속을 의미하였던" 반면, 그레고리우스 7세에게는 "교황의 명령에 대한 주교들과 성직자들의 복종을 의미하는 것"이었다. 1076년 그레고리우스 7세에 대한 독일 주교들의 불만은 그레고리우스가 교회의 전통적인 계서제를 모욕하였으며 주교들의 권리를 파괴하려 한다는 것이었다.[86]

---

86) I. Robinson, "*Periculosus Homo*", p.106.

4) 그레고리우스와의 소통

1070년대 후반의 특사는 주로 정치적인 기능을 지녔다. 독일에서 내전이 발발한 후 교황은 특사들을 활용하여 군주 하인리히 4세와 그의 대립군주 루돌프 진영과 협상하고자 하였다. 특사들이 행해야 할 것으로 기대되었던 일의 범위는 항상 예견될 수는 없었다. 그레고리우스는 때때로 그의 임시 특사들을 임명하여 파견할 수밖에 없던 때도 있었다. 그의 종신직 교황 대리자들에게만 교회법과 교회 법규의 지도서에 따라 행동하는 광범위한 자유가 주어졌다. 그리하여 특사들은 로마의 그레고리우스에게 정기적인 보고를 위해 돌아가야만 했다. 특별히 그들이 종교회의를 가진 후에는 꼭 그렇게 해야만 했다. 그래서 그레고리우스는 자신의 이름으로 취해진 그들의 결정들을 알아보고 개정할 수 있었을 것이다. 그렇게 로마로 돌아가는 일이 지체되었던 특사들은 심한 견책을 당했다. 주교 휴 디에가 특사로서 경험했던 판결조차도 그레고리우스의 로마 시노드에 의해 꼼꼼히 조사받고 확정되었던 것이다.[87)]

그러나 그레고리우스가 주장하였던 모든 통제에도 불구하고, 현실적인 적용에서 그의 가르침을 과도하게 앞서갔던 특사들의 행동은 항상 절박한 문제를 야기하였다. 이는 왕왕 프랑스에 파견된 특사들에게서 드러나고 있었다. 휴 디에와 아마투스 올롱이 특사들로서 행한 지속적인 실수는 개혁을 진행하는 데 과도한 열정과 엄격함에서 비롯되었다. 그레고리우스는 특히 휴의 판결을 번복함으로써 여러 번에 걸쳐

---

87) *Reg.* 7. 20. 랭스의 대주교 마나세스 1세에게 보낸 서한, 10980년 4월 17일 p.496, *Reg.* 8. 17, 랭스의 성직자와 인민들에게 보낸 서한, 1080년 12월 27일, p.538.

휴의 가혹함을 조절해야만 했다. 특사들은 고도의 정치적으로 민감한 문제들에 있어서 그레고리우스의 의중을 지나칠 수 있었다. 1077년에 포케임에서 로마의 부제급 추기경이었던 베르나르와 마르세이유의 수도원장 베르나르 생 빅톨은 그레고리우스가 원하는 것과는 일치하지 않는 입장으로 대립군주로서 루돌프 라인휄덴의 선출에 대한 동의를 표명하였다. 1080년 그레고리우스의 사순절 시노드에서 그는 루돌프의 선출은 자신의 동의 없이 발생한 일이었다고 선언하였다.[88)]

말년에 그레고리우스의 특사들은 독일에서 하인리히 4세의 반란을 무마시키고 동시에 파문당한 군주에게 지속적으로 충성을 보여 온 주교들을 면직하는 일을 행하였다. 결정적인 역할은 1084년 12월에 주교급 추기경 오도 오스티아에 의해 행해졌는데, 그는 주교 오토 콘스탄스를 면직하고, 그 자리에 게하드 주링엔을 축성하였다.

이러한 그레고리우스의 특사제도는 이후 12세기에 보다 체계적으로 제도화 되어갔다. 12세기 교황청은 보다 전문적인 법률가-특사들을 파견하여 이들이 각 지방에서 사건을 심의하고 사실을 규명하도록 하여 이와 관련된 모든 자료를 로마 교황청 법정으로 송부하도록 하였으며, 최종 판결은 교황청 법정에서만 행해지도록 함으로써 교황 수장제론의 보다 정교한 발전을 이루었다.[89)]

---

88) *Reg.* 7. 14. p.484.

89) G. Barraclough, *The Medieval Papacy* (London: Thames and Hudson, 1968), p.104 참조.

제5장

그레고리우스 7세의 현실 인식론

찬란한 고대 로마제국의 중심부였던 로마는 67년 성 베드로와 성 바오로의 순교로 인해 거룩한 도성으로서의 토대를 마련하였다. 수차례 이민족의 침략과 역병 및 화재와 더욱이 불안정한 정치상황은 11세기에 이르러 더 이상 로마가 찬란한 고대도시가 아닌 황폐한 구 도시로 전락하게 했다. 당시 교회 개혁을 이끌었던 그레고리우스에게도 로마는 중요한 곳이었다. 영국의 가톨릭 사제이며 원로 역사가인 코주리H. Cowdrey는 "교황 그레고리우스 7세 만큼 로마 도시와 로마 교회를 그렇게 완전히 동일시하였던 교황은 없었으며, 로마 교회의 사도들의 보호자인 성 베드로와 성 바오로의 봉사에 그렇게 혼심으로 전 생애를 위탁한 교황은 일찍이 없었다"[1]고 언급하였다.

교황 그레고리우스 7세는 거의 폐허가 되다시피 한 로마 시를 로마 교회와 함께 그 이미지를 강력하게 부각시켜 나갔으며, 이러한 이념적 토대는 또한 로마 교회와 성 베드로의 관계를 어머니와 아버지의 관계

1) H. Cowdrey, *Pope Gregory VII*, p.1.

로, 나머지 모든 교회들은 자녀의 관계로 설정하면서, 세상의 모든 자녀들이 부모의 지도와 가르침에 순종하면서 따를 것을 촉구하였다. 그리하여 로마 교회를 활성화하기 위해 로마 시노드를 정례화[2]하였으며, 일반민들의 속죄행위로 로마 순례를 장려하였다. 또한 그는 새로운 사회변화에 대한 인식으로써 새롭게 부상하던 기사 계층과 상인 계층에 대한 사목적 배려를 하였다. 이는 그레고리우스로 하여금 직업상 늘 죄와 폭력에 노출되었던 귀족, 기사 등에 대한 속죄 규정을 제정하도록 하는 것이었다.

이러한 기사들에 대한 그레고리우스의 인식은 위험에 처한 동방교회를 구하고자 하는 열망과 더불어 기사들에게 새로운 행동지침을 마련하는 계기도 되었다. 이는 당시에 이미 발달하고 있던 성전 이념에 기사들의 속죄행위를 접목시키는 결과를 가져왔으며 바로 십자군 이념이 되었다. 카알 에르트만Carl Erdmann의 『십자군 이념의 기원』[3]이 출판된 이래로 이 십자군 운동의 모체가 되는 세 가지 운동, 즉 성전holy war, '신의 평화', 성지순례는 특히 역사가들의 관심을 모아왔다. 이 세 운동들은 11세기 말엽 개혁 교황좌의 이목을 집중시켰던 것이었다.[4]

---

2) 앞의 시노드 장 참조.

3) C. Erdmann, *Die Entstehung des Kreuzzugsgedankens* (Stuttgart, 1935). 영역본으로는 *The Origin in the Idea of Crusade*, by M.. W. Baldwin and W. Goffart (Princeton, 1977).

4) I. Robinson, *The Papacy*, pp.323-324.

1. 로마 보편 교회론

1) 순례지 로마

11세기 중엽 로마는 불안정한 정치상황과 더불어 거의 폐허가 되어 잿더미로 변해가고 있었다. 이에 대한 당대인의 생생한 묘사는 12세기 초엽 힐데베르트 라베르딘Hildebert of Lavardin의 비가에 잘 묘사되어 있는데, 이는 "과거 로마제국의 회상이 황폐화된 기념물들과 버려진 땅들의 잔영 속에 남아있음"을 보여주는 것이었다.[5] 인구 면에서도 4세기 그리스도교 세기의 로마시의 인구는 대략 50만 명을 훨씬 넘었을 것으로 추정되나, 교황 그레고리우스 7세가 어린 시절 성장하였던 그 도시는 인구 2만 5천에서 3만 명 정도였다. 더욱이 당시 농업과 상업적인 측면에서도 로마는 번영하는 도시가 아니었다.

그러나 이제 로마는 더 이상의 번영하는 경제의 중심부는 아닐지라도, 교회로부터 재원을 마련하게 되었다. 성벽과 고대 사원들의 폐허 자리에 많은 교회 건물들 혹은 수도원이 건축되었다. 그 도시가 지닌 그러한 부는 순례자들, 참회자들, 탄원자들로부터 나온 것이 대부분이었다. 이들은 전체 라틴 그리스도교왕국에서 왔으며, 성 베드로와 성 바오로 사도들의 영예를 드높이기 위해서, 그들의 고대에 만들어진 로마의 그리스도교의 신비를 보기 위해서, 그들의 죄를 사함받기 위해서, 그리고 교황과 그의 대리인들로부터 판결을 받거나 혹은 다른 유익을 찾아온 사람들이었다. 그들은 거처할 방과 양식이 필요했으며, 착취 당할 수도 있었고 사기 당할 수도 있었다. 그들은 연중 순환하는 종교적인 행사에 참석하였고, 이 일은 결코 잊어서는 안되는 거주민들

5) H. Cowdrey, *Pope Gregory VII*, p.1.

로마의 성 라테란 대성당의 중앙 내부

과 방문객들의 삶을 형성하는 교회와 도시의 사업거리였던 것이다.

(1) 성유물의 보고인 성 라테란 성전

로마 교회는 로마 시의 마주보는 측면에 위치한 두 개의 위대한 성전에 근거하였다. 하나는 궁전과 인접해 있는 남동쪽의 성 요한 라테란 성당으로 교황이 거주하는 곳이며, 그의 행정의 중심부가 되었다. 이곳은 아비뇽으로 교황청이 옮겨갈 때까지 교황의 대관식과 착좌식을 거행하는 성전이었으며, 교황들이 사망 후 그 시신이 안치되는 곳이기도 하였다. 다른 하나는 티베르 강이 가로지르는 북서쪽의 성 베드로 성당으로 사도들의 왕자의 성전이며, 그의 대리자인 교황이 있었다. 로마 시의 행정과 치안은 교황의 평화와 안정을 위해 중요한 것이었다. 12세기에 급성장하게 되지만 그레고리우스 7세 때에 로마의 질서 정비는 여전히 미완성이었으며 산발적이고 불완전한 것이었다.

로마 행정부의 중심부인 성 라테란 궁전*palatium sacrum Lateranense* [6]은 라테란 바실리카(성전)와 인접해 있었다. 라테란 성전은 인구 밀집 지역과는 약간 떨어져 있긴 하였지만, 로마의 주교좌성당이었고, 그 도시의 주교인 교황에게 할당된 지역이었다. 라테란은 다른 모든 교회들의 머리이며 어머니요 여왕으로서 세상에 그 자신을 선포하였는데, 그곳이 그들에게 복지를 제공하고 그들을 보호함으로써 위안과 가르침을 주기 때문이었다. 1057년에 피터 다미안은 "라테란 성전은 교회들 중의 교회이며 거룩함 중의 거룩한 곳"으로 일컬었다. 그곳의 이름 가운데 하나가 구세주의 교회였다. 이것은 모범적인 성직자를 통해서 올바른 삶의 유형을 제공하는 것이었다. 로마의 시민들을 위해 라테란은 자비의 성전으로 그곳의 문들은 밤낮으로 거룩한 지성소로서 개방되었다.[7]

『라테란 교회에 관한 묘사*Descriptio ecclesiae Lateranensis*』의 첫 판에 근거해서 그레고리우스 7세 시대에는 교황 궁전과 라테란 성전에서 콘스탄티누스 대제의 이러한 약속들을 가시적으로 체현시키고 있다고 보았다. 이 책의 저자는 보편적 권위와 그러한 행위를 담당하였던 건축물이라는 의미에서 교황청에게 수여한 콘스탄티누스 대제의 과거 전설의 잔영 이상의 무엇인가를 라테란 성당에서 보았던 것이다.[8] 성전의 높은 제단과 오늘날에도 여전히 교황의 채플로 쓰이는 지극히 성스러운 곳으로 알려진 성 라우렌스 채플의 유골함과 진귀한 유물들은 사도좌가

---

6) 팔라티움은 로마의 일곱 언덕 가운데 하나를 가리키며 아우구스투스의 저택이 있던 곳이었다. 콘스탄티누스 대제는 라테란 궁전과 함께 라테란 성전을 교황에게 수여하였다.

7) Peter Damiani, *Briefe*, no.48, 55/8-11, 56/12-14, 57/9-12 ; H. Cowdrey, *Pope Gregory VII*, p.10 재인용.

8) H. Cowdrey, *Pope Gregory vn*, p.21.

성 라테란 대성당의 챙스토호바 성모자상 이콘(원본은 폴란드 챙스토호바의 이콘. 이 역시 성 루가의 작품으로 전승되어 왔으며 일명 '블랙 마돈나'로 불린다)

지니는 신성한 권력의 존재를 항상 보증하는 것이었다. 콘스탄티누스 대제는 자신의 모후 헬레나가 예루살렘에서 수집해온 성 유골함을 그곳에 보내어 로마에 영예로움을 한층 더해 주었다.

그것은 성 라우렌스 채플에 보관되어 있는 예수의 진짜 십자가가 들어있는 유골함 및 예수의 샌들, 그리고 라테란 성 유골함의 모든 진귀함 가운데 극치는 그리스도의 할례로 인한 음경포피가 포함되어 있는 것이었다. 그 채플의 중앙 재단 위에는 또 하나의 가장 성스러운 유물이 있었다. 다름 아닌 그리스도의 초상화로서 이는 성 루가가 디자인하였지만 얼굴은 인간의 손에 의해 그려진 것이라기보다는 천사의 작품이라고 믿어졌다. 같은 채플의 또 다른 제단은 사도들의 왕자들 즉 성 베드로와 성 바오로의 머리가 있었다. 그들의 몸은 각각 성 베드로 성당과 성 바오로 성당에 안치되었다.

신성한 유물들로 다양하게 채워진 라테란 성전은 보고가 되었다. 이들은 먼 과거의 기념물 그 이상이었다. 그것들은 그리스도와 그의 사도들과 성인들의 영원한 권한을 그 도시에 생생히 살아있도록 만들었으며 그 도시가 교황의 규율을 확고히 만드는 곳으로, 성지 순례의 중심부이며 그리스도교 왕국의 모든 지역에서 온 신심 갚은 남녀 교우들을 헌신하도록 하는 곳이 되었다.

(2) 성 베드로 성전

베드로 성전은 라테란 성전보다 일반민에게 더욱 가까이 있었다. 티베르 강에 접해있는 성 안젤로 성곽의 보호를 받고 있던 성 베드로 성전 또한 성 유물을 보관하였다. 로마 교회는 천 년 간의 역사를 지니며, 오랜 동안 순례지로서 보편적인 명성을 지녀왔다. 그곳은 그 도시에서 순교한 사도들의 왕자인 성 베드로와 성 바오로의 교회로서의 권위를 가지게 되었는데 이는 성 베드로의 무덤 위에 세워졌기 때문이다. 그리하여 그곳은 라테란보다도 민중들의 연민이 매우 강력하게 작용하는 기반을 갖춘 곳이었다.

교황 그레고리우스 1세는 성 베드로의 유골 가까이에 묻혀있는 그의 대리자들의 최고의 명성을 주장하였으며, 성 베드로를 사랑하였고 그

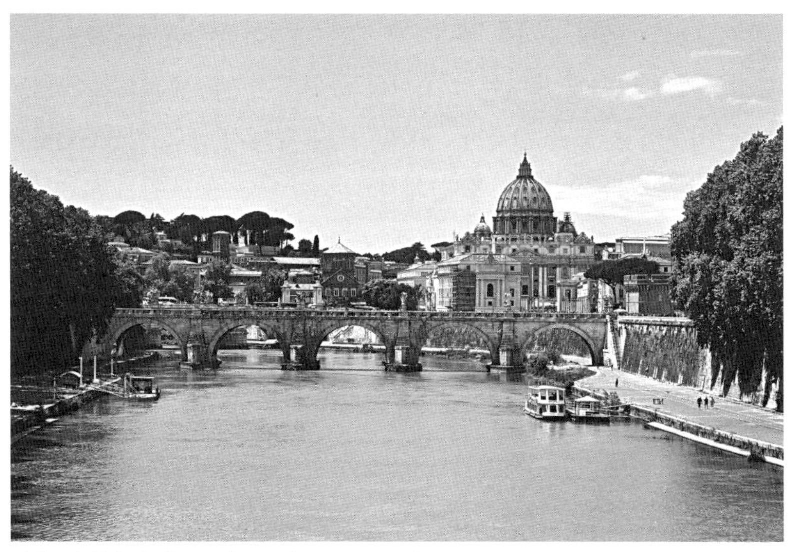

티베르강 위의 성 안젤로 다리와 성 베드로 대성당

곳에 봉헌되었던 성 베드로 성당의 성직자들에게 자부심을 주었다. 그들은 그곳이 라테란 보다 더욱 탁월하다고 주장하게 되었다. 왜냐하면 그리스도가 '즉 너는 베드로이다.' 너의 임무는 '네 양들을 돌보는 것이다.'라고 약속한 사도의 성당이었기 때문이었다. 교황이 팔리움(사도직에 참여한다는 의미를 지닌 어린 양의 양모로 만든 띠)을 멀리 떨어진 교회들의 대주교들에게 수여하였던 곳이 바로 성 베드로의 제대였다.[9)]

먼 곳에서 온 방문객들은 맨 먼저 그들의 발길을 성 베드로 성전으로 옮겼다. 7세기부터 11세기까지 서방 로마 교회는 성 베드로의 무덤이 있다는 것이 그리스도교 세계에 매우 의미 있는 일이었다. 지금은 무덤에 있으나 훗날 천국의 문지기로서 나타날 그의 몸이 천국에서의 현존과 지상 교회 사이를 연결하였다. 성 베드로가 지속적으로 은총과 벌을 내리고, 치유와 보증을 할 수 있었던 것은 바로 그의 지속적인 육체적 현존을 통해서 이루어진 일이다.

'콘스탄티누스의 기진장'[10)]에서도 콘스탄티누스 대제가 성 베드로의 시신에 그 증여 문서를 올려놓고 선물을 지키겠다고 맹세한 대목이 등장한다. 731년에 로마에서 소집된 공의회는 "성 베드로의 지극히 복된 시선이 안장된 지극히 거룩한 묘지 앞에서" 모였는데, 이렇게 공의회와 그 권위의 근원을 신체적으로 접촉케 한 행위는 오늘날도 자주 언급된다. 유럽의 새로 개종한 지역의 군주들과 순례자들이 세례

---

9) H. Cowdrey, *Pope Gregory VII*, p.11.

10) 이 문서는 315년 3월 30일에 콘스탄티누스 대제가 교황 실베스터 1세에게 보낸 편지의 형식이다. 이것은 콘스탄티누스 대제가 회심하여 세례를 받고 교황 실베스터의 행렬 때 문둥병을 고쳤다는 긴 이야기로 시작된다. 황제가 성 베드로의 대리자에게 안티옥, 알렉산드리아, 예루살렘, 콘스탄티노플의 총대주교구들에 대한 관할권을 부여하며, 황제의 휘장과 로마의 라테란궁을 기증한다. 또한 황제는 로마, 이탈리아, 서방의 모든 속주들에 대한 제국의 권력을 교황에게 이양한다는 내용이다. 보다 자세한 연구로는 이경구, 『중세의 정치 이데올로기』(느티나무, 2000), 43쪽 참조.

바티칸 성 베드로 대성당의 돔 내부

를 받기 위해서, 그리고 가능하다면 그 사도 앞에서 죽을 수 있기 위해서 로마를 방문했다.[11)]

그레고리우스의 시대에 로마로 향하는 속죄의 순례는 교구 주교들의 지위를 보증하기 위해서 뿐만 아니라 교황 권위의 알현방식을 규정하기 위해서 교회 공의회에 의해 조절되는 기존의 제도였다. 아델레메 Adelelme의 로마행 속죄여행은 성 베드로 교황좌의 사면권을 찾아가는 속죄고행을 보여주는 것이었다. 고향에서 대죄를 진 사람들은 교황에

11) R. W. Southern, *Western Society and the Church in the Middle Ages* (Penguin Books, 1970), p.94.

게 고해성사를 하기 위해 로마로 왔다. 일례로, 바르셀로나의 백작 라이몬드 베랭가르 1세Raymond Berengar I of Barcelona의 아들인 피터 라이문디Peter Raymundi는 1071년 계모를 살해하였다. 그는 로마로 갔으며, 그레고리우스는 로마 추기경들에게 그에게 속죄에 필요한 보속을 부과하도록 하였다.[12)]

그리하여 로마로 향하는 속죄와 순례는 성 베드로의 권력을 일상적으로 행사하는 것이었으며 그의 권력을 모든 이에게 전반적으로 인식시키고 강화시키는 수단이 되었다. 더욱이 11세기 로마의 주요한 수입원은 바로 이들 순례자들에게서 나온 것이었다. 12세기에 추가된 수입원으로는 소송인들과 탄원자들이었으며, 이는 교황청 정부가 빠르게 팽창하도록 조력하는 것이 되었다.[13)]

2) 로마 교회와 성 베드로의 관계

성 베드로는 보편적인 아버지이며 모든 교회들, 토지, 그리고 개별적인 그리스도교도의 스승이었다. 그는 권위와 명령과 판단을 내리는 인물이었던 사도들의 왕자이며 스승이었다.[14)] 그의 권위는 신약성서의 그리스도의 말씀에 근거한 것이었다.[15)] 교황으로서 그레고리우스

12) H. Cowdrey, *Pope Gregory vii*, p.585.

13) I. Robinson, *The Papacy*, p.3.

14) *Reg.* 2. 25, 1074년 11월 18일 쾰른 대주교 아노에게 보낸 편지, 157/12-14 ; 3. 10a, 1076년 사순절 시노드, pp.270-271.

15) * 마태오 복음 16장 18-19절, "잘 들어 두어라. 너는 베드로이다. 내가 이 반석 위에 내 교회를 세울 터인즉 죽음의 힘도 감히 그것을 누르지 못할 것이다. 또 나는 너에게 하늘나라의 열쇠를 주겠다. 네가 무엇이든지 땅에서 매면 하늘에도 매여 있을 것이며 땅에서 풀면 하늘에도 풀려 있을 것이다."
* 루가 복음 22장 32절, "나는 네가 믿음을 잃지 않도록 기도하였다. 그러니 네가 나에게 다시 돌아오거든 형제들에게 힘이 되어다오."

바티칸의 성 베드로 대성당 광장

자신과 관련하여 베드로는 스승이었으며 아버지였다. 그가 베드로를 대신해서 활동할 때, 그레고리우스는 그에게 속한 사람들에게 아버지와 목자처럼 행동하였다.

그레고리우스는 보다 심정적이며 관습적으로 세상의 모든 곳에서 자녀들을 키우는 만인들의 어머니이며, 모든 교회와 인민들의 어머니인 신성한 사도좌 혹은 로마 교회의 모습을 서술하였다. 그레고리우스는 멀리 떨어져 있는 세상 전역을 통틀어 모든 교회들의 어머니이며, 종말 때에는 그렇게 될 것이었던 로마 교회에 대해 특별히 강조하였다. 어머니로서 로마 교회는 단순히 상징적 혹은 감정적인 강조가 아니었다. 그것의 역할은 그리스도교도의 통일체의 활동적인 중심부로서 그리고 권위 있는 신앙과 교회의 원천으로서 활동하고 모든 지역에 미치는 것이었다.

로마 교회의 모성적인 권위는 교회 명령과 교의 그리고 전례 의식의 문제에서도, 사법권과 교회법의 준수만큼이나 중요한 것이었다. 크고

---

* 요한복음 21장 17절, "예수께서는 '내 양들을 잘 돌보라' 하고 분부하셨다."

작은 문제에서 민족별 혹은 지방별로 존재하는 교회들은 로마의 어머니 교회의 지도를 따라야만 하였다. 1081년 그레고리우스는 주교 헤르만 메쯔에게 보낸 서한[16]에서 그의 주교좌의 정당성의 시작을 특별히 힘있고 명확하게 선포하였다. 그는 교부들과 전체 공의회들이 로마 교회가 보편적인 어머니였다는 것을 오랫동안 인식시켜 왔음을 주장하였다. 그레고리우스가 1084년 살레르노에서 마지막으로 선포한 로마 교회의 회칙에서는 특히 성 베드로의 부성과 로마 교회의 모성을 연관시키는 내용을 담고 있었다

> 그리스도의 이름으로 그리스도교 신앙을 진실로 이해하는 온 세상의 모든 이들은 사도들의 왕자인 성 베드로가 모든 그리스도교도의 아버지이며 그리스도 다음으로의 그들의 첫 번째 목자이고, 신성한 로마 교회가 모든 교회의 어머니이며 여왕이라는 사실을 알고 믿는 자들이다. 만일 당선이 이를 믿고 확고히 지킨다면, 당신의 형제이며 존귀한 스승인 나는 전능하신 하느님의 이름으로 그대의 부모를 도와 그대가 성공하기를 권하며 또한 명령하는 바이다. 만약 아버지와 어머니를 통해서 당신이 모든 죄를 용서받을 수 있다면, 현세와 다가올 내세에서 축복과 은총을 받을 것이다.[17]

아버지로서의 성 베드로와 모든 그리스도교도들의 어머니로서의 로마 교회 간의 완전한 조화는 그레고리우스로 하여금 교황주권자이며 대리자로서의 탁월한 모습을 지니도록 하는 것이었다.[18] 그는 삼위일

---

16) *The Correspondence of Pope Gregory VII*, ed. E. Emerton, pp.166-167. 1080년 3월 15일 8. 21, p.547.

17) *The Epistolae Vagantes*, no.54, 모든 신앙인에게 보내는 편지, (?1084), pp.134-135.

18) H. Cowdrey, *Pope Gregory VII*, p.523.

체와 그리스도의 강생의 측면에서 그리고 보편 공의회 칙령에서 간직한 하느님의 교회로서의 다른 교의들과 교황의 법령과 교회의 박사들이 동의하였던 것들로써 그리스도교도의 신앙을 지켜야 했다. 특히 그는 신성한 것을 보존하고 신앙고백이 많이 있었던 7개의 보편 공의회[19]의 모든 법령들을 지킬 것을 서약하였다.[20] 위와 같은 공의회의 선언 형태로 제시되었던 것 이상으로 그레고리우스는 성서의 권위에 무게를 실었다. 복음서들은 그레고리우스가 성서구절들을 인용하여 성

성 베드로상(성 라테란 대성당)

베드로의 대리자로서 그 자신의 주장의 근거와 관련된 증거자료를 제공해 주었기 때문이다.[21] 그레고리우스는 일종의 교회의 보통법을 만들어 온 과거로부터 전수받은 교황과 공의회 및 다른 문헌들로부터

19) 니케아(325년), 1차 콘스탄티노플(381년), 에페수스(431년), 칼케돈(451년), 2차 콘스탄티노플(553년), 3차 콘스탄티노플(680-1), 2차 니케아(787년) 공의회 등이었다.

20) H. Cowdrey, *Pope Gregory vn*, p.514.

21) 앞의 각주 15) 마태오 복음 16장 18-19절 참조.

통치의 다양성을 받아들인 그의 시대적 신념을 따랐다. 교황과 전체 공의회에서 언급되었고 법률과 모순되지 않은 채 묶여있는 것으로, 이는 교회의 교의와 도덕적 가르침들과 일치하였고 그리스도교도로서 생활하도록 도와주었다. 이러한 원문들이 만족스럽지 못하였을 때마다, 혹은 관습이 법률의 형태에서 정제될 필요가 있을 때마다 교황은 입법할 수 있는 권한 및 의무를 지녔다. 이는 바로 그리스도의 대리자인 성 베드로를 통해 내려오는, 교황만이 지닐 수 있는 권한이었으며, 또한 보편 교회의 어머니인 로마 교회의 수장만이 누릴 수 있는 것이었다. 그리하여 그레고리우스는 로마 교황령을 토대로 성서와 공의회 등의 문헌에 근거하여 성 베드로의 권한을 지닌 아버지인 교황과 어머니인 로마 교회로 하여금 이 세상의 모든 그리스도교도들에게 부모의 역할을 충실히 하도록 하며, 자식인 그리스도교도들 역시 그들의 부모에게 복종과 의무를 다하는 건실한 그리스도교 왕국을 건설하는 데 있었다.

2. 속죄 규정

세상의 모든 이들을 보편 통치하려는 그레고리우스 7세는 당대 새롭게 등장하는 기사와 상인 계층 및 새로운 사회변화에 대한 교회의 관심을 드러내었다. 이는 속죄 규정의 변화에서 드러나는데, 1078년 11월과 1080년 사순절 시노드에서 속죄 규정을 마련하였다. 이에 관해 구체적으로 살펴보자.

1) 1078년 11월 시노드[22]

그레고리우스 7세는 이 시노드에서 새로운 계층에 대해 인식하고 있음을 속죄 규정을 통해 드러내었다. 속죄의 방법으로는 가톨릭교회의 7성사 중의 하나인 죄를 고백하는 것이었다. 이는 초기 아일랜드의 수도승들에게 적용된 금욕적 수도 생활에서 나온 속죄 규정이었다.[23] 그레고리우스는 이러한 속죄 방식을 새롭게 규정하고자 하였다. 1078년 11월 시노드의 기록은 예외적인 조항들로 가득 차 있었다. 특히 그레고리우스의 시노드 기록은 전적으로 완전한 형태라기보다는 주로 심중에 담고 있는 것들의 표현이었다. 그중 논의된 것으로는 33개 항목*capitula*과 13개 법령*decreta*이 교황과 시노드의 권위로 회기 말에 만들어진 것을 공포하였다. 그는 과중한 벌금에 따라 속죄하기를 명함으로써 잘못된 속죄의 개념을 개혁하고자 하였다. 그들의 일 자체가 죄에 노출되어 있었던 기사, 상인, 혹은 주군의 관리와 같은 세속인들이 대죄를 지었을 때, 그들은 속죄의 시기에 그의 일을 삼가야만 했다. 그레고리우스는 단식*cap.21, decr.13*과 미사 때에 죄에 상응하는 헌금*cap.33, decr.13*을 내는 것을 제정하였다.

잘못된 속죄 또는 참된 속죄에 대한 그레고리우스의 법령들은 1078년과 1080년 사이 그의 생각과 행동에 심각한 변화를 겪었다고 볼

---

22) 그레고리우스 7세 때에 매년 정례화된 로마 시노드는 사순절 기간에 열리는 것이 일반적이었다. 그러나 이례적으로 1074년과 1078년에는 11월에 시노드를 한 번 더 개최하였다.

23) 가장 먼저 아일랜드에서 속죄규정서가 나왔는데, 거기에는 죄의 목록과 함께 부록에 속죄규정이 들어 있었다. 이러한 속죄규정서는 7세기 이후 서구의 전체 모든 사제가 직무상 지녀야 했던 소책자로서, 교회의 속죄제도를 올바로 이행하기 위해 필요했기 때문이었다. 아우구스트 프란쓴 지음 | 최우석 옮김, 『교회사』(분도출판사, 1982), 154-155쪽 참조.

수 있다. 그것은 다음 세기동안 서구에서 속죄의 원리에 대한 하나의 방향을 새롭게 조명하였다. 1078년 11월 시노드에서의 속죄 법령은 명백하게 잠정적인 성격이었다. 그것은 잘못된 속죄행위를 규정하는 것으로써 시작되는데 과거의 최고의 권위에 따라 대죄에 비례하여 부과되지 않았던 것들에 대한 것이었다. 그레고리우스는 심중에 과거 수백 년 동안 그것들이 만들어져 왔던 속죄행위의 세부조항을 가지고 있었다. 그는 생활 속에서 하는 일이 죄를 짓지 않고는 행할 수 없었던 사람들이 그의 일을 멈추고 그의 생활방식에 대해 종교적인 사람의 자문을 따라야만 진정한 속죄를 행할 수 있음을 규정하는 것이었다.[24] 그러한 한 사람의 속죄자가 절망에 빠지지 않도록 그는 선한 일들을 행해야만 하였다. 그리하면 하느님이 속죄하는 그의 마음을 교화할 것이었다.(decr.6) 그레고리우스는 속죄에 대한 두 가지의 고려를 염두에 두었다고 볼 수 있다. 만약 한 사람의 속죄자가 그의 잘못을 계속하거나 또 다른 비교할만한 심각한 죄를 계속 행한다면, 그 속죄는 헛된 것이었다. 만약 한 사람이 적절한 속죄의 이행을 원한다면, 그는 악을 거부하면서 하느님 안에서 믿음과 그의 계명에 따라 세례 때에 약속한 신앙의 근원으로 되돌아와야만 하였다.[25] 그러나 11월 법령은 많은 부분에서 불만족스럽다고 볼 수 있다. 그것은 참된 속죄의 정의를 제공하지 않았으며 전반적인 속죄의 문제에 대해서도 다루고 있지 않았기 때문이다. 그러나 그레고리우스가 이 시노드에서 언급하였던, 미사에 참석한 속인의 봉헌물 성격의 정규적인 헌금 주장은 로마 교회뿐만 아니라 다른 지역의 교회에 주요 수입원이 되었을 것이다.[26]

---

24) H. Cowdrey, *Pope Gregory VII*, p.512.

25) *Reg.* 7. 10, 1079년 11월 25일, pp.471-472.

26) H. Cowdrey, *Pope Gregory VII*, p.318.

2) 1080년 사순절 시노드

1080년 사순절 종교회의에서 그레고리우스는 새로운 법령을 만들었다.[27] 법령은 이제 그리스도교의 가르침을 언급하기 시작하였다. 구원을 바라는 모든 이는 잘못된 속죄를 피하여야만 한다. 마치 잘못된 세례성사는 원죄를 씻어내지 못하였던 것처럼, 잘못된 속죄는 세례성사 이후에 지은 죄를 없앨 수 없었기 때문이다. 그레고리우스는 만약 한 사람의 죄인이 그의 죄의 진정한 용서를 구한다면, 그는 종교인의 충고에 따라 행해야만 하는 것이 진정한 속죄가 된다고 하였다. 진정한 속죄의 표시는 죄를 지은 사람이 신에게로 완전히 돌아가야만 했다. 그는 예언자 에제키엘의 말을 인용하였다.

> 만일 못된 행실을 하던 자라도 제 잘못을 다 버리고 돌아와서 내가 정해 준 규정을 지키고 바로 살기만 하면 그는 죽지 않고 살 것이다. (에제키엘 18장 21절)

1078년과 1080년 사이의 속죄에 대한 그레고리우스의 사려깊은 결정은 그것과 연관된 사상과 관행에 새로운 심오함과 지침을 주는 것이었다. 그는 성직자와 속인을 모아 세례성사로 인간생활의 재개와 그의 세례성사 때의 상태인 깨끗함을 유지하기 위해 속죄의 사용을 숙고하였다. 그는 내적인 전환을 주장하였다. 그레고리우스는 금전적인 봉헌으로서 모든 대죄를 보속할 수 있으며, 외적인 속죄는 생활의 내적인 전환으로 수행되어져야만 한다는 주장으로 옮겨가고 있었다.[28] 이

---

27) *Reg.* 7. 14, pp.481-482.
28) H. Cowdrey, *Pope Gregory vn*, p.513.

시기에 그레고리우스는 기사들, 상인들, 세속 관리들의 속죄에 대해 관심을 가졌다. 그들의 직업은 미움, 사기, 악함, 야망, 기만 등의 죄없이는 추구되어질 수 없었다.

1081년에 그는 세상의 영예, 세속적인 이득, 영혼의 자만심과 충돌하지 않고는 통치할 수 없는 군주들에게도 유사한 관심을 가졌다. 1080년까지 그는 군주에게 약자에게서 잘못 거둬들인 재산은 전적으로 반환하도록 요구하였으며, 신에게로 완전히 돌아와서 그들의 모든 죄를 고백하도록 하였다. 그의 판단과 가르침은 모든 곳에서 모든 이를 묶고 있다는 것이다. 그레고리우스의 열쇠의 힘은 올바르게 판단하는 것과 속죄를 해주는 행위를 교황이 수행해야 할 매일의 의무로 만들었으며, 사도들의 왕자에게 그러한 능력을 수여하였다.

3. 성전론Holy War Idea

새로운 사회계층에 대한 인식과 더불어 보편 그리스도교 왕국을 지향하였던 그레고리우스에게 분열된 동방교회와의 재통합은 중요한 현안이었다. 그는 동방교회를 어머니인 로마 교회의 딸의 관계로 규정하면서 그들의 구원요청에 반드시 응해야 한다는 입장을 표명하였다. 그렇다면 과연 그레고리우스는 전투하는 기사들에게 어떤 이념을 제시하였는가? 앞 장에서 살펴본 그레고리우스의 기사들에 관한 속죄 규정에서는 성서에 근거한 회개자의 모습이었다. 그러나 그는 기사들의 전투행위에 관한 적극적인 입장을 자신의 서한을 통해 잘 드러내고 있다. 그렇다면 이러한 전투에 관한 인식이 어떻게 발달되어 왔는지 그레고리우스 이전 시기부터 살펴보도록 하자.

1) 성전 이념[29]의 발달

11세기 공덕의 신학theology of merit은 모든 선한 행위가 원죄를 갚기 위한 행위로 생각되는 경향이 있었다는 점에서 보다 소극적인 의미를 담고 있었다. 그것은 신에게 갚아야 하는 인간의 빚의 일부를 지불하는 정도였다.[30] 공덕의 신학은 강력하게 속죄적인 것이 되었으며, 많은 선행이 신에 의해 부과된 죄에 대한 처벌을 다소 감소시킬 수 있는 것으로 생각되었다. 그리스도의 계명 가운데 첫째는 신에 대한 사랑이고, 둘째는 이웃 사랑이었다. 이 이웃 사랑을 실천하는 것은 바로 선행을 하는 것이었다. 그러나 성 아우구스틴St. Augustine은 그리스도교도의 사랑에 대한 요구로 무력의 사용을 조화시키려고 하였다. 그는 구약성서뿐만 아니라 신약성서에서도 죄에 대한 처벌로써, 가해행위에 대한 방어수단으로써, 예언자들과 성인들과 심지어 그리스도가 폭력의 사용을 허용하는 많은 예들을 찾아냈다. 아우구스틴에게 이 열쇠는 이러한 신성한 사람의 의도를 이해하는 데 있었다. 그러한 제재는 그들을 사랑하는 힘에서 나오는 것이었다. 그들이 미워서가 아니라 그들이 사랑을 거부하고 법을 어긴 자들로 정의와 교정이 필요한 이들이기 때문이었다. 사실상 그것은 대사Indulgence보다는 무력의 사용을 더욱

29) 성전 이념에 대한 최근의 연구서로는 서구와 이슬람 전통에서 이 사상이 어떻게 발전하게 되는가를 분석한 다음의 책이 유용하다. J. T. Johnson, *The Holy War Idea in Westem and Islamic Traditions* (The Pennsylvania State Univ. Press, 1997), 이 책에서 저자는 다양한 시각으로 여러 명의 연구자들의 연구성과를 토대로 성전의 여러 가지 개념, 정당한 전쟁과 성전의 비교, 이론의 정당화 등을 설명하며, 이 성전은 중세뿐만 아니라 종교개혁기, 근대국가, 더욱이 불과 얼마 전의 이슬람 세계에서의 전쟁과 보스니아 내전 등 오늘날에 이르기까지 지속되고 있음을 설명하고 있다.

30) Louise and Jonathan Riley-Smith, *The Crusades : Idea and Reality 1095-1274* (Edward Amold, 1981), p.3.

선호하는 것이었다. 그리하여 아우구스틴은 물리력을 통한 이단의 처벌을 정당화하는 것이었다. 그는 '혼인잔치의 주인'이라는 비유에 주의를 기울여서, "그의 종을 밖으로 보내 거리에 있는 사람들을 강제로 잔치에 오도록 하였다."(루가 복음 14장 23절) 그는 그리스도교 역사에서 처음으로 '정당한 전쟁Just war'의 이론을 발전시켰다. 그는 가톨릭 권위의 완강한 거부자들인 도나티스주의자들의 강제를 승인하게 되었다. 그리스도의 비유의 말씀인 "그들을 강제로 끌어들여라*Compelle Intrare*"에 매우 두드러진 강조였다.[31] 이것을 더욱 발전시킨 인물은 교황 그레고리우스 1세였다. 그의 전투에 대한 이러한 정당화는 중세에 많은 영향력을 주게 되었다. 더욱이 프랑크족과 다른 게르만족의 개종은 왕직에 대한 사상을 포함하여 그리스도교의 사상을 대중적인 하부구조인 전쟁에 접목시키기 시작하는 것이었다.[32]

아우구스틴의 무력사용과 사랑의 논쟁은 쉬운 것이 아니었다. 왜냐하면 그것들은 그의 많은 저작들을 통해 분산되어 있었기 때문이며, 1차 십자군이 일어나기 바로 전에 그것들은 세 개의 중요한 모음집에 스며들어 광범위한 독자층에게 유용한 것이 되었다. 1083년 성 안셀름 루카St. Anselm of Luca의 『교회법 모음집*Collectio Canonum*』의 12권과 13권에서 사랑과 폭력의 원문들을 포함하여 폭력에 대한 아우구스틴 원문의 기본적인 모형을 발표하였다. 그리고 1094년 이보 샤르트르Ivo of Chartres의 『교령집*Decretum*』과 『파노르미아*Panormia*』였다.[33] 무력사용에 대한 아

31) H. Cowdrey, "the Genesis of the Crusades the Springs of Western Ideas of the Holy War", *The Holy War*, ed. T. P. Murphy (Columbus, Ohio, 1976), p.18.

32) *Ibid.*

33) 이 시기에 관련된 전반적인 교회법령집 연구로는 장준철, 「11세기 개혁시대의 교회법령집 분석」, 『서양중세사연구』 18호(2006. 9), 65-92쪽 참조.

우구스틴의 정당화는 이단의 압박에서 특히 그것이 세속지배로부터 교회를 자유롭게 하고자 하는 시대에 교회 개혁파에게 호소되었다. 안셀름 루카를 포함하여 특별히 영향을 받은 한 집단이 있었다. 이탈리아의 토스카니의 위력자 마틸다 백작부인 주변에 모였던 이들 가운데 존 만투아John of Mantua는 속인에 의해 휘둘러진 세속적인 칼에 대한 교황 지배의 성직자정치의 기반을 발전시켰으며, 게세마니 동산에서 십자가의 사건 전야에 사도들의 왕자인 성 베드로가 칼을 지니고 있었다는 것에 특별히 근거하는 논쟁을 벌였다. 존은 주장하기를 비록 베드로가 그리스도에 의해 비난받았을지라도, 그가 칼을 꺼냈을 때 그리스도는 그것을 던져버리라고 명령하지 않았다. 베드로가 사제로서 그 자신 스스로 군인의 행동을 이행할 수 없었다. 그러나 그와 그의 승계자들이 폭력을 제어할 수 있는 힘을 가졌다는 사실 또한 명백하다.

아우구스틴은 신의 명령에 의한 전쟁을 묘사하였다. 신성한 권위로 아브라함은 이삭을 번제물로 바칠 준비가 되었으며, 모세는 전쟁을 하였고, 엘리야는 바알사제들을 죽일 수밖에 없었다. 신의 명령에 대한 이러한 응답들은 신실한 순종과 복종을 보이는 것이었으며, 그것들은 신이 잔인함에서가 아니라 정의로운 징벌로써 직접 폭력을 명령할 수 있었음을 증명하는 것이었다. 전쟁이 신에 대한 복종으로 일어났다면, 그것은 정당한 것으로 받아들여졌어야만 하였다. 이것이 곧 정당한 전쟁Just war이었다.[34] 그를 선하거나 악하거나를 판단하는 것은 바로

---

34) 서구에서 성전(Holy war)의 이념은 정당한 전쟁(Just war)의 전통 안에서 범주와 목적을 지녔다. 그리하여 서구문화에서 성전은 정당한 전쟁의 전통에 소속된 범주(subcategory)로 발달해 왔다는 것이다. 왈터(Walters)의 지적에 따르면, 성전과 정당한 전쟁이 대조적이라기보다는 "유사한" 것으로 파악하였다. 필자는 이 의견에 따라, 정당한 전쟁의 맥락에서 성전 이념의 발전과정을 파악하였다. J. Johnson, *The Holy Idea in Western and Islamic Traditions*, p.43. 참조.

사람이 아니었다.

신이 전쟁을 일으킨다는 것은 구약성서에서 증명되었다. 그 강조점이 신약성서에서는 다르게 나타났다. 전쟁을 일으키고 예언자들에게 명령하였으며 또한 폭력의 사용을 사도들에게 금지한 것도 유일하면서 동일한 신이었다. 이러한 아우구스틴의 원문들 일부는 안셀름 루카에 의해 인용되었고, 이보 사르트르에 의해 약간 축소되어 인용되었다

2) 교회에서의 모호한 태도

1차 십자군 전야에 서구 그리스도교도들은 전쟁에 대해 매우 이중적이고 모호한 태도를 취했음을 알 수 있다. 성직자는 칼을 축복하였고 더욱 열심히 기사들의 성공을 위해 기도하였다. 사실상 성직자들은 '성전holy war'을 인가하고 있었다. 수백 년 동안 다양한 '성전'을 볼 수 있었다. 신의 평화와 휴전에서처럼 스페인 정복사업, 그리고 9세기의 교황 레오 4세와 요한 8세는 지중해의 무슬림과의 전투에 참전한 사람들에게 순교자의 왕관을 수여하였다. 그리고 10세기의 오토조의 마자르족에 대한 전투, 혹은 교황 레오 9세의 1053년의 남부 이탈리아의 노르만족에 대한 실패한 전투 등에서 볼 수 있다.[35] 그러나 11세기 중반과 1차 십자군의 전야에 서구 그리스도교는 전투에서 그러한 살상과 상처를 입히는 일을 인정했으나, 그 이유를 합법화하는 것은 중죄와 중형으로 다스렸다. 교회의 입장으로 이 모호한 이중적 사고는 1066년 하스팅즈의 전투에서 잘 나타났다. 노르만인들은 합법적인 군주의 명령 하에 교황의 깃발아래 정당한 대의를 위해 싸웠다. 그러나 이 전투이후 교황 대사인 노르만의 주교들은 전투에 대한 위반죄로 전사들

35) H. Cowdrey, "the Genesis of the Crusades", p.17.

에게 속죄를 부과하였다. 한 사람을 죽였을 경우 1년의 속죄를, 상해를 입혔을 경우는 40일의 속죄를 내렸다. 이 사실들은 11세기 초의 주요한 교회법 모음집인 부르카르트 보름스Burchard of Wonns의 『교령집*Decretum*』에 나타났다.[36] 부르카르트 보름스와 같은 교회법학자들과 교황법정의 가장 능력 있고 탁월한 선전자들도 전쟁의 수용에 반대하는 입장을 밝혔다. 그들은 성 아우구스틴의 "정당한 전쟁"에 대한 가르침을 찾아내지 못하였고, 강제에 대한 유보조항을 가지게 되었다. 추기경인 피터 다미안Peter Damian은 주장하기를, "어떠한 상황에서도 보편교회의 신앙을 옹호하기 위해 무기를 잡는 일이 정당화 될 수 없다. 더욱이 사람들이 보편교회의 지상의 일시적인 물건들을 얻기 위해 전투에 참여해서는 안 되는 것이다." 보다 과격한 추기경 훔베르트Humbert조차 "폭력적인 무기를 통한 이단의 박해는 올바른 일이 아니다"고 주장하였다.[37] 이처럼 교회법학자들에 따라 이러한 성전의 개념은 다양하게 발전하고 있었다.

3) 동방교회와의 관계

그레고리우스는 비잔틴의 동방교회에 대해서도 역시 어머니와 딸의 관계로 설정하였다. 동방교회들을 대표하는 것이 콘스탄티노플 교회였다. 그가 사적인 한 서한에서, 가톨릭 신앙으로부터 동방교회의 일탈을 서술했을 때, 그는 신의 은총으로 그러한 고난은 곧 속죄될 것이라고 전망하였다.[38] 또한 그는 동방과 서방 교회 간의 '화합*Concordia*'이 증진되

---

36) H. Cowdrey, "the Genesis of the Crusades", p.18. 보다 자세한 연구로는, H. Cowdrey, "Bishop Ermenfrid of Sion and the Norman Penitential Ordinance following the Battle of Hastings", *JEH* 20(1969), pp.225-242 참조.

37) H. Cowdrey, "the Genesis of the Crusades", p.19.

기를 소망하였다. 1073년 그레고리우스는 동로마 황제 미카엘Michael VII Dukas(1071-1078)에게 "우리는 하느님께서 로마 교회와 그 딸인 콘스탄티노플 교회 간에 마련하신 예전의 화합이 부활되기를 소망하며, 만약 그렇게 할 수 있다면 우리는 모든 이들과 평화를 나눌 수 있을 것이다." 라고 전하였다.[39)]

1074년 그레고리우스 7세는 십자군을 계획하였다. 그레고리우스의 원정 계획은 두 가지의 배경을 지니는데, 하나는 동방과 서방 교회들의 재통합reunion에 대한 열렬한 희망이며, 다른 한 가지는 아풀리아와 칼라브리아 노르만 공작인 로버트 귀스카르를 다루기 위한 것이었다.[40)] 그리하여 교회들의 재통합은 교황직위에 오른 초기에 그레고리우스의 특별한 관심거리였다. 그는 1071년 만찌케르트Manzikert에서 셀주크족의 승리로 인해 곤경에 처한 동방 그리스도교도들에게 깊은 연민을 느끼며, "콘스탄티노플 교회가 성령에 대한 인식은 우리와 다르나, 사도좌와 화합을 모색하고 있다"고 서술하였다. 그의 화합에 대한 입장은 굉장히 폭넓은 것이었다.[41)] 아르메니아 인들은 가톨릭 신앙으로부터 거의 모든 것이 벗어나 있다. 특히 모든 지역의 '동방인들'은 사도 베드로의 신앙이 그들의 다양한 견해들을 정리해 줄 것을 기다리

---

38) *Reg.* 1.18, 2.49. pp.29, 189.

39) H. Cowdrey, "The Gregorian Papacy, Byzantium, and The First Crusade", p.153.

40) H. Cowdrey, "Pope Gregory VII's 'Crusading' plans of 1074", *Popes, Monks and Crusaders* (the Hambledon Press, 1984), p.X27.

41) H. Cowdrey, "The Gregorian Papacy, Byzantium, and The First Crusade", ed, Howard-Johnston, Byzantium and the West c.850-c.1200 (Adolf M. Hakkert, Amsterdam, 1988), p.154. 비잔틴과의 관계에 대한 논문으로는 J. Shepard, "Aspects of Byzantine Attitudes and Policy Towards the West in the Tenth and Eleventh Centuries", ed.]. d. Howard-Johnston, *Byzantium and the West c.850-c.1200* (Adolf M. Hakkert, Amsterdam, 1988), pp.67-118.

고 있다는 신념을 표현하였다.[42] 그러나 이러한 원정은 결코 일어나지 못했다. 왜냐하면 독일의 군주 하인리히 4세와의 갈등 때문이었다. 1075년 1월에 그레고리우스는 동방교회에 대한 그의 모든 계획이 수포로 돌아갔음을 그의 친구인 클루니 수도원장 휴에게 탄식하면서 서술하였음[43]을 알 수 있다.

이에 대한 역사가들의 평가는 다양하다. 프라워Prawer는 "1074년 그레고리우스가 비잔틴 제국에 대한 군사적인 원조를 일으키려한 것이 십자군 이념의 발전을 담고 있지 않은 것은 아니었다고 밝힌바" 있다.[44] 릴레이 스미스Riley-Smith는 "그레고리우스의 원정 계획이 우르반의 연설의 전조라 불리는 무장된 자들의 순례를 느낄 수 있었다는 것에 동의하기 어려운 것은 아니지만, 한 사람의 현대 사가로서 십자군에 대한 정의는 다음과 같을 수 있다. 그레고리우스의 서한들은 계획된 원정과 순례 간의 명확한 연계가 없으며, 대사Indulgence도 없고, 서약의 증표도, 십자군을 위한 방어도 없었다."[45] 그러나 코주리Cowdrey는 이 원정에서 십자군 연설과 그것의 동기로서 많은 요소들이 이미 분명히 있었음을 밝혔다. 즉 그레고리우스는 그리스도의 이름으로 그리스도교도 형제를 구하기 위한 순교를 반복적으로 강조하였다. 그것은 십자군 열망의 주요한 영감이었다. 만약 교황 알렉산더 2세가 1063년에 바바스트로

42) *Reg.*, 1.18, 2.31, pp.29-30, 166-167.

43) *Reg.*, 1.46.49.72, 2.3.31.37.49, pp.69-71, 75-76, 103-104, 128, 172-73, 189 ; Epistolae Vagantes, pp.10-13, no.5. 그레고리우스 7세 교황과 당시 클루니의 수도원장이며 친구인 휴(Hugh)와의 관계에 대한 자세한 연구로는 H. Cowdrey, "Hugh and Gregory VII", *Le Gouverment D'hugues de Semur A Cluny: Actes du Colloque Scientifique International*, Cluny, Septembre (Ville de Cluny, 1990), pp.173-190.

44) Prawer, Histoire, 1: pp.159-161, M. W. Baldwin and W. Goffart, *The Origin of the Idea of Crusade*, (Princeton, 1977), pp.160-169.

45) J. Riley-Smith, What were the Crusades?(London, 1978), p.75.

전투에서 프랑스 기사들에게 대사를 약속하지 않았을지라도, 그는 그 전투에서 받을 수 있는 영원한 보상에 강조를 두었다.[46] 그리하여 코주리는 그레고리우스7세 때에 두 가지 점에서 변화를 가져왔다고 설명하였다. 첫 번째는 '그리스도의 전사'*militia Christi*라는 문구를 그의 서한에서 종종 사용하였다는 것이다. 그것은 확실히 전통적인 문구였다. 그리스도교도의 전투에 대한 성 바오로의 이야기로 되돌아간 것이다. 이와 더불어 다른 하나는 그레고리우스 7세가 군인-성인의 새로운 형태를 주장하였다는 점이다. 예를 들면 성 모리스St Maurice, 성 세바스찬St. Sebastian, 성 조지St. George, 그리고 성 마르틴St. Martin처럼, 밀라노의 에렘발드Erlembard도 강력한 파타레느Patarene의 지도자로서 1075년의 집단 반란을 무마시킨 공적이 있어, 그레고리우스의 눈에는 그 역시 진정한 '그리스도의 전사'로 보였을 것이다. 1078년 그레고리우스는 그를 진정한 성인으로 생각했음은 분명하였다.[47]

속죄를 하는 방식으로 선택할 수 있는 이제까지의 방법은 수도승 혹은 순례자가 되는 것이었는데, 이는 전사들에게는 자신의 선택된 삶의 방식을 완전히 포기하도록 요구하는 것이었다. 전사들은 자신의 기사 행위를 '중단해야만' 했던 것이다. 그러나 이제 전쟁에 대한 교회의 태도에서 그레고리우스 7세에 의해 만들어지는 변화는 십자군이 기사에게 자신의 군사기술의 실행을 통해 죄의 속죄를 제공해 주는 것이 되었다.[48]

---

46) *Reg.*, 2.37, p.173.
47) H. Cowdrey, "The Genesis of the Crusades", p.20.
48) *Ibid.*, p.23.

제6장

군주 하인리히 4세(1050-1106)의 진영

1. 하인리히(잘리에르조)의 통치방식

1) 제국교회의 위상 고슬라 Goslar

동부 작센지역에 있던 고슬라는 하인리히가 출생하였고 소년 시절에 거주한 곳으로 여겨진다. 그러나 1069년 이래로 작센 동부의 이민족 리우티치족Liutizi의 위협이 감소함에 따라 하인리히가 앞으로 작센에 머물기는 어렵게 되었다. 이는 1073-1074년의 작센 반란자들의 요구 중 하나이기도 했다. 만일 이교도의 힘이 현저히 약해졌다면, 그 지역에서 군주가 지속적으로 거주해야 할 이유가 없어졌기 때문이었다. 사실 작센지역은 오토조의 근거지로서 프랑켄 지역에 연고를 둔 잘리에르 왕조와는 직접적인 연관이 없는 곳이었다. 그리하여 군주가 그곳에 머문다는 것은 상당한 경비가 소요되었으며 이는 그곳 제후들과 주민들에게 상당한 부담이 되었다.

고슬라 성당의 전경

그러나 하인리히 4세가 통치한 처음 20년 동안 그는 왕국의 다른 어떤 지역에서보다 작센에서 더 많은 시간을 보냈다. 하인리히의 순회재판소의 기록에 관한 한 분석에서는 그가 막데부르그에 3번, 할베르스타트에 3번, 퀴에딜링부르그에 4번, 알스테트에 5번, 메르세부르그에 5번, 메이센에 3번, 게르슈텅겐에 3번, 에르푸르트에 2번, 더욱 중요하게는 그의 출생지인 고슬라에 32번 방문하였음을 보여주었다.[1)]

동부 작센은 하인리히 4세의 부친과 조부에게도 동일한 매력을 지닌 곳이었다. 콘라트 2세와 하인리히 3세 황제는 왕실 거주지로서의 고슬라의 독특한 이점들을 인식하였다. 10세기 후반에 람멜스베르그 근방에서 채굴되기 시작하였던 은과 더불어 그 지역의 전략적인 중요성으로 인해 당시 하인리히 2세는 사냥터였던 고슬라에 숙박지로서의 왕실 궁전을 세웠다. 콘라트 2세는 그 선조들의 건물을 지속적으로 유지하였

1) E. Kilian, *Itinerar Kaiser Heinrichs IV* (Karlsruhe, 1886) pp.4-73, 137-144.

고슬라의 황제 궁전

고, 성처녀 마리아에게 하나의 예배당을 헌당하여 그리스도교 전례력에 따른 큰 축일들의 종교적인 예식과 왕실 예식을 위한 유용한 공간으로 활용하였다. 뒤이어 하인리히 3세의 통치기에 고슬라와 잘리에르 왕조의 관계는 더욱 긴밀하게 되었다. 하인리히 3세는 그의 통치 17년 동안 고슬라를 22번 방문할 만큼 제국 내 다른 궁전보다 훨씬 애용하였다.[2)]

하인리히 3세는 고슬라에 성 시몬과 성 주드에게 헌정된 교회를 건립하였다. 그곳은 제국의 성 마리아 예배당과 긴밀히 연결되었던 것으로, 황제의 많은 궁정사제들이 고슬라 교회 건립으로 인해 성직록들을 받게 되었다. 성 시몬과 성 주드 교회의 성직자들은 주교좌 교회와 맞먹는 권위를 지닌 자들로 대우받았다. 건립에 참여한 참사위원들은 황제에 의해 모두 임명되었으며, 결과적으로 많은 이들이 주교좌로

2) I. Robinson, *Henry IV of Germany, 1056-1106* (Cambridge Univ. Press, 2003), p.79.

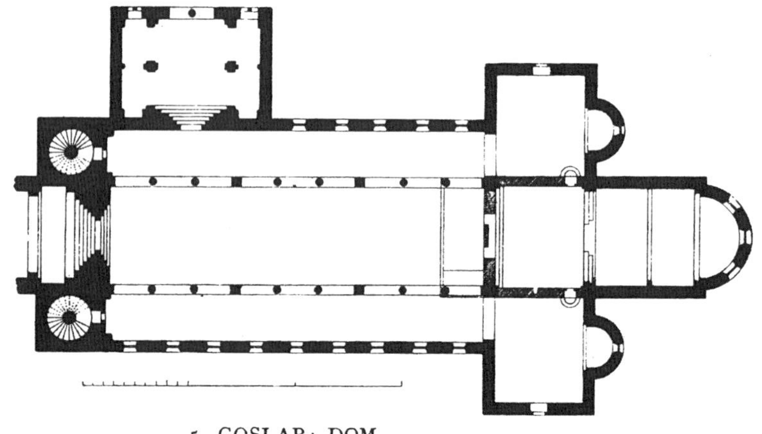

5. GOSLAR: DOM.

황제 하인리히 3세가 고슬라에 세운 성 시몬-성 주드 교회의 평면도(사도들의 축일이며 황제의 생일인 10월 28일 두 사도에게 1051년 헌당된 교회)

승진하였다.

1051년 성 시몬과 성 주드 교회의 창립일로부터 1077년 하인리히 4세가 그의 적들에게 고슬라의 통치권을 상실할 때까지 고슬라 건립에서 21명의 참사원들이 주교직에 오르고, 68명의 주교들 가운데 거의 3분의 1이 이 시기 동안 임명되었다. 하인리히 3세는 교회건립을 통해 제국 교회에 충성함으로써 군주권을 안정시키는 중심 역할을 하였다.[3] 고슬라 역시 가장 인상적인 '대관식'을 위한 장소를 제공하였고, 이는 잘리에르 왕조의 군주와 그의 신민들의 관계에서 한 본질적인 요소였던 왕실 권위를 예식을 통해 증명하는 것이었다. 이 경우에 군주들은 성직자 무리와 함께 성처녀 마리아의 채플로부터 성 시몬과 성 주드 교회까지 장엄하게 행렬하는 모습에서 '왕실의 위용'을 극적으로 드러냈다. 특히 11세기 2/4분기와 3/4분기에 고슬라는 군주가 성탄절에 머무르며 대관식을 여는 장소가 되었다. 1031년 12월에서 1075년 12월

3) I. Robinson, *Henry IV of Germany*, p.79.

까지 14번의 왕실 성탄절이 고슬라 궁전에서 기념되었다. 콘라트 2세에 의해 3번, 하인리히 3세에 의해 4번, 하인리히 4세에 의해 7번이다. 람페르트는 고슬라를 '왕국에서 가장 유명한 거주지'로 묘사하였다. "독일 군주들이 그들의 고향patria이며 그들의 사적인 장소로서 다루는데 익숙해진 도시"였다. 고슬라는 매우 부유한 궁전이었으며, 언제나 황제에게 가장 사랑받는 곳이었다. 하인리히 4세가 영구적인 궁전처럼 체류하였던 그곳은 그의 왕권과 가장 긴밀하게 연관되었다.[4] 이같이 잘리에르 조의 군주들이 고슬라를 그렇게 선호하고 자주 찾은 이유는 근거지가 미약한 곳에서 군주의 위용과 힘을 드러내어 통치권을 굳건히 하기 위한 통치술이었다고 볼 수 있다.

2) 왕위 승계방식[5]

황제 하인리히 3세는 부친인 콘라트 2세처럼 혼인을 통해 제권을 공고히 하고 무엇보다도 왕위를 승계할 왕자를 통해 강력한 황제권을 유지하려 하였다. 하인리히 3세는 두 번째 황후 아그네스 프와투와

---

4) Lampert of Hersfeld, *Annales, Lamperti monachi Hersfeldensis Opera, Monumenta Germaniae Historica Scriptores rerum Germanicarum in usum scholarum separatim editi.* [38] (1894) 1066, 1071, 1075, pp.100, 117, 119, 225. E. Rothe, *Goslar als Residenz der Salier* (Dresden, 1940), pp.21-31.

5) 오토 왕조의 황제들은 제위를 아들에게 안정적으로 물려주기 위해 새로운 아이디어를 고안했는데, 그것은 자신의 생전에 선제후 선거를 실시해서 아들을 공동 독일왕에 앉히는 방법이었다. 이러한 왕위 승계방식은 게르만족의 오래된 관습에서 비롯된 것이었다. 군주를 선거로 뽑기는 하지만 선거에 나올 수 있는 후보자는 전임군주의 혈연자로 한정되었다. 여기에 더해 전임군주는 후계자를 임명할 권리를 갖고 있었다. 따라서 군주 선거는 형식적인 절차였다. 독일에서의 군주 선출은 후대에 가서 7선제후에 의해 선출되는 방식으로 발전하며, 이는 1356년 '금인칙서'(Golden Bull)로 명명되는 군주 선출에 관한 법령으로 반포되었다.

콘라트 2세가 1026년 이탈리아 원정 때 가져온 철제 왕관으로, 롬바르디의 군주로 즉위식을 할 때 이 왕관을 착용했다.

결혼하여 7년이 지나서야 아들을 얻을 수 있었는데, 그 아이가 1050년 11월 11일 고슬라에서 출생하였던 하인리히였다.[6] 하인리히 4세의 모친 아그네스는 프랑스 유명 가문의 공주로서 양 부모 모두 카로링조의 후손임을 주장하였다. 카로링조 혈통은 잘리에르 왕조의 배우자감으로서 중요한 자격이 되었다. 콘라트 2세의 아내였던 기셀라Gisela 역시 카로링조의 후손이었고, 하인리히 4세의 첫 번째 아내 베르타 투랭도 마찬가지였다.

아그네스의 부친은 공작 윌리엄 5세 대 아퀴텐느와 프와투 백작으로서 그의 선조 '경건한 자' 윌리엄 3세 즉 클루니 수도원의 창시자였던 만큼이나 경건한 제후였다. 프와투 공주와의 결혼은 하인리히 3세에게 이 위대한 수도원 개혁의 중심부와의 긴밀한 연관을 가져왔고, 그래서 1051년 황제는 어린 아들의 대부로 클루니 수도원장 휴 1세를 초청하여 그의 축복의 선물을 받도록 하였다.

이는 클루니와의 연관 때문이 아니라 하인리히가 아그네스와 결혼을 하였기에 그녀의 모계 친족인 백작 오토-윌리엄 부르고뉴 가문

6) 처음에는 그의 조부의 이름 콘라트로 작명되었다. 이는 첫 번째 잘리에르 군주이며 황제였던 콘라트 2세에게서 유래하였다. 그러나 그가 1051년 3월 31일 부활절에 대주교 헤르만에게 퀼른에서 세례받을 때 그의 콘라트 이름은 하인리히로 개명되었다. 하인리히는 그의 부친의 이름이며 증조부의 이름이었다. 그가 출생하기 전에 마틸다(1045년), 유딧(1047년), 그리고 아델라이드(1048년)의 세 명의 누이가 있었다.

때문이었다. 결혼은 이러한 위협적인 가문과 화친하여 부르고뉴 왕국에서의 잘리에르 왕조의 지배를 강화하려는 의도였다. 콘라트 2세 때 복속된 부르고뉴의 안정은 매우 중요한 고려의 대상이어서, 1055년 황제는 그의 아들의 신부를 이곳 출신으로 선택하는 것을 결심하였을 것이다.

33세에 하인리히 3세는 아들 하인리히 4세를 얻게 되었을 때 독일 군주로서 12년째, 황제로서는 4년째로서 그의 권력의 최고조기였다. 그의 첫 번째 이탈리아 원정(1046-1047)은 로마 교회에의 개입으로 절정에 달하였고, 교황청을 로마귀족의 지배에서 해방하여 로마 교회에 개혁적인 통치를 도입하였다. 그리하여 하인리히 3세는 일련의 독일 교황들을 임명하였다. 그들 중 세 번째 교황인 레오 9세는 그의 친족으로 황제에게 매우 귀중한 도덕적 외교적 지원을 제공하였다. 이것은 하인리히가 잘리에르 왕조의 승계를 확정할 수 있었던 안성맞춤의 순간이었다. 1050년 성탄절에 포힐데Pöhlde의 궁전에서 그는 왕국의 제후들에게 아직 세례도 받지 않은 아들 하인리히에게 충성하겠다는 약속을 서약하도록 시켰다. 세례식은 대부 휴 클루니가 참석할 수 있는 다음 해 부활절로 연기되었다. 그러나 하인리히 3세는 설령 그 아기가 아직 2개월이 안 지난 갓난아기였을지라도. 제후들이 그의 상속자 아들에게 충성서약을 하는 예식을 지체하지 않았다. 푀힐데의 작센 왕궁에서 일어난 예식은 단지 작센 제후들과 튜링기안의 제후들이 참석하였음을 의미하기에, 세례 받지 않은 아기에게 이러한 일은 꽤나 난처한 일로 여겨졌을 것이다.

하인리히 4세의 승계를 안정시키는 두 번째 단계는 1053년 11월의 제후들 회의에서의 한 선출이었다. 헤르만 라이헤나우Herman of Reichenau의 연대기는 이 사건에 대해 유일한 언급을 담고 있다. "황제 하인리히

잘리에르 왕조를 시작한 황제 콘라트 2세와 그의 아들 하인리히 3세, 스트라스부르그 대성당 스테인글라스

는 트리부르에서 큰 규모의 회의를 개최하여 그의 아들의 이름을 자신과 동일한 이름으로 모든 이들에게 선출되어지도록 하였으며, 황제의 사망후 그들로 하여금 그에게 복속을 서약하도록 하였다.[7] 트리부르에서의 이러한 선출과 1050년 12월 푀힐데에서의 서약식을 비교해 보면, 1050년 선출은 황제가 단순히 자신의 승계자로서 자신의 아들을 지명한 것으로, 제후들이 많이 참여했다는 사인이 없다. 이러한 방식은 하인리히 3세 자신이 아홉 살이었을 때인 1026년 그의 부친에 의해 지명되었던 방식과 동일한 것이었다. 황제 콘라트 2세와 하인리히 3세는 막강한 황제권한으로 아들들을 군주로서 선출하기에 이르렀다. 황제의 지명과 함께 제후들의 선출방식으로 이루어진 것이었다.

그러나 1053년의 선출의 맥락은 제국 전역의 정치적 조건들을 악화시키는 것 가운데 하나였다. 1050년 12월의 평화와 번영은 이후에 군사적 패배와 내적인 분열의 길로 급속도로 나갔다. 하인리히 3세의 동맹자 교황 레오 9세는 교황청의 막강한 새로운 이웃들인 남부 이탈리

7) Herman of Reichenau, *Chronicon*, *MGH SS* 5, 1053, p.133, H. Mitteis, *Die deutsche Königswahl* (second edition, Brünn, Munich, and Vienna, 1944) p.64.

아의 노르만인들(1053년 6월 18일)에게 패배당하고 포위되었다. 그 패배는 제국의 위엄뿐만 아니라 독일인 교황좌의 안전을 위협하는 것이었다. 또한 1056년 10월 황제 하인리히 3세의 갑작스러운 사망으로 인해 여섯 살의 어린 아들과 황후에게 제권을 넘겨주어야 했다. 결국 황후의 섭정(1056년 12월-1062년 3월)이 시작되었다. 그러나 주교 아노의 쿠데타로 황후의 섭정은 막을 내리고 1065년 하인리히 4세가 성년기에 접어들어 직접 통치에 들어섰다.

3) 하인리히의 통치전략

하인리히 4세는 선조 오토조에서 내려오는 신정적 군주권을 지키려는 필사의 노력을 한 것으로 볼 수 있다. 그는 부친 하인리히 3세의 강력한 신정적 황제권을 모델로 삼아 교황권과도, 세속 제후들과도 그 권한을 지키려고 투쟁하였다. 그러나 하인리히 4세에게는 그러한 막강한 군주의 힘도 부족했고, 도덕적, 윤리적인 면에서 그가 보인 불안정한 모습은 많은 사람들의 지탄을 받으며 통치자로서의 위상에 커다란 타격을 주었다.

군주 하인리히 4세에게 원조를 요청하는 헝가리의 솔로몬 왕(하인리히의 매부)

성년이 된 하인리히 4세가 군주로서의 첫 번째 과업은 미성년기에 빼앗긴 군주권을 회복하는 일이었다. 이는 작센에서의 토지와 권리들, 제국 교회에서의 황제의 전통적인 서임의 권한들이었다. 이를 부정하는 이들과는 전쟁도 불사하였다. 그리하여 작센 제후들과의 갈등, 개혁교회를 주창하던 그레고리우스 개혁파와 갈등하게 되었다. 로빈슨 교수는 "11세기 군주들이 자신의 가신들, 세속 제후들 그리고 주교들과의 적극적인 연대를 통해서만이 그들의 권위를 행사할 수 있었다"고 지적하였다.[8] 하인리히는 이 모두를 충분히 가지지 못하였으니 그의 왕위가 얼마나 취약한 것인지 알 수 있다.

황제 하인리히 4세와 대립교황 클레멘스 3세

그럼에도 불구하고 하인리히 4세는 생애 마지막까지 군주의 신정적 권한을 포기하지 않았다. 한 가지 극적인 예로서, 1080년 6월 브릭슨 시노드에서 교황 그레고리우스 7세를 두 번째로 폐위하고 라벤나의 주교 귀베르트를 대립교황 클레멘스 3세로 옹립한 일이었다.

이후 1084년에 하인리히는 왕비와 함께 로마에서 클레멘스 교황에게 황제 대관을 수여받았다. 브릭슨 시노드의 절차는 1046년에 하인리히 3세가 교황을 폐위하고 새로운 교황을 임명하며 로마에 가서 황제 대관식을 치른 것과 유사한 방식이었다. 그러므로 이런 일은 부친 하인리히에게서 영향받은 행동이라 볼 수 있다. 하인리히 4세는 교회의 업무들을 처리하기 위해서, 불만족스러운 교황을 제거하기 위해서, 그리고 보다 적합한 후보자로 그를 대체하기 위해 황제가 선출할 수 있는 전통적인 권리를 행사하려는 것이라고 주장하였다.[9] 그러나 1080년대의 변화된 상황에서 대립교황의 임명은 충격적인 일로 보였다.

8) I. Robinson, *Henry IV of Germany*, p.368.
9) *Ibid*.

1100년 대립교황이 사망하자 하인리히 4세와 교황권 간에는 화해의 길을 준비하는 것처럼 보였으나, 세속 서임의 문제에서 즉시 이러한 평화의 노력들이 방해받았다. 하인리히는 마지막 재위기에도 '군주권과 사제직의 화해'를 열망하였으나, 그는 주교들을 서임하는 자신의 관행이 '세속법과 교회법을 따르는 것'이었다는 점에는 변함없는 신념을 지녔다.[10)]

1105년 하인리히 4세는 서임에 관한 교황 파스칼 2세의 요구에 동의함으로써 그에게 반란을 일으킨 아들을 책략으로 이기려는 시도를 하였을 때조차, 관습적인 권한을 지속적으로 주장하였다. 1105년 파스칼 2세에게 보낸 서한에서, 하인리히는 교황과 '사랑과 우정으로' 하나되기를 원하였으며, 그러나 이러한 화해는 "우리의 왕권과 황제와 우리의 모든 위엄의 영예로움이 편견없이 지켜져야 하며, 이는 우리의 조부와 부친과 우리의 다른 선조들에 의해 유지되었던 것이기 때문"이다. 하인리히 4세는 과거에 그의 선조들이 만든 왕권을 보존하려 하였으며, '그의 왕권과 황제의 영예로움'의 세습을 결코 포기할 수 없었고, 제국 교회에 대한 그의 권한들이 매우 긴요한 일부였다는 점을 끝까지 주장하였다.

---

10) Henry IV, *Letter; Die Briefe Heinrichs IV., MGH Deutsches Mittelalter* I (Leipzig, 1937) 33, p.42.

2. 독일에서의 '신의 평화' 운동

1) 왕실주도의 평화 운동

11세기 초반 독일 왕국은 일반적으로 프랑스에서 발전된 주교좌들이 이끈 '신의 평화 운동'[11)]과는 조금 다른 성격의 평화 운동을 경험하였다. 1043-1047년의 평화 공의회들은 주교들에게서가 아니라 황제 하인리히 3세가 주도적으로 개최하였으며, 군주의 권력에 의해 그 영향력이 발휘되었다. 왕국의 평화는 군주의 책임이라고 생각했기 때문이었다. 하인리히 4세도 부친의 모델을 모방하였다. 1068년 "성탄절에 고슬라에서 인민들 가운데 평화와 화해는 왕실 칙령에 의해 서약으로 확정되었다."[12)] 두 번째 경우는 1074년 2월 2일 게르스퉁겐Gerstungen 조약을 가져왔다. 이는 작센인들의 반란들이 성공함에 따라 군주에게 그들의 입장을 부과한 것이었다. 이후 고슬라에서 하인리히는 '전체 왕국에 평화와 안정이 이루어져야 한다'고 명령하였다. 그는 정의롭고 공정한 심판으로 소송을 해결하였다. 이후 하인리히의 평화 선포는 하인리히의 2차 이탈리아 원정 때까지 거의 10년간 유지되었다.

주교가 이끈 신의 평화 운동이 독일 왕국에서 최초로 등장한 것은 1082년 리에지의 주교 하인리히가 주도한 평화 운동이었다.[13)] 이탈리아 원정으로 군주가 부재한 동안 프랑스식 '신의 휴전' 운동은 쾰른의 대교구인 하층 로타링 지역에서 도입되었다. 이 운동은 1082년 부활절 이전에 리에지의 주교 하인리히에 의해, 또 1083년 4월 20일 쾰른의

---

11) 프랑스의 신의 평화 운동에 관한 국내 연구로는 이정민, 「11세기 신의 평화운동의 성격에 관한 고찰」, 『서양중세사 연구』 33호(2014년 3월), 293-317쪽 참조.

12) Berthold, *Annales* 1069, p.274; Bernold, *Chronicon* 1069, p.429.

13) I. Robinson, *Henry IV of Germany*, p.249.

주교 지게원에 의해 조직되었다. 이들 평화 운동은 대림절과 성탄절 기간동안 그리고 사순절부터 성령강림절까지, 그리고 몇몇 특정한 날들에 전투를 금지하는 것이었다.[14] 이를 어기면 교회의 파문령 제재와 함께 상속권과 성직록의 상실 그리고 교구로부터의 추방이라는 세속적인 처벌이 더해졌다.

독일에서의 '신의 평화'에 대한 다음 자료는 1084년 부활절 기간의 작센의 대립-하인리히 파당과 연관된 것이었다. 가장 장엄한 휴전들은 교황의 신실한 사람들 사이에서 만들어졌다.[15] 1082-1084년 이들 지방에서의 '신의 평화' 운동은 1085년 마인쯔 시노드에서의 평화를 선포하기 위한 영감을 제공하였다. 마인쯔 평화에 대한 상세한 자료는 존재하지 않는다. 다만 '신의 평화가 확립되었다'라는 프루톨프 미켈스베르그의 언급만이 남아있다.

2) 제국의 평화

리에지(1082년)와 쾰른(1083년)에서의 평화 공의회에서 고취된 것으로, 1085년 마인쯔 시노드에서 선포된 '신의 평화'는 황제의 주도가 아니라 주교가 주도해서 나왔다. 그러나 1103년 '신의 평화'는 예외적으로 주교가 공석이었던 때에, 세속적인 통치자에 의해 규정되어지는 것으로 시작하였다. 이러한 발전은 1093년 울름에서의 평화 운동이 개별적인 교구들에서가 아닌 세속적인 제후들이 사법권을 지녔던 지역에서의 황제의 적대자들에 의해 주도되었던 것이다. '지역의 평화'territorial peace, Landfriede를 제정하려는 이러한 시도들은 아마도 1103년의 '제국의 평

---

14) *Ibid.*, p.250.
15) Bernold of Blasien, *Chronicon, MGH SS* 1084, p.440.

마인쯔 대성당(슈파이어, 보름스와 함께 독일의 3대 황제 대성당)

화'imperial peace, Reichsfriede를 위한 모델이 되었을 것이다.[16] 1093-1094년에 제정된 '지역의 평화'는 한 가지 측면에서 '제국의 평화'와 상이하였다. 그들의 지역을 평화롭게 하려던 남부 독일 제후들의 목적은 자신들이 황제에 대항하는 전쟁에 보다 효과적으로 집중할 수 있게 하려는 데에 있었다. 그러나 1103년 '제국의 평화'는 한 사람도 배제되는 이 없이 전체 왕국에서의 진정한 평화가 되도록 하려는 의도였다.[17]

하인리히 4세는 '제국의 평화'의 새로운 제창의 '창조자'로서 확인되

16) *Bernold, Chronicon* 1093, p.458, E. Wadle, "Heinrich IV. und die deutsche Friedensbewegung", *Investiturstreit* (1973), 150-2.

17) 1103년 제국의 평화에 대한 보고는 이전의 황제 적대자들 즉 웰프 5세, 베르톨드 2세 죄링겐과 그레드리릭 1세 슈바벤이 평화를 유지하려는 서약을 하였던 것에서 특별히 언급되었다.

었다. 1103년의 평화는 제국적인 입법의 시작으로서 보여진다.[18] 1085년의 마인쯔 시노드와 비교해서 1103년에 하인리히는 군주의 한 기능으로서 평화의 유지를 재선포하고 있었던 것이 분명하다. 이는 1043년과 1047년의 하인리히 3세의 평화 공의회의 방식과 유사하다. 그러나 1103년 1월의 하인리히 4세의 역할이 입법자의 그것이었는지는 분명하지 않다. 1082-1094년 시기의 평화 논쟁들은 어떤 입법의 법령 때문에서가 아니라 서약에 의해 묶여져 있었기 때문이다. 그 서약은 참석자들이 그들 스스로 반드시 평화를 지키겠다고 하였던 것에서 유래하였다.

1103년 '제국의 평화'의 경우에 '군주의 아들은 서약을 맹세하였고, 전체 왕국의 제후들, 공작들, 변경백들, 백작들 및 많은 다른이들'도 서약하였던 것이다. 하인리히 4세의 익명의 전기작가가 서약의 주된 역할을 서술하였다. "황제로 인해 평화가 전체 왕국을 통해 서약으로 확정되었다." 그러나 하인리히 자신은 서약하지 않았다. 그는 "그 자신의 손으로 평화를 확정하고 수립하였다." 이러한 동일한 공식은 '제국의 평화'에 대한 고위 성직자들의 동의를 묘사하는 것에도 등장하였다. "대주교들, 주교들은 그들 자신의 수중에 평화를 확보하였다." 교회법은 성직자들에게 서약하는 것을 금지하였다. 법률적인 전통에 따르면, 13세기의 첫 번째 기록으로 유사한 금지는 군주에게도 적용되었다. 일단 군주직에 선출되었던 그는 더 이상 서약을 맹세할 수 없었으며. 그의 존엄한 언급만을 할 수 있을 것이다.[19] 이러한 전통은 '신성한 군주권'의 유산으로 주교직의 그것과 군주의 법률적 지위를 동일시하는 것으로, 하인리히 4세가 1103년 1월에 왜 그의 아들과 세속적인 제후들

18) J. Gernhuber, *Die Landfriedensbewegung in Deutschland bis zum Mainzer Reichslandfrieden von 1235* (Bonn, 1952), pp.81-82.

19) E. Wadle, 'Heinrich IV. und die deutsche Friedensbewegung' in Investiturstreit (1973), pp.166-168.

에게 자신은 서약을 맹세하지 않았는지를 설명해 준다.

그러므로 하인리히가 "그 자신의 손으로 평화를 확립하고 수립하였다"는 언급은 황제가 이 경우에 입법자로서 행동하였다는 것을 함의하지는 않는다는 것이다. 세속 제후들이 서약을 맹세하였을 동안 그는 평화를 준수하겠다는 그의 말을 하였을 뿐이라는 것이다.[20] 그럼에도 불구하고 로빈슨은 "(제국의) 모든 곳에서 평화와 고요함을 누리기 위해' 1103년 1월 마인쯔에서 하인리히가 주최한 공의회는 그의 통치에서 가장 중요한 혁명이었던 평화 입법을 반포하였다."[21]고 언급하였다. 여전히 황제와 그의 지지자들은 게하르 콘스탄스의 지도력하에 있는 그레고리우스파의 지속적인 위협에 노출되어 있었을지라도 말이다.

3) 유대인 보호 정책

1103년 1월의 마인쯔 공의회에서 하인리히가 선포한 '신의 평화'는 전통적으로 평화 운동에 의해 보호받았던 취약한 집단들, 즉 성직자, 수도승들, 상인들, 여인들에 유대인들을 새롭게 추가한 것이 특징이었다.[22] 1090년 이미 그는 슈파이어와 보름스의 유대인 공동체들에게 특권들을 인정해주었다. 이는 그들의 권리를 승인해주고 그들의 보호를 확고히 해주는 것이었다.[23] 슈파이어의 경우 유대인 공동체를 위한 보호를 인정해 주는 것은 황제가 긴급히 자금이 필요하였을 때 양보한

---

20) I. Robinson, *Henry IV of Germany*, p.320.

21) *Ibid.*, p.304.

22) *Ibid.*, p.302.

23) *Monumenta Germaniae Historica, Constitutiones et acta* publica imperatorum et regum I, 125; *Diplomata Heinrici IV*, 411-12; I. Heidrich, 'Bischöfe and Bischofskirche von Speyer' *Salier* 2 (1991) pp.205-206, I. Robinson, *Henry IV of Germany*, p.302.

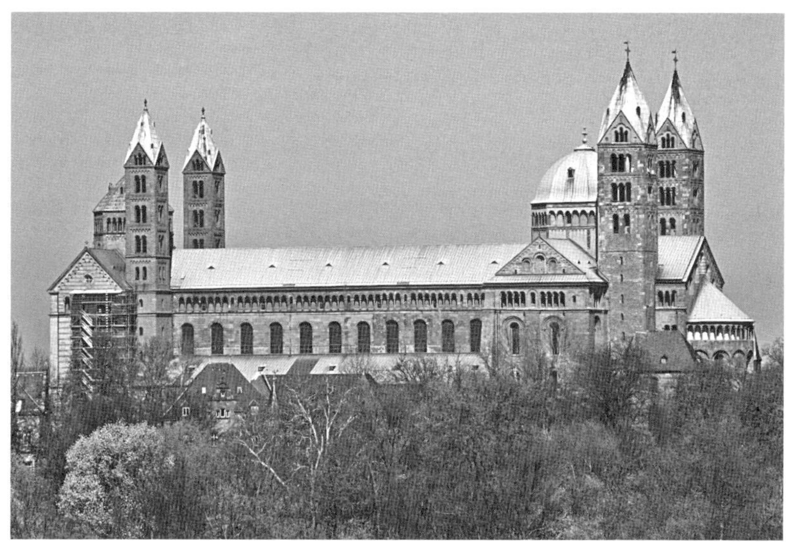

슈파이어 대성당의 장엄한 외관

것이었으며, 그리하여 그 특권의 발효는 황제에게 상당한 양의 현금 확보가 이루어졌음을 의미하였다. 그러한 자금 확보야말로 아마 하인리히 4세가 유대인들을 보호하는 우선적인 조치를 취한 이유일 것이다.[24]

1096년의 1차 십자군이 출정했을 때 유대인 대학살이 일어났다. 이때 슈파이어의 주교 존 1세는 홀로 유대인 공동체를 위한 효과적인 방어를 제공하고 있었다. 마인쯔에서 유대인들은 대주교 루타르 Ruothard의 궁전으로 도망하고자 하였다. 그러나 엠이코 라이닝겐 Emicho of Leiningen의 군대가 그 궁전을 포위하자 대주교와 그의 가신들은 유대인들을 포기하여 그들을 죽음의 운명에 놓이게 하였다. 그중 54명의

24) S. Schiffmann, *Heinrich IV. und die Bischofe in ihrem Verhalten zu den deutschen Juden zur Zeit des ersten Kreuzzugs* (dissertion, Leipzig, 1931), 44-55. I. Robinson, *Henry IV of Germany*, p.302.

생존자 집단이 궁전으로 향하는 길에서의 싸움에서 승리하였고, 대주교 루타르는 라인 아래의 류데쉐임Rüdesheim 으로 그들이 안전하게 도주하도록 책임져주었다. 그러나 루타르는 그곳에서 갑자기 유대인들에게 세례받기를 요구하였고 그들이 거절하자, 그는 그들에게 십자군들과 지역의 마을주민들을 따라가도록 용인하였다.

슈파이어 대성당의 유대인 안뜰

유대인 대학살에 대한 하인리히 4세의 응답은 연대기작가 프루톨프 미켈즈베르그Frutolf of Michelsberg가 기록하였다. 첫째, 1097년 황제가 이탈리아에서 독일로 돌아와서 그는 율법에 따라 강압적으로 세례받도록 요구된 유대인들을 보호해주었다. 생존자들에게는 유대인 자신들의 종교로 회귀하도록 제국이 허락하였음을 알려주었다.[25] 그러나 황제의 양보는 그가 세운 대립교황에 의해 날카롭게 비판받았다. 클레멘스 3세는 주교들에게 세례받은 유대인들의 배신을 '바로잡도록' 명령하였다. 독일의 주교들이 이러한 명령에 복종하였는지 혹은 그들의 반대 견해가 황제와 대립교황 사이의 어떤 갈등으로 이끌었는지는 자료가 없어 알 수 없다.

둘째, 프루톨프는 1098년 마인쯔에 황제의 방문에 관해, "황제는 살해된 유대인들의 재산에 관해서 사법적인 조사를 실시했고, 대주교

25) Frutolf of Michelsberg, *Chronica*, ed. F.-J. Schmale and I. Schmale-Ott (Ausgewählte Quellen zur deutschen Geschichte des Mittelalters 15: Darmstadt, 1972), 1097, p.108.

의 특정 친척들이 그들의 재산을 강탈하는 죄를 지었다"고 기록하였다. 목격자들은 루타르 자신이 '강탈한 돈의 상당부분을 취하였다'고 주장하였다. 루타르는 마인쯔 교회의 투링기안 영지로 그의 친족들과 함께 도주하였다. 그곳에서 그는 황제에 대항하는 반역의 음모를 꾀하였다.[26)]

루타르는 투링기아와 동부 작센에서 하인리히와 대립하는 당파에 스스로 합류하였다. 이곳에서 가장 중요한 인물은 허란드Herrand였는데, 할베르슈타트 주교좌를 노리는 그레고리우스파의 후보자였다. 루타르가 황제파와 화해하려는 시도가 실패하자, 대립교황은 루타르 대주교를 폐위하고 그의 신민들을 그에 대한 복종의 서약으로부터 풀어주는 로마 교회의 판결을 공포하였다. 그러나 황제는 루타르를 대주교직으로부터 파면하거나 혹은 새로운 대주교를 임명하려는 어떤 시도도 하지 않았다.[27)]

마인쯔에서의 도주 이후 루타르는 7년 반 동안 그 도시를 떠나있었다. 그의 부재중에도 황제는 마인쯔를 14번 방문하였고 1098년에서 1105년까지 매년 적어도 한번 그 도시에 머물렀다. 앞에서 언급했듯이 하인리히가 1103년 1월의 인상적인 공의회를 개최하고, 그의 왕국 전역에서의 '신의 평화'를 선포한 곳이 바로 이곳이었다. 반역자 지그프리드 마인쯔가 그 도시에서 추방되었을 때도 하인리히는 마인쯔를 8번 방문하였다. 연대기작가 프루톨프는 루타르의 부재에서 얻은 이득 때문에 황제는 그 주교를 대체하기를 서두르지 않았다고 설명하였다.

---

26) Frutolf, *Chronica* 1098, p.110. P. Rassow, *Die geschichtliche Einheit des Abendlandes* (Cologne-Graz, 1960) p.257.

27) 루타르의 이름이 제국의 편지에서 대-법관(arch-chancellor)로서 지속적으로 등장하였다. *Diplomata Heinrici IV*, pp.463-466, 468, 470, 473-5, 479-480, 488-489, 491. I. Robinson, *Henry IV of Germany*, p.303.

황제는 주교좌의 모든 수입과 그것의 다양한 임무들의 행정을 그 자신의 처분에 두었다. 그는 망명자들의 재산을 몰수하고, 도시 성벽들을 파괴하도록 명령하였다. 자신을 그 도시의 수장으로 만들어서 대주교의 수입을 얻었으며, 의심할 여지없이 그는 주요한 시민들의 동의를 얻어 행동하였다. 황제가 마침내 군주권의 유일한 소유권을 얻기가 무섭게 마인쯔의 루타르의 반란은 독일 왕국에 대한 그의 새롭게 복원된 권위를 실추시키는 위협이 되었다.

3. 하인리히의 인간적인 면모

상단의 왼쪽부터 군주 하인리히 4세와 그의 두 아들(하인리히와 콘라트), 11세기 성 엠머람 수도원의 복음서에서

하인리히 4세만큼이나 파란만장한 삶을 산 군주도 많지 않을 것이다. 두 번이나 교황에게서 폐위와 파문령에 처하였고, 평생 반란자들에 휩싸여서 전쟁을 일삼았고 대립군주 선출로 인해 내전을 겪었으며, 특히 가장 신뢰할 수 있었던 또한 왕위를 물려주기 위해 세속제후들과 싸우며 노력을 기울였던 자신의 두 아들들에게서 그리고 두 번째 아내에게서도 반란을 겪으며 매우 불행한 말년을 보냈다. 그러나 생애의 마지막 시기에 고백성사를 원했고 슈파이어 교회에 묻히기를 원하였던 하인리히, 특히 성모 마리아의 보호에 의탁하였던 그 역시

중세의 아들이었다.

1) 경건하고 후원하는 군주

일반적으로 하인리히 4세는 교회에 불경스러운 약탈자였다는 인식이 많이 퍼져있었다. 그레고리우스 지지자들은 그가 성직매매의 이단으로 거룩한 교회를 끊임없이 더럽히고 있다고 주장하면서, 하인리히는 교회 개혁가들의 이념에 냉담한 인물이었다고 비난하였다.[28] 그러나 하인리히 지지자의 자료들에서는 '가장 경건한 황제'로서 그들의 영웅으로 묘사되었다. 가장 유명한 예로서, 하인리히는 인생의 말년에 자신의 대부 클루니의 수도원장 휴 1세에게 보낸 서한에서 "설령 자신이 곧 죽을 것이라고 스스로 믿게 되는 분명한 이유가 있을지라도, 자신에게 성체를 영해 줄 혹은 고백성사를 들어줄 한 사람의 사제도 없다는 것"에 대한 불만을 터트렸다.[29] 이는 하인리히가 1105년 12월에 뵈켈하임Böckelheim의 성에서 반란을 일으킨 아들 하인리히 5세에게 감금된 상황에서 서술된 것이다. 비슷한 서한을 프랑스의 군주 필립 1세에게도 보냈다. "나는 결코 이 일을 잊지 못할 것입니다. 그리고 나는 이 일에 관해 모든 그리스도교도들에게 끊임없이 불만을 터트리지 않을 수 없을 것입니다. 가장 거룩한 성탄절 시기에 나는 영성체도 할 수 없이 성안에 감금되어 있습니다."[30]

군주들이 성탄절, 부활절, 성령강림절에 '군주 예복을 입고 왕관을 쓰고' 장엄한 행렬을 할 때 이러한 예식의 모습은 군주의 권위와 종교적

---

28) K. Hampe, *Germany under the Salian and Hohenstaufen Emperors* (Oxford, 1968), pp.68-69.
29) Henry IV, *Letter* 37, p.49.
30) Henry IV, *Letter* 39, pp.55-56.

인 준수를 입증하는 것이었다. 하인리히의 사적인 신심행위의 증거들이 단편적으로 남아있다. 1084년 4월 혹은 5월에 로마에서의 그의 거주에 대한 언급에서 "황제는 습관적으로 자주 아벤티노 언덕에 있는 성 마리아 교회에 기도하러 갔다."[31]

밤베르그의 주교 오토는 1112-1113년 자신의 연대기에서 서술하기를. "그의 부친처럼 (하인리히는) 자신의 곁에 지성적인 사람들로 성직자들을 두기를 원했다. … 그리고 그들과 함께 즐거운 시간을 보내며, 왕왕 시편을 노래하고, 성경과 인문학 서적을 읽고 대화하거나 토론하기를 즐겼다."[32] 또한 주교 오토는 하인리히가 시편을 노래하면서 그의 즐거움을 누리고 성 마리아에 대한 헌신과 슈파이어의 성 마리아 교회에 대한 애정에 관해 서술하였다. "그의 왕국의 모든 교회들 가운데 그는 특히 슈파이어의 교회를 돌보고 왕실의 장대함으로 그 교회를 재건축하고 장식하였다."[33]

슈파이어 교회는 왕실과 제국의 특허장을 21개 지녔는데, 이는 하인리히의 개인적 신심을 드러내는 명백한 식견을 제공하며, 그 대성당에 묻힌 그의 선조들을 기념하는 예식에서 성모 마리아에 대한 그의 공경심이 드러났다. 그는 성모 마리아를 그의 '보호자'로서 간주하였으며 잘리에르 왕조의 특별 수호성인으로 모셨다. "우리의 선조들은 성 마리아의 자애심으로 피신처를 찾았고, 우리 또한 그분의 보호아래 있으며, 특히 슈파이어 교회의 이름이 성 마리아의 이름으로 명명된 것에서

---

31) Beno, *Gesta Romanae aecclesiae* I, 5, p.371. 아벤티노 언덕에 있는 성 마리아 교회는 수도원으로, 클루니의 수도원장이 로마를 방문할 때 머물렀던 곳이다.

32) *Anonymi Chronica imperatorum Heinrico V dedicata*, ed. F.-J. Schmale and I. Schmale-Ott (Ausgewählte Quellen zur deutschen Geschichte des Mittelalters 15: Darmstadt, 1972) III, 1106, p.244.

33) *Ibid.*

알 수 있다."[34)]

1097년 5월 15일 성 제오르젠 수도원에 제국의 특권이 인정되었는데, 이는 "우리의 영혼과 우리 부친 황제 하인리히와 우리의 모친 황후 아그네스와 우리의 아내 베르타와 다른 친척들의 영혼들과 우리의 가신들의 영혼의 안식을 위한 것이었다."[35)]

슈파이어 대성당의 동쪽 측면

하인리히는 왕국의 안위와 선조들의 영혼을 위해 수도원과 교회에 헌신하기도 하였다. 개혁 교황 그레고리우스 7세와는 완전히 거리를 두고 있었지만 말이다.

2) 융통성과 지연 작전

하인리히 4세는 1076-1077년의 위기에 이전 10년에서는 잘 드러나지 않았던 자질들을 드러냈다. 그것은 융통성과 타협하려는 의지였다.[36)] 바로 이러한 위기 동안 그는 가장 효과적인 정치적 기술을 획득하였고,

---

34) *Diplomata Heinrici* IV 325. *Anonymi Chronica imperatorum*, pp.203, 258, 308.
35) *Diplomata Heinrici* IV 454.
36) I. Robinson, *Henry IV of Germany*, p.368.

자신을 위한 시간을 벌기 위하여 적대자들과 화해하는 기술을 배웠다. 하인리히 4세의 정책이 다른 사람들과 비교할 수 없는 특징은 당대인들이 곧바로 그에게서 기인하였다고 언급하였던 '지연시키는' 수완이었다. 에드만은 하인리히 5세의 서한을 인용하면서 '교회와 왕국의 상황에서' 필요한 개정 법률을 제정하기 전에 자신의 부친은 '장기 지연'을 요청하는 습관이 있었다고 비난하였다는 점을 들고 있다.[37] 하인리히 4세는 보다 온건한 적대자들과 비타협적인 적대자들을 분리하기 위하여 시간을 끌어 양보를 어떻게 만드는지를 배웠다. 이는 그가 1076-1077년에 작센의 반대파를 어떻게 책략으로 이겼으며, 대립-군주파가 그의 통치에 끼친 손실을 어떻게 최소화하였는가를 보여주었다. 그러나 1070년대의 갈등에 의해 만들어진 구분들은 전적으로 치유되지 않았다.

3) 불운한 말년

1104년 12월 12일 프리칠라Fritzlar에서 부친 하인리히와 함께 전투에 참전 중이던 어린 왕 하인리히 5세는 몇몇 친우들과 함께 비밀리에 그의 부친의 진영을 떠나 바이에른으로 도주하였다. 하인리히 5세는 "자신은 권력을 향한 욕망으로 자신의 부친의 권위를 찬탈하지 않았고 그는 자신의 부친이 로마 제국에서 폐위당하는 것을 바라지 않는다"고 선언하였다. "그는 만일 자신의 부친이 교회법에 따라서 성 베드로와 그의 승계자들에게 복속한다면, 자신은 왕위에서 은퇴하거나 한 사람

37) C. Erdmann, 'Untersuchungen zu den Briefen Heinrichs IV,' *Archiv für Urkundenforschung* 16 (1939) p.247, Ekkehard of Aura, *Chronica*, ed. F.-J. Schmale and I. Schmale-Ott (Ausgewählte Quellen zur deutschen Geschichte des Mittelalters 15: Darmstadt, 1972) III, 1106, p.284.

의 종처럼 부친에게 복속하게 될 것이다"고 선언하였다.[38)]

하인리히 5세는 노르드하우젠 시노드에서 4달 전에는 황제의 사절들로 활동했던 점을 들어, 그의 반란은 자신의 부친이 교황의 파문령에서 해제되는 것에 실패하였기에 증진되었다고 선언하였다. 작센 연대기작가들은 반란의 동기에 대해 이러한 설명을 기꺼이 받아들였다. 그러나 하인리히 4세에게 연민을 느끼는 저자들은 어린 왕이 복지를 증진시키기 위해 그리고 교회를 복원한다는 이유로 반란을 일으켰고, 신의 대의를 증진시키기 위한 것으로 드러냄으로 그 자신의 대의를 증진시켰다.[39)] 하인리히 5세는 노르드귀와 작센의 제후들의 정치적인 불만들과 그레고리우스파의 교회 불만들을 그 자신의 목적을 위해 이용하였다. 그가 반란을 일으킨 동기들에 대해 유일하게 상세한 당대의 분석은 하인리히 5세에게 헌정된 밤베르그 주교 연대기에서 발견되었다.[40)] 연대기작가는 소문을 언급하였는데, 어린 군주의 반란이 한 가문의 싸움인 체하여 그리하여 작센인들을 부추겨 그의 아들을 지원하도록 하고 따라서 대립군주의 선출을 피하려는 황제의 책략에서 기인하였다는 것이다. 그러한 소문들을 종결짓는 밤베르그 주교 연대기작가는 어린 군주가 반란을 결심하게 된 이유는 황제가 갑자기 사망하면 일어날 결과들에 대한 아들의 두려움에서 나왔다고 선언하였다. 그의 부친에 의해 고통받았던 많은 문제들을 묵상하면서 그의 모든 세심한 행동과 그의 잦은 신체적인 병고로 인해 하인리히 5세는 운세의 부침과 세상의 무상함을 생각하기 시작하였다. 그가 그의 부친을 버렸을 때

---

38) Ekkehard of Aura, *Chronica*, I, 1105, p.192.

39) *Vita Heinrici IV* c. 9, p.30

40) 이 연대기는 주교 오토 밤베르그에 의해 편찬되었다. I. Schmale-Ott, Untersuchungen zu Ekkehard von Aura und zur Kaiserchronik,' *Zeitschrift für bayerische Landesgeschichte* 34 (1971) pp.403-461.

군주 하인리히 4세가 아들 하인리히 5세에게 왕권의 상징인 보주와 왕관을 이양하는 모습

그는 다음의 가능성에 대해 고심하고 있었음을 드러냈다. 즉 그의 부친이 갑자기 사망하게 되면, 자신에게 친우들과 기사들이 전적으로 제공되지 못할 것이며 그리되면 군사적인 임무들에서 특별한 공로를 세우지 못하게 될 것이고, 결국 이 일들은 자신이 왕위에 오르는 일을 어렵게 할 수 있을 것이라는 점이었다.[41)]

하인리히 4세의 장남 콘라트가 부친에게 반란을 일으키고 10년 전 개혁 교황좌의 권위를 인정하였을 때, 교황 우르반 2세는 콘라트가 세속 서임의 금지를 포함하여 교황의 개혁 프로그램을 수용한다는 조건으로 군주권과 황제의 대관식을 행하는데 필요한 그의 조언과 도움을 제공하였다. 그러나 하인리히 5세는 파문령에서 해방되고 세속 서임의 포기 없이도 독일 그레고리우스파의 지지를 얻었다. 노르드하우젠의 시노드 절차는 세속 서임에 대한 자료가 포함되어있지 않았다. 어린 군주에게서 서임의 포기를 요구하기는커녕 게하르 콘스탄스와 루타르 마인쯔는 1105년 하인리히 5세에 의해 그들의 교구들에 서임되어진 주교들을 임명하는 데 참석하였던 것으로 알려졌다.[42)] 그러나

41) 하인리히 5세의 동기들은 P. Rassow, 'Der Kampf Kaiser Heinrichs IV. mit Heinrich V.', *Zeitschrift für Krichengeschichte* 47 (1928), 451-65; H. F. Haefele, *Fortuna Heinrici IV. Imperatoris* (Vienna, 1954) pp.99-113; A. Waas, *Heinrich V. Gestalt und Verhängnis des letzten salischen Kaisers* (Munich, 1967), pp.11-12, 33-39.

교황 파스칼 2세의 한 서한은 군주에게 서임 받은 사람들의 서품식에 조력하였던 게하르 콘스탄스를 제소하였다.[43] 1105년 교황청과 그의 관계, 그의 독일 지지자들과 그의 관계에서 하인리히의 목적은 1103년 1월 마인쯔 공의회 때에 그의 부친의 행위와 정확히 일치하였다. 황제는 군주권과 사제직이 화해하기를 희망하였지만, 1102년 라테란 시노드에서의 세속 서임에 반대하는 교황의 법령들의 재개를 무시하였다. 어린 군주는 비슷하게도 군주의 서임의 권한을 희생하지 않고서 분열의 종식을 원하였던 것이다.[44]

하인리히 5세는 의심할 여지없이 이것이 1105년 그의 주교좌 임명들에서 교황 대사 게하르 콘스탄스와 루타르 마인쯔의 묵인하에 실행될 수 있는 것이었음을 봄으로써 고무되었다. 그레고리우스파의 지도자들은 개혁 교황좌의 프로그램에 대한 그의 지지를 확고히 하는 것보다 어린 군주가 자신의 부친의 통치를 전복하는 것에 조력하는 것이 보다 중요한 일로 여겨졌기 때문이었다. 하인리히 5세와 개혁 교황좌 간의 '서임권 투쟁'은 군주 하인리히 4세의 패배와 사망이후 때까지 결과적으로 연기되었던 것이다. 하인리히 5세의 반란은 로마 교회의 권리를 그리고 그레고리우스의 연대기작가들이 그의 형 콘라트에게서 비롯하였던 사도좌의 법령들을 존중해서 일어난 일이 명확히 아니었다. 하인리히 5세는 파스칼 2세의 권위를 인정하였다. 왜냐하면 첫째, 교황만이 서약에서 그를 풀어줄 수 있었기 때문이었다. 둘째 독일의 교황의

42) 막데브르그, 민덴, 스페이어, 위르츠부르그 교구 등이다. Ekkehard of Aura, *Chronica* I, 1105, pp.192, 194, 196, 198; S. Beulertz, *Das Verbot der Laieninvestitur im Investiturstreit* (MGH Studien und Texte 2, Hanover, 1991), pp.133-135.

43) Pascal II, *Epistolae et Privilegia*, *MPL* 163, JL 6143: 213C-214A. I. Robinson, *Henry IV of Germany*, p.328.

44) I. Robinson, *Henry IV of Germany*, p.328.

황제 콘라트 2세의 무덤(슈파이어 대성당)

지지자들이 그에게 준비된 반대 파당을 제공하였기 때문이었다.[45)]

하인리히 4세는 사망하기 전 마지막으로 아들 하인리히 5세와 평화회담을 가지기를 희망하였다. 그러나 이는 성사되지 않았고, 하인리히 4세는 질병으로 9일간 앓은 후 1106년 8월 7일 사망하였다. 그는 두 가지 유언을 남겼다. 하나는 어린 군주가 하인리히 4세 자신의 마지막 날들에 자신의 편에 있던 사람들을 용서하라는 것이고, 다른 하나는 슈파이어 대성당에 자신의 선조들 옆에 묻어달라는 것이었다.[46)] 그러나 파문당한 군주는 모든 장례예식을 교회에서 할 수 없으며, 그의 시신 또한 슈파이어 대성당에 묻힐 수 없었다.[47)] 결국 이 일은 1111년 군주 하인리히 5세가 교황 파스칼 2세에게서 그의 부친을 그 축성된 곳에 묻을 수 있도록 허락을 받고서 이관되었다. 사망 5주기에 하인리히 4세는 자신의 유언대로 부친 옆에서 고이 잠들게 되었다.[48)]

---

45) *Ibid*.
46) Ekkehard of Aura, *Chronica, III*, 1106, p.286.
47) "파문을 당한 사람은 성체성사와 미사를 비롯한 각종 성사와 교회의 예전에 참여할 수 없으며 그와 접촉하는 것도 금지되어 있다. 뿐만 아니라 교회의 묘지에 매장될 수 없으며 공민으로서의 모든 법적인 권리를 박탈당한다." 장준철, 『서양중세교회의 파문』(혜안, 2014년), 316쪽 참조.
48) I. Robinson, *Henry IV of Germany*, p.344.

맺음말

서유럽 사회가 정치 경제 사회적으로 점차 팽창하고 있던 11세기 중엽 교황 그레고리우스 7세는 가톨릭적 이념에 입각한 도덕적 정치적 개혁을 통해 새로운 사회 질서를 모색하였다. 교황이 종교와 정치 모든 영역에서 절대적 권위와 주권적 권한을 행사하는 그리스도교 사회가 그가 구현하고자 했던 현세적 사회질서였다. 그의 완강한 교황 중심적 개혁 사상은 11세기 사회가 낳은 시대적 산물이었을 뿐만 아니라 오랜 역사적 과정을 통해 누적된 성직자정치론을 한 단계 진전시킨 체계적이고 조직적인 교회정치의 논리였다.

카로링조 이후 발달된 군주-사제 이념은 군주를 성직자의 일원으로 간주되도록 하였다. 그리하여 군주 역시 성직자정치론의 중요한 일부가 되었다. 특히 신성로마제국의 황제는 그리스도교 사회의 핵심적 관리자로서 교황과 더불어 신의 현세적 대리자라는 신정적 이미지도 가지게 되었다. 황제는 성직자들을 자신의 통치기구의 대리인으로 임명했을 뿐만 아니라 교회정부의 주요 관리직에도 임명함으로써 사실상 황제에 의해 관리되는 제국교회의 체제를 형성하고 있었다. 이에 황제와 제국의 지배계층은 주교를 통해 교구조직을 장악함은 물론 수도원과 수도원장 선출에도 영향을 미침으로써, 이민족의 침략에 지속적으로 시달리던 시기에 교회와 성직자들에 대한 보호를 통해서 제국교회 체제를 강화시켰던 것이다. 이러한 상황은 수도원도 마찬가지로 제국의 수도원이었다. 국왕의 적극적인 후원과 정책으로 인하여 수도원은 정신적인 기능뿐만 아니라 공적인 기능을 수행하는 국왕의 대리자로서의 역할을 하였다. 클루니 수도원은 베네딕트 아니안의 규율을 토대로 수도원 규율을 재확립하여 당시의 많은 수도원들에게 하나의 모델을 제공하였을 뿐만 아니라 개혁의 중심부가 되었다. 클루니 수도원은 수도원 내부적으로 베네딕트 규율의 확립, 특히 수도원 스스로 수도원장을 지명하고 그럼으로써 외부의 개입으로부터 자유로워지게 되었다. 설립자인 윌리엄 아뀌뗀느 공작으로부터 부여받은 클루니의 많은 특권들은 클루니 자유의 출발점이 되었다. 이러한 클루니의 특권들은 바로 경제적이고 사법적인 의미에서의 완전한 불입권 Immunity과 관할교구의 주교로부터의 자유를 뜻하는 정신적인 사법권의 면제권 Exemption 이었다. 이러한 특권들이 클루니만의 유일한 특권은 아니었다 할지라도, 클루니는 여기에 더하여 탁월한 수도원장의 통치력을 겸비하고 성 베드로와 바오로 사도와 긴밀한 연관 속에서 로마 교황청에 특별히 복속되어 있었다. 그리고 군주의 지속적인 후원이 있었다. 바로 이 점들이 클루니의 유니크한 모습이라 할 수 있겠다. 클루니 수도원의 개혁운동은 교황 그레고리우스 7세의 개혁에 대한 전형적인 모델을 제공하였다. 이것은 교황의 직접적인 보호 하에 어떤 외부 권력의 속박으로부터 벗어난 클루니의 자유를 뜻하는 것이었고, 세속적인 지배로부터 교회의 자유를 위한 투쟁에서 그레고리우스의 개혁가들에게 전형이 되었다. 또한 클루니 수도원의 마콩주교와의 갈등은 교황 그레고리우스 7세 때 치열하게 겪게 될 교황과 주교와의 갈등을 예시하는 것이기도 하였다.

그러나 '교회의 자유'를 보장하고자 했던 교황 그레고리우스 7세의 개혁운동은 수도원적 개혁논리를 넘어서 그리스도교 사회 전체를 포괄하는 새로운 이론을 필요로 하였다. 여기에 교황 그레고리우스 7세의 교황주권론이 가지는 진정한 의의가 있다. 교황 그레고리우스에 따르면 그리스도교 공화국은 그리스도를 머리로 하는 단일 정치 공동체인 만큼 여기서는 성 베드로의 권한을 계승한 로마 교황이 정신사와 현세사 즉 교권과 속권 모두에서 절대적 권한을 가져야 했다. 다시 말해서 지금까지 현세 사회의 일부였던 교회는 바야흐로 교황을 그 정점으로 하는 교회를 중심으로 사회체제가 바뀌어야 한다고 주장했던 것이다. 그렇다면 교황 그레고리우스 7세가 교황주권론에 입각해서 단행했던 개혁적 조치들로는 어떠한 것이 있었던가?

첫째, 교황 그레고리우스는 당시의 정치적 지배집단에 대해 개혁을 단행하였다. 이는 일차적으로 성직자의 성직매매 금지, 성직자 결혼 금지 등 성직자 계층의 윤리적 규범을 확립하는 일과 또한 세속인에 의한 성직서임 금지 등의 조치로 구체화되었다. 그레고리우스의 개혁 조치는 교회 내에서는 성직자 특히 재속성직자들과 갈등을 야기하였으며, 교회 밖에서는 군주 하인리히 4세와 '서임권 투쟁'을 초래하였다. 교황권의 간섭은 지방적 자율적 성격을 가졌던 교구 성직자는 물론 군주들에게도 고유한 권한을 침해하는 일로 간주되었다. 그리하여 기존의 특권을 유지하려던 군주와 성직자들에게 있어서는 교황 그레고리우스야말로 전통을 위협하는 '위험인물'이었다. 성직자의 윤리 규범의 확립 즉 성직매매 금지와 독신생활에 대해서는 이전의 교황이었던 레오 9세 이래로 지속적으로 추구되어 왔다. 그러나 이러한 윤리 규범은 당시 추기경 훔베르트와 같이 확고한 개혁가의 활동에도 불구하고 철저히 실행되지는 않고 있었다. 사실 성직자들에게 이같이 엄격한 기준이 광범위하게 적용되었을 때, 당시로서는 이를 어기지 않는 성직자가 거의 없을 정도였다. 심지어 개혁을 주장하는 성직자들조차도 성직매매로부터 완전히 자유로울 수 없었던 것이다. 그러나 교황 그레고리우스는 이를 교회법상의 강제규범으로 제도화함으로써 확고한 의지로 이를 실천하였다. 그는 주교와 수도원장에 관한 한 초대 그리스도교 공동체가 채택하였던 자유 선출제를 엄격히 재확립하였으며, 이를 통해 성직매매의 금지 규정도 상당 부분 달성할 수 있었다. 그러니까 서임권 투쟁의 원인이 되었던 세속인에 의한 주교 임명 반대는 성직자의 윤리 규범 확립이라는 유서 깊은 화두를 통해서 교회정부와 세속정부 모두의 지배계층에 교황의 주권을 확립하고자 했던 그레고리우스 7세의 개혁적 의도와 밀접히 결부되어 있었다. 결과적으로 그는 교황의 명령을 어기는 자는 파문되고 폐위될 수 있다는 교황주권론을 구체적으로 실천하기까지 하였다.

둘째, 교황 그레고리우스 7세의 교황주권론은 교권 및 속권의 관계라는 정치적 쟁점에 있어서 교권의 우위를 단호히 주장하였다. 그레고리우스 7세는 「*Dictatus Papae*」를 통해서 교황만이 신의 주권적 대리자임을 주장하고, 모든 현세적 권한의 원천임을 천명하였으며, 특히 교황은 법률의 입법권, 사법권, 집행권을 동시에 가지는 정치적 실체임을 변론하였다. 최고 법정인 교황청 법정은 그리스도교 사회의 모든 문제, 즉 종교사든 세속사든 그리고 그리스도교도든 비그리스도교도든 누구든 다룰 수 있으며, 또한 사법적 처리 과정에 있어서도 교황 스스로 제정한 법률과 절차에 따라 판단할 수 있다고 주장하였다. 교황의 이 같은 입법적 사법적 주권의 논리는 통치권의 실질적 행사 즉 행정적 영역에서도 그대로 유지되었다. 따라서 그레고리우스 7세에 따르면 그리스도교 군주 역시 예외 없이 교황의 계도와 명령에 순복하여야 했다. 더욱이 그는 자신의 이러한 교황주권론을 실천하기 위해서 서임권 투쟁과 같은 반황제 정치 투쟁조차 서슴지 않았다. 사실 이는 일찍이 유래를 찾기 힘든 사건으로서 그레고리우스 7세의 교황주권론이 단지 이념만이 아니라 확고한 실천적 프로그램이었으며, 그레고리우스 자신이 완강한 개혁적 현실 정치가였음을 드러내고 있는 것이다. 한편 이러한 그레고리우스 7세의 이론과 실천은 카로링조 이후 전통적으로 군주권에 부여되어 온 종교적 신성성에 대한 도전이기도 했다. 그에 따르면 군주 역시, 그가 그리스도교도인 한, 그리스도교적 정의와 법률의 지배를 받아야 하는 바, 교황이 이의 주권적 관리자인 만큼 교황권에 대한 세속권의 도전은 결코 정당화 될 수 없었다. 그레고리우스의 교황주권론이 파생시켰던 군주권의 탈종교화는 흥미롭게도 군주권의 세속화를 초래하는 계기가 되었으며, 그리하여 그것은 서구 입헌주의의 발달에 있어서도 의미 있는 위치를 점하게 되었다.[1)]

교황 그레고리우스 7세의 교황주권론은 교황 겔라시우스 1세의 병행주의 논리를 기초로 해서 이를 교황 중심적 이론으로 더욱 진전시킨 것이었다. 이는 겔라시우스 1세가 교권과 속권으로 각각 분리시켰던 두 개의 검 모두를 교권에 복속시킴으로써 교황이 정신적 검과 세속적 검 모두의 종국적 근거로 간주될 수 있었다. 요컨대 그레고리우스의 교황주권론은 겔라시우스 1세의 병행주의 논리와 성직자정치론을 토대로, 교권과 속권의 관계에 있어서 교황 중심적 교회 정부체제의 황제 군주 중심적 세속 정부체제에 대한 우위를 공격적 적극적으로 체계화하려는 이론적 정치적 시도였다. 그리하여 이는 교권과 속권 간의 논쟁, 교황권과 주교권 간의 논쟁, 교황정부와 공의회 간의 논쟁[2)]

---

1) Francis Oakley, *The Medieval Experience* (Toronto, Buffalo, 1988), pp.125-126.

2) 성직자정치이론은 교황 그레고리우스 7세에 의해 교황중심의 교황주권론으로 발전되었던 반면, 다른 한편으로는 공의회주의 원리 역시 숙성시키는 이론이었다. 이러한 공의회주의는 14세기에나 등장하게 될 이념이었으나, 이 이론은 그리스도가 베드로에게 위임한 권한이 베드로에게만 독점적으로

등을 자극하여 중세 교회법 발달의 중대한 계기를 제공할 수 있었다. 교황 그레고리우스 7세가 현실정치의 지평에서조차 공격적으로 제기했던 서임권 투쟁은 군주 하인리히 4세, 하인리히 5세와의 충돌은 물론 그 이후 교황 우르반 2세, 파스칼 2세에 의해서도 승계되어 보편적 지배권에 대한 정치적 논쟁적 저술들이 115편이나 양산되었다. 이들 중 교황주권론을 변론했던 저술 65편, 제국과 황제권을 변론했던 저술 50편이 저술되었다.[3] 일찍이 울만이 교황 그레고리우스 7세가 촉발한 이 서임권 투쟁을 중세 교회 정치사상사상 '한 지적 혁명'intellectual upheaval이라고 평가한 이유도 여기에 있었다.[4]

셋째, 교황 그레고리우스 7세의 교황주권론은 교회조직과 재산을 서유럽 전역에 확산시켰을 뿐만 아니라 교황청이 직접 관리했던 교황령을 현저하게 확대시키는 계기가 되었다. 이 교황령의 확대야말로 그 이후 중세 교황권의 성장을 가능케 한 근거가 될 것이었다. 그레고리우스 7세는 교황령의 확대뿐만 아니라 가신 제후들의 봉건적 부조와 비가신 제후들의 센수스 및 북 유럽 '주변 지역' 군주들의 베드로 펜스 등을 통해서도 막대한 재원을 충당하였다. 그가 확충한 교황령과 교회 정부의 재원은 비단 당대의 개혁적 프로그램을 실천하기 위해서 뿐만 아니라 봉건 유럽이 교황중심의 그리스도교 사회체제로 재편되기 위해서도 불가결한 조치가 아닐 수 없었다.

넷째, 교황 그레고리우스 7세는 수도원 및 수도 참사회의 확대 재편도 단행하였다. 그리하여 이들은 그의 개혁운동 전반에 지속적인 인적 물적 자원을 지원하게 되었다. 은수자, 수도승, 수도 참사원 등은 자신

수여된 것이 아니라 성령에 의해 모든 성직자들에게 동일하게 부여되었다는 점에 근거한 것이었다.

3) C. McIlwain, *The Growth of Political Thought*, p.202.

4) W. Ullmann, *Medieval Political Thought*, p.116.

들의 금욕적인 이상을 실천하기 위해서 교황 그레고리우스 7세가 주창하였던 성직매매 금지와 성직자 독신생활 등의 엄격한 윤리적 규범을 강력히 지지하였다. 이들이 교황청이 주도하는 개혁전선에 합류함으로써 그레고리우스의 교황주권론은 구체적으로 종교적 사회적 실체가 될 수 있었으며, 또한 이들로서도 교황청으로부터 면제권 등의 특권들을 인정받음으로써 교회정부의 강력한 전위조직이 될 수 있었다. 교회개혁운동에 수도승과 수도 참사원들이 교황의 전사집단으로 활용되는 관행은 교황 그레고리우스 7세가 시작한 이후, 12세기의 교황들에 의해서 계속 유지되었다.

다섯째, 교황 그레고리우스 7세는 교회정부의 제도적 개편 역시 단행하였다. 먼저 추기경단은 고대 로마의 원로원으로부터 유래된 것으로서, 이는 교황에게 지속적으로 이론적 조언과 함께 실천적 프로그램을 제공하는 개혁가 집단으로 기능하였다. 지방에서의 중요 사안을 해결하기 위해서 많은 경우 추기경들 가운데 교황에 의해 선임 파견되었다. 또한 로마 시노드 역시 그레고리우스의 개혁을 실천하는 중대한 교회조직으로 기능하였다. 교황에 의해 주재되었던 이 로마 시노드는 주교와 수도원장들을 중심으로 때로는 사제, 부제 등도 참석하였는데, 이 회의의 결정사항은 교황에 의해 공포됨으로써 교황령과 같은 교회법적 효력을 가지게 되었다. 그러나 로마 시노드의 의사결정 과정은 교황에 의해 주도되는 것이 아니라 참석자들 간의 수평적 토론과 다수구성원들 간의 합의에 따르는 민주적인 방식을 취하였다. 그리하여 일반적인 현상은 아니었다 하더라도, 때로는 교황이 로마 시노드의 결의에 대해 거부권도 행사하였다. 한편 교황이 공포한 로마 시노드의 결의 사항은 교황청 특사에 의해 지방으로 전달되었으며, 이 특사들은 파견된 지방에서 지역 시노드를 개최하여, 다시 이를 각 지역에 전달하였다. 그런데 이 같은 교황청 특사의 지위는 특히 주교의 권한이 강했던 마인쯔, 브레멘, 랭스 등의 대주교들과는 심각한 갈등을 빚었다. 그리하여 교황청 특사에 대해 강력히 저항했던 이들에 대해서는 대주교들이라 하더라도 파문과 폐위를 할 수 있는 권한을 교황 그레고리우스 7세는 교황청 특사에게 부여하였다.

이와 같이 교황 그레고리우스 7세는 교권과 속권 모두에 걸친 정치적 지배집단의 개혁, 속권에 대한 교권 우위 체제의 천명, 교황령의 확대 및 교회정부의 재정적 기반 확충, 개혁적 수도원 및 수도 참사회의 지원 그리고 교회정부의 제도적 개편을 단행함으로써 자신의 교황주권론이 지속적으로 실천될 수 있도록 하였다. 그러니까 비록 그레고리우스 7세가 생애 말년을 살레르노에서 망명생활로 마감하였지만, 그레고리우스의 개혁 사상과 그의 실천적 프로그램은 일시적이거나 선언적 내용만은 아니었다. 이는 그 이후 중세 교황들에 의해 지속적으로 추진 될, 그리하여 13세기 교황 인노켄티우스 3세에 의해 중세적 교회와 사회의 정치질서로 확립될 구체적인 기반이 되었다. 다시 말해서 교황 그레고리우스 7세의 개혁 사상은 교황 중심적 그리스도교 공화국 체제를 위한 교회와 사회의 개혁적 구상으로서 앞으로 서 유럽이 나아가게 될 새로운 사회상을 제시하는 것이었다.

여섯째, 교황 그레고리우스 7세의 교황주권론은 교황을 입법자-군주 *lex-regia*로 확립함으로서 교회법의 발달 및 교회정부의 법률적 운용과 지배를 가능케 하였다.[5] 이와 같이 '법률에 의한 지배'에 관한 한 교회정부가 세속정부의 대안적 모델이 됨으로써, 교황 그레고리우스 7세의 교황주권론은 중세 법과 정치문화의 발달에 중요한 초석이 되었다.

---

5) J. Canning, *A History of Medieval Political Thought 300-1450* (London and New York, 1996), pp.88-89 참조.

일찍이 메이트랜드F. Maitland는 '법률이야말로 중세에 있어서 삶과 논리가 만나는 지점이었다'고 지적한 바 있지만, 정부와 법률의 문제는 밀접하게 결부되어 있었으며, 실상 중세의 거의 모든 정치적 분쟁의 중심에 사법권의 한계에 대한 논란이 자리 잡고 있었다.[6] 법률이 중세인들의 실생활에 깊숙이 관여하여 삶과 논리가 만날 수 있는 계기를 마련하였다는 점에서도 그레고리우스 7세의 교황주권론은 의미 있는 기여를 하였던 것이다.

이러한 교황주론자였던 그레고리우스 7세는 당시 폐허가 되다시피 한 로마 도시를 로마 교회의 이미지와 강하게 부각시키면서 사도좌로서 정비하는 일이 급선무였다. 그것은 영원한 내세를 위해서만 존재하는 왕국이 아닌 현실적인 영역에서의 로마 교회를 근거로 하는 것이었다. 로마에는 다섯 개의 기념 성전이 세워졌는데 이들 가운데 두 성전이 로마 교회와 직접적으로 연관된 곳이다. 예수의 십자가와 샌들 및 음경포피가 담긴 성 유물함을 지닌 라테란 성전과 성 베드로의 무덤 위에 세워진 성 베드로 성전이 그것이다. 이들 성전들은 순례지로서 명성을 지니게 되었고, 이는 성 베드로의 권한에 근거한 모든 권위와 영광이 바로 그의 대리자인 교황에게 위임되었음을 확고히 주장하게 하는 물적 토대를 제공하였다. 성서에 근거한 이념으로 성 베드로는 모든 이의 보편적인 아버지로서 목자의 역할을 이행하였고, 로마 교회는 세상의 자녀를 키우는 모든 이의 어머니로서의 모습이었다. 그리하여 그레고리우스는 일종의 교회의 보통법을 만들어 온 과거로부터 전수받은 교황과 공의회, 다른 자료들로부터 통치의 많은 다양한 것을 수용하여, 교황은 법률을 만드는 권한뿐만 아니라 의무까지도 지닐 수 있었다. 또한 로마 교회의 보편 이념에 따라 교황 그레고리우스

6) 박은구, 『서양중세 정치사상 연구』, 441쪽.

7세는 당시의 새롭게 등장하는 기사 및 상인 계층과 새로운 사회 변화에도 관심을 기울였다. 직업상 죄에 노출되었던 기사와 상인들에게 새로운 속죄 법령을 제정해 주었으며, 일반인들의 속죄를 위해서도 로마로의 순례를 장려하였다. 이러한 로마로 향하는 속죄와 순례는 성 베드로의 권한이 일상적으로 행사되었던 것으로서 그의 권력을 강화하는 수단이 되었다.

더욱이 그레고리우스 7세에게는 분열된 동방교회와의 재화합도 당면과제였다. 교회 내부에서는 성 아우구스틴 때부터 '성전'의 개념이 발달되어 왔는데 무력 사용을 정당화하는 이론이었다. 그러나 이 이론은 11세기 중엽 일반적으로 수용되어진 이념은 아니었으며, 교회 역시 이에 대해 모호한 태도를 취했다. 그러나 그레고리우스 7세는 성인 군인의 개념을 강화시키면서 '그리스도의 전사'를 축복하였고, 이제 기사들에게 자신들의 군사기술을 활용하여 죄를 사면 받을 수 있는 길을 제공하기에 이르렀다. 그는 하인리히 4세와의 갈등으로 인해 동방 원정계획을 실현하지 못하였으나, 이는 새롭게 부각되는 기사들에게 중대한 임무를 부과하는 십자군 이념이 되었다.

마지막으로 그레고리우스 7세와 치열하게 투쟁하였던 군주 하인리히 4세에 관해서도 살펴보았다. 앞에서 주로 그레고리우스의 개혁에 초점이 맞추어졌다면 마지막 장에서는 하인리히 쪽의 사료에 근거해서 재구성해 봄으로써 인간적인 하인리히를 이해해 보려는 작은 시도였다. 하인리히는 부친 하인리히 3세의 정책을 대부분 승계하려 하였다. 그리하여 이들 군주들은 군주의 보호를 받는 제국교회들을 지원하고 장려하였다. 연고가 없어 커다란 반란의 위험이 있는 작센의 고슬라에 아름답고 화려한 제국교회를 건립하여 대관식과 성탄절 등의 교회 축일들을 성대히 지내는 모습은 바로 군주권의 위용을 드러내며 군주권을 강화하는 수단이었던 것이다.

또한 하인리히 4세는 잘리에르조, 아니 그 선대인 오토조에서 내려오는 신정적인 군주상을 포기하려 하지 않았다. 그레고리우스가 요구한 속인의 서임권 금지는 결코 포기될 수 없는 군주의 전통적인 권리였고, 이를 지키려는 완강한 의지를 지녔다. 그러나 작센과 남부 독일의 세속 제후 세력과 나중에는 왕위 후계자인 자신의 아들들까지도 하인리히에게 반란을 일으켰다. 이는 그의 군주권한이 매우 취약해졌음을 의미하였다. 그리하여 대적자들이 많은 하인리히는 많은 전쟁을 치렀던 만큼 한편으로는 평화에 대한 염원도 커졌다. 이 와중에 프랑스에서 발전해온 '신의 평화' 운동이 독일에서의 '지역의 평화'에서 '제국의 평화'로까지 점차 확대되어가며, 무장하지 않은 자들 즉 약자에 대한 보호 조항에서 유대인까지 포함되어 발전되는 모습도 보였다. 유대인 보호조치는 물론 군주의 재정을 확보하기 위한 측면이 강했으나, 십자군이 일어났을 때 유대인의 대량학살이 이루어진 시기에 이러한 보호조치는 의미있는 시도라고 볼 수 있겠다. 그리하여 군주 하인리히 4세의 진영에서도 11세기 말엽과 12세기 초엽에 이러한 중요한 변화들이 생겨났다.

따라서 이제까지 살펴본 11세기 교황 그레고리우스 7세의 개혁은 이제 서구사회가 나아갈 새로운 방향의 커다란 사회적 틀을 마련하는 것이었고, 이는 서구 중세의 독특한 이원구조인 '교권과 속권의 갈등' 관계 속에서 교황과 군주가 때로는 파트너로, 때로는 적으로서 존재하면서 서구 역사에서의 정치적, 법률적, 제도적, 민주적 발전을 이루어가는 여정 중에 있었다.

부록 약어표

AHR	*American Historical Review*
Ann. Rom	*Annales Romani, in PL* 2. 331-50.
CHMPT	*The Cambridge History of Medieval Political Thought* ed J. Burns (Cambridge, 1988)
CHR	*The Catholic Historical Review*
CMH	*The Cambridge Medieval History* (London, 1920)
EHR	*The English Historical Review*
EP	*Epistolae pontificum Romanorum ineditae, ed S. Loewenfeld* (Leipzig, 1885)
JEH	*The Journal of Ecclesiastical History*
JL	*Regesta pontificum Romanorum*, ed. P. Jajjé, 2 vols. (Leipzig, 1885-8)
JTS	*The Journal of Theological Studies*
MGH	*Monumenta Germaniae Historica*
MGH *Conc*	MGH *Concilia*
MGH *Epp. sel*	MGH *Epistolae selectae*
MGH *SS*	MGH *Scriptores*
MGH *SS rer, germ*	MGH *Scriptores rerum Germanicarum in usum scholarum separatim editi.*
MH	*Medieval History*
PBA	*Proceedings of the British Academy*
PL	*Patrologiae cursus completus, series Latina*, ed. J.P. Migne
Salier	*Die Salier und das Reich*, ed. S. Weinfurter, 3 volumes (Sigmaringen, 1991).
SB	*Sitzungsberichte*
SCH	*Studies in Church History*

SG	*Studi Gregoriani*
SM	*Studi Medievali*
Stud. Grat	*Studi Gratiani*
TRHS	*Transactions of the Royal Historical Society*
ZRG *kan.* Abt	*Zeitschrift der Savigny-Stiftung für Rechtsgechichte, kanonistische Abteilung*

참고문헌

■ 1차 사료 ■

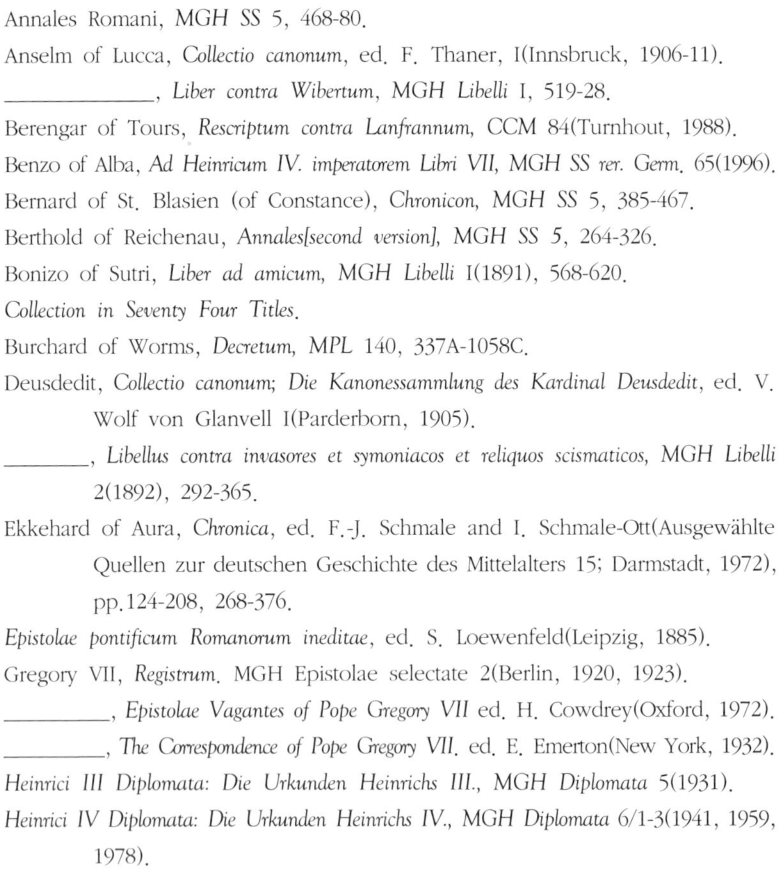

Annales Romani, *MGH SS* 5, 468-80.

Anselm of Lucca, *Collectio canonum*, ed. F. Thaner, I(Innsbruck, 1906-11).

______________, *Liber contra Wibertum*, *MGH Libelli* I, 519-28.

Berengar of Tours, *Rescriptum contra Lanfrannum*, CCM 84(Turnhout, 1988).

Benzo of Alba, *Ad Heinricum IV. imperatorem Libri VII*, *MGH SS rer. Germ.* 65(1996).

Bernard of St. Blasien (of Constance), *Chronicon*, *MGH SS* 5, 385-467.

Berthold of Reichenau, *Annales[second version]*, *MGH SS* 5, 264-326.

Bonizo of Sutri, *Liber ad amicum*, *MGH Libelli* I(1891), 568-620.

Collection in Seventy Four Titles.

Burchard of Worms, *Decretum*, *MPL* 140, 337A-1058C.

Deusdedit, *Collectio canonum*; *Die Kanonessammlung des Kardinal Deusdedit*, ed. V. Wolf von Glanvell I(Parderborn, 1905).

________, *Libellus contra invasores et symoniacos et reliquos scismaticos*, *MGH Libelli* 2(1892), 292-365.

Ekkehard of Aura, *Chronica*, ed. F.-J. Schmale and I. Schmale-Ott(Ausgewählte Quellen zur deutschen Geschichte des Mittelalters 15; Darmstadt, 1972), pp.124-208, 268-376.

Epistolae pontificum Romanorum ineditae, ed. S. Loewenfeld(Leipzig, 1885).

Gregory VII, *Registrum*. MGH Epistolae selectate 2(Berlin, 1920, 1923).

__________, *Epistolae Vagantes of Pope Gregory VII* ed. H. Cowdrey(Oxford, 1972).

__________, *The Correspondence of Pope Gregory VII*. ed. E. Emerton(New York, 1932).

Heinrici III Diplomata: Die Urkunden Heinrichs III., *MGH Diplomata* 5(1931).

Heinrici IV Diplomata: Die Urkunden Heinrichs IV., *MGH Diplomata* 6/1-3(1941, 1959, 1978).

Henry IV, *Letters; Die Briefe Heinrichs IV.*, MGH *Deutsches Mittelalter* I(Leipzig, 1937).
Herman of Reichenau, *Chronicon*, MGH *SS* 5, 67-133.
Humbert of Silva Candida, *Libri III adversus simoniacos*, MGH *Libelli* I(1891), 95-253.
John of Mantua, *In Cantica Canticorum Tractatus* ed. B. Bischoff and B. Taeger (Freiburg, 1973).
Lampert of Hersfeld, *Annales*, in *Lamperti monachi Hersfeldensis Opera*, MGH *SS rer. Germ.* [38](1894), pp.3-304.
Paschal II, *Epistolae et Privilegia*, *MPL* 163, 31A-444A.
Peter Damian, *Letters; Die Briefe des Petrus Damiani*, MGH *Briefe* 4 (I-4)(1983-93).
Regesta pontificum Romanorum ed. P. Jaffé(second edition; Leipzig, 1885).
St. Benedict, *The Rule of St. Benedict in Latin and English with Notes*, tr. T. Fry (Collegeville, 1981).
St. Odo of Cluny, tr. & ed., D. G. Sitwell.(London and New York, 1958).
Vita Heinrici IV. imperatoris, MGH *SS rer. Germ.* [58](1899).
Wibert of Ravenna(Clement III), *Decretum Wiberti vel Clementis papae*, MGH *Libelli* I(1891), 621-6.

■ 논저 ■

Borino, G. B., "Cencio del prefetto Stefano l'attentatore di Gregory VII", *SG* 4(1952), pp.373-440.
Bosl, K., *Die Reichsministerialität der Salier und Staufer*(1950-1, 34).
Brooke, C., "Hildebrand", *Medieval Church and Society. Collected essays*(London, 1971), pp.57-68.
Brooke, C., *Medieval Church and Society*(London, 1971).
Brooke, C., *The Structure of Medieval Society*(London, 1997).
Brooke, Z. N., "Gregory VII and the First Contest Between empire and Papacy", in *CMH* 5(London, 1920), pp.51-85.
Brooke, Z. N., "Pope Gregory VII's demand for faelty from William the Conqueror", *EHR* 26(1911), pp.225-238.
Brooke, Z. N., "Lay Investiture and Its Relation to the Conflict of Empire and Papacy", *PBA* 25(1939), 217-247.
Cantor, N., *Church, Kingship and Lay Investiture in England*(Princeton, 1958).
Capitani, O., "Esiste un 'età gregoriana'? Considerazioni sulle tendenze di una

storiografia medievistica", *Rivista di storia e letteratura religiosa, i*(1965), pp.454-481.

Capitani, O., "La riforma gregoriana e la lotta per le investiture nella recente storiografia", *Cultura e scuda, vi*(dicem, 1962-febbr 1963). pp.108-115.

Caspar, E., "Gregory VII in seinen Briefen", *Historische Zeitschrift* CXXX(1924), pp.1-30.

Constable, Giles, "Cluny in the Monastic World of the Tenth Century", *Il Secolo di ferro : Mito e realità del Secolo X*(Spoleto, 1991),

Cowdrey, H., "Papacy, the Patarenes and the Church of Milan", *TRHS* 18(1968), pp.25-48.

Cowdrey, H., "The Papacy and the Berengarian Controversy", Ed. Ganz, Huygens, and Niewőhner, *Auctoritas und Ratio,* pp.109-138.

Cowdrey, H., *Pope Gregory VII 1073-1085*(Oxford, 1998).

Cowdrey, H., *The Cluniacs and the Gregorian Reform*(Oxford, 1970).

Cowdrey, H., "Bishop Ermenfrid of Sion and the Norman Penitential Ordinance following the Battle of Hastings", *JEH* 20(1969),pp.225-242.

Cowdrey, H., "Hugh and Gregory VII", *Le Gouverment D'hugues de Semur A Cluny: Actes du Colloque Scientifique International,* Cluny, Septembre(Ville de Cluny, 1990), pp.173-190.

Cowdrey, H., "Pope Gregory VII and the Anglo-Norman church and kingdom", SG 9(1972), pp.79-114.

Cowdrey, H., "the Genesis of the Crusades the Springs of Western Ideas of the Holy War", *The Holy War,* ed. T. P. Murphy(Columbus, Ohio, 1976),

Cowdrey, H., *Popes, Monks and Crusaders*(the Hambledon Press, 1984).

Cowdrey, H., *The Age of Abbot Desiderius of Monte Cassino*(Oxford: Clarendon Press, 1983).

Cowdrey, H., "Two Studies in Clunic History" SG 11(1978), pp.1-298.

Cowdrey, H., "Dead-Bed Testaments", in *Fälschungen* 4, pp.703-24.

Duffy, E., *Saints and Sinners: A History of the Popes*(Yale Univ. Press, 1997).

ed, Howard-Johnston, J. D., Byzantium and the West c.850-c.1200(Adolf M. Hakkert, Amsterdam, 1988).

Ed. "Notre Dame" Series of Lives of the Saints, *Saint Gregory VII Pope*(London and Edinburgh, 1921).

Ed. Jedin H. & Dolan, J., *Handbook of Church History III*(New York, 1968).

Ed. Sitwell, D. G., *St. Odo of Cluny*(London and New York, 1958).

Ehler, S. T. and Morall, J. B., *Church and State Through the Centuries*(Westminsten,

1954).

Erdmann, Carl, *Die Entstehung des Kreuzzugsgedankens, Forshungen zur Kirchen und Geistesgeschichte* vi(Stuttgart, 1935), tr, M. W. Baldwin and W. Goffart, *The origin of the Idea of Crudacle*(Princeton, 1977).

Fabre, P., *Etude sur le Liber Censuum de l'Eglise Romaine*(Bibliothèque des *Ecoles Françaises* d'*Athènes* et de Rome 72, Paris, 1892).

Fliche, A., *Etudes sur la polémique religieuse à l'époque de Grégoire VII* ; *les Prégrégoriens*(Paris, 1916).

Fliche, A., *La Réform grégorienne et la reconquête chrétienne*(1057-1123). Histoire de l'Eglise depuis les origines jusqu' à nos jours, viii(Paris, 1946).

Fliche, A., *La Réform grégorienne*, i-iii Spicilegium Sacrum Lovaniense 6, 9, 16 (Louvain-Paris 1924-1937).

Fliche, A., *Saint Grégoire VII, Les Saints*(Pairs, 1920).

Fry, Timothy, *The Rule of St. Benedict in English*(Collegeville, 1981).

Gernhuber, J., *Die Landfriedensbewegung in Deutschland bis zum Mainzer Reichslandfrieden von 1235*(Bonn, 1952).

Gilchrist, J. T., "Canon Law Aspects of the Eleventh Century Gregorian Reform Programme", *JEH* Vol.18(1962) pp.21-38.

Gilchrist, J., "Eleventh and early twelfth century canonical collections and the economic policy of Gregory VII", *SG* ix(1972), pp.375-417.

Gilchrist, J., "Was there a Gregorian reform movement in the eleventh century?", *The Canadian Catholic Historical Association. Study sessions* xxx vii(1970).

Haefele, H. F., *Fortuna Heinrici IV. Imperatoris*(Vienna, 1954).

Haller, Johnnes, "Gregory VII und Innozenz III", in *Meister der Politik,* ed. E. Marcks and K.A.L.A. von Müller, i, 2nd edn(Stuttgart, 1923).

Hampe, K., *Germany under Salian and Hohenstaufen emperors*(New Jersey, 1973).

Hauck, A., *Kirchengeschichte Deutschlands* vol.3(Leipzig, 1914-20).

John of Mantua, *In Cantica Canticorum et de Sancta Maria Tractatus ad Comitissam Matildam*(Spicilegium Friburgense 19: Freiburg, 1973).

Kantorowicz, E., *Laudes regiae, A study in liturgical acclamations and medieval ruler worship*(Berkeley, 1958).

Kempf, Friedirch, *Handbuch der Kirchengeschichte* vol.3. ed. H. Jedin(Freiburg, 1966) tr. *The Church in the Age of Feudalism*(New York, London, 1969).

Kilian, E., *Itinerar Kaiser Heinrichs IV*(Karlsruhe, 1886).

Lackner, Bede K., *The Eleventh-Century Background of Citeaux*(Cistercian Publication,

1972).
Luscombe, D., "Introduction; the formation of political thought in the west", in Ed. J. Burns, *The Cambridge History of Medieval Political Thought*(Cambridge, 1988), pp.157-173.
Luscombe, D., *Medieval Thought*(Oxford, 1997).
MacDonald, A. J., *Hildebrand A Life of Gregory VII*(London, 1932).
Mitteis, H., *Die deutsche Königswahl*(second edition, Brünn, Munich, and Vienna, 1944).
Morrison, K. F., "Canossa, a revision", *Traditio* 18(1962), pp.121-148.
Morrison, K. F., "The Church, Reform and Renaissance in the Early Middle Ages", *Holiness and Politics in Early Medieval Thought*(London, 1985), pp.143-159.
Morrison, K. F., "The Gregorian Reform", Ed. B. McGinn and J. Meyendorff, *Christian Spirituality*(New York, 1989), pp.177-193.
Rassow, P., "Der Kampf Kaiser Heinrichs IV. mit Heinrich V.", *Zeitschrift für Krichengeschichte* 47(1928), pp.451-465.
Rassow, P., *Die geschichtliche Einheit des Abendlandes*(Cologne-Graz, 1960).
Riley-Smith, J., *What were the Crusades?*(London, 1978).
Riley-Smith, Louise and Jonathan, *The Crusades : Idea and Reality 1095-1274*(Edward Arnold, 1981).
Robinson, I. S. *Henry IV of Germany, 1056-1106*(Cambridge Univ. Press, 2003).
Robinson, I. S., "Church and Papacy", ed, J. H. Burns, *CHMPT*(Cambridge, 1988), pp.252-305.
Robinson, I. S., "Periculosus Homo : Pope Gregory VII and Episcopal Authority", *Viator* 9(1978), pp.103-31.
Robinson, I. S., *Authority and Resistance in the Investiture Contest*(Manchester, 1978).
Robinson, I. S., *Henry IV of Germany, 1056-1106*(Cambridge Univ. Press, 2003).
Robinson, I. S., *The Papacy 1073-1198*(Cambridge, 1990).
Robinson, I. S., "Pope Gregory VII(1073-1085)" *JEH* 36(1985), pp.439-483.
Robinson, I. S., "Gregory VII and the Soldiers of Christ", *History* 58(1973), pp.161-192.
Robinson, I. S., "The Dissemination of the Letters of Pope Gregory VII during the Investiture Contest", *JEH* 34(1983), pp.175-193.
Robinson, I. S., "The Friendship Network of Gregory VII", *History* 63(1978), pp.1-22.
Robinson, I. S., "Pope Gregory VII and Princes and *Pactum*, 1077-1080", *EHR* 104(1979), pp.721-756.
Rosenwein, B. H., Head T. and Farmer, S., "Monks and Their Enemies: A Comparative

Approach", *Speclum* 66 no.3-4(1991), pp.764-796.

Rosenwein, Barbara H., "Rule and the 'Rule' at Tenth-Century Cluny", *Studia Monastica* XIX(1977).

Rothe, E., *Goslar als Residenz der Salier*(Dresden, 1940).

Schieffer, Rudolf, "Gregory VII-Ein Versuch über die historische Größe", *Historische Jahrbuch* xcvii(1978), pp.87-107.

Schiffmann, S., *Heinrich IV. und die Bischofe in ihrem Verhalten zu den deutschen Juden zur Zeit des ersten Kreuzzugs*(dissertion, Leipzig, 1931).

Schimmelpfenning, B., *The Papacy*(New York, 1992).

Schmale-Ott, "Untersuchungen zu Ekkehard von Aura und zur Kaiserchronik", *Zeitschrift für bayerische Landesgeschichte* 34(1971) pp.403-461.

Schramm, P.E., "Des Zeitalter Gregors VII", *Göttingische Gelehrte Anzeigen* ccvii(1953), pp.62-140.

Somerville, R., "The Councils of Gregory VII", SG 13(1989), p.36.

Southern, R. W., *The Making of the Middle Ages*(London, 1953)

Southern, R. W., *Western Society and the Church in the Middle Ages*(Harmondsworth, 1970)

Tangl, G., *Die Telinehmer an den allgemeinen konzilien des Mittelalters*(Weimar, 1932).

Tellenbach, G., *Libertas. Kirche und Weltordnung im Zeitalter des Investiturstreites*(Stuttgart, 1936). tr, by R. F. Bennett, *Church, State and Christian Society at the time of the Investiture Contest*, Studies in Medieval History(Oxford, 1940).

Toubert, P., *Les Structuresdu Latium méridional et la Sabine du ix à la fin du xii siécle*(Bibliothèque des Ecoles Françaises d'Athènes et de Rome 221: Rome, 1973).

Toubert, Pierre., *Les Structures du Latium méridional et la sabine du ix à la fin du x ii siècle*(Rome, 1973).

Ullamnn, W., "Gregory VII, Pope, St", *New Catholic Encyclopaedia* vi(New York, 1967), pp.772-775.

Ullmann, W., *A Short History of the Papacy in the Middle Ages*(London, 1972).

Ullmann, W., *Law and Politics in the Middle Age*(Ithaca, 1975).

Ullmann, W., *The Growth of Papal Government in the Middle Ages. A Study in the Ideological Relation of Clerical to lay Power.* 1st(London, 1953).

Waas, A., *Heinrich V. Gestalt und Verhängnis des letzten salischen Kaisers*(Munich, 1967).

Wadle, E., "Heinrich IV. und die deutsche Friedensbewegung" in Investiturstreit (1973).

Werner, E., "Konstantinopel und Canossa. Lateinisches Selbstverständnis im II. Jahrhundert", *SB der Akademie der Wissenschaften der DDR, Gesellschaftswissenschaften,* Jahrgang 1977. 4(Berlin, 1977), pp.3-35.
W. 울만 지음 | 박은구·이희만 옮김, 『서양 중세정치사상사』(숭실대출판부, 2000).
김봉수, 「그레고리우스 개혁기의 교회, 국가관: 다미아니와 훔베르트의 경우를 중심으로」, 『경희사학』 20집(1996.2), 277-305쪽.
박은구, 『서양 중세 정치사상 연구』(혜안, 2001).
박은구, 「중세 그리스도교 문화와 사상에 대한 한 고찰」, 『숭실사학』 16집(2003.3), 129-162쪽.
아우구스트 프란쓴 지음 | 최우석 옮김, 『교회사』(분도출판사, 1982).
이경구, 『중세의 정치 이데올로기』(느티나무, 2000).
이경구, 「콘스탄티누스 기진장의 작성목적」, 『서양중세사연구』 11호(2003.3), 27-59쪽.
이신자, 「교황 그레고리우스 7세의 교회개혁과 정치적 관심」, 『이대사원』 6집(1966), 108-141쪽.
이영재, 「그레고리우스 7세의 교황주권론 소고」, 『숭실사학』 9집(1996.5), 213-259쪽.
이영재, 「클루니(Cluny) 수도원의 개혁운동에 관한 연구」, 『숭실사학』 13집(1999.8), 139-175쪽.
이영재, 「Gregory VII의 교황주권론 연구」, 숭실대학교 박사학위논문(2003.12).
이영재, 「교황 Gregory 7세의 서임권 투쟁에 관하여」, 『서양중세사연구』 15호(2005.3), 27-62쪽.
이영재, 「교황 Gregory 7세의 로마 교회론과 성전(Holy war)관」, 『서양중세사연구』 19호(2007.3), 39-66쪽.
이영재, 「11세기 교회 개혁기의 추기경단 변화」, 『서양중세사연구』 31호(2013.3), 33-59쪽.
이영재, 「교황 그레고리우스 7세의 개혁 수단-로마 시노드와 특사 제도-」, 『프랑스사연구』 26호(2012.2), 39-62쪽.
이정민, 「11세기 신의 평화운동의 성격에 관한 고찰」, 『서양중세사연구』 33호(2014.3), 293-317쪽.
이형렬, 「클루니 수도원 운동과 그레고리우스 7세의 개혁」, 경희대학교 석사학위논문(1991.2).
장준철, 『서양 중세교회의 파문』(혜안, 2014).
장준철, 「11세기 개혁시대의 교회법령집 분석」, 『서양중세사연구』 18호(2006.9), 65-92쪽.

장준철, 「12, 13세기 교황 현세권 연구」, 전남대학교 박사학위논문(1996.8).

장준철, 「*Libritres adversus simoniacos*를 통해 본 훔베르트의 개혁 사상」, 『기독사학연구』 4집(1997. 1).

장준철, 「교황 *Duo sunt*에 나타난 두 권력 이론」, 『서양중세사 연구』 1집(1997.2), 51-82쪽.

장준철, 「교황통치체제 확립에 관한 Gregory VII의 사상」, 『전북사학』 5집(1981.7), 123-164쪽.

장준철, 「중세 교황의 *Plenitude Potestatis* 사상에 관하여」, 『역사학연구』 12집(1993.7), 29-71쪽.

찾아보기

가장 경건한 황제 하인리히 285
가증스런 수도승 힐데브란드 203
갈리아 루그두넨시스 219
강력한 권력의 적절한 이용 91
개혁 교황좌 174, 188
개혁세력 28
개혁 수도원의 모델 88
개혁운동 28, 82
개혁정신 35
게르만족 32, 258
게르스퉁겐Gerstungen 조약 149, 276
게이술프 살레르노Gisulf of Salerno 136
게하드 주링엔 237
게하르 콘스탄스 280, 290
겔라시우스 72, 78, 125
겔라시우스의 이원론 74, 78
겸손함humilitas 113
계서제 70, 233
고대 교회법 174
고드프레이 곱사등 로렌 148, 149
고드프레이 로렌 공 43, 146, 153, 155, 174, 176, 193
고드프레이 빌롱 182, 183
고슬라Goslar 265, 266, 268, 276
고슬라와 카이제르스워스 139
공덕의 신학theology of merit 257
공의회Concilium 36, 52, 225, 247, 250
공의회 이론Conciliar theory 79, 80
공의회주의자 81
관리자로서의 교황의 지위 66
교권Sacerdotium 22
교권과 속권 16, 25, 41, 79, 127, 297, 303
『교령집Decretum』 258
교만함superbia 113
교부시대 125
교황 겔라시우스Gelasius 1세 66, 107, 122
교황 그레고리우스 1세 53, 68, 89, 111, 168, 218, 235, 258
교황 그레고리우스 1세의 『도덕론』 55
교황 그레고리우스 2세의 『사목서Liber Pontificalis』 189
교황 그레고리우스 5세 77, 78, 96
교황 그레고리우스 6세 34, 168
교황 그레고리우스 7세 15, 16, 17, 20, 21, 27, 28, 29, 30, 31, 34, 48, 82, 103, 106, 110, 117, 142, 151, 158, 197
교황 그레고리우스 9세 24
교황 니콜라스 1세 101, 102, 122

교황 니콜라스 2세 39, 42, 43, 45, 133, 179, 192, 208
교황 레오 1세 65, 120
교황 레오 9세 36, 40, 140, 174, 200, 211, 213, 216
교황 베네딕트 8세 96, 190
교황 베네딕트 9세 190
교황 베네딕트 10세 194
교황 빅톨 2세 36, 37, 143, 175, 213
교황 빅톨 3세 168, 196
교황 스테판 2세 128
교황 스테판 3세 188, 197, 209
교황 스테판 9세 37, 176, 193
교황 실베스터 2세 77
교황 알렉산더 2세 42, 43, 44, 48, 117, 134, 147, 152, 170, 214, 263
교황 요한 11세 88
교황 요한 19세 97, 190
교황 우르반 2세 135, 166, 168, 196, 217, 290, 298
교황 유게니우스 3세 210
교황 인노켄티우스 1세 119
교황 인노켄티우스 2세 133, 168, 177, 224
교황 인노켄티우스 3세 28, 300
교황 인노켄티우스 4세 28
교황 칼릭투스 2세 167, 168, 171, 217
교황 파스칼 2세 26, 135, 168, 291, 298
교황 하드리안 1세 129
교황 호노리우스 2세 43, 146, 168
교황과 제국과의 관계 230
교황권 27, 62, 64
교황권과 군주권 154
교황권과 주교권 79
교황권의 절대성 122
교황권주의자 17
교황 꾸리아 134, 170
교황령 130, 151, 298
교황령 연구자들Decretalists 226
교황만이 제국의 기장을 사용할 수 있다 121
교황만이 주교를 임명, 전보, 폐위, 복직 가능하다 162
교황 사절단 152
교황선거법령 40, 188
교황 수위권 이론 79, 80
교황 수장제론 28, 80, 237
교황 수장제 원리Theory of Papal Monarchy 62, 163
교황 수장제 정부 233
교황은 보편적인 아버지이며 모든 그리스도교도들의 스승 110
교황은 황제들을 폐위할 수 있다 116
교황은 그리스도교 사회에서 법률과 규범의 유일한 입법권자 겸 사법권자 117
교황의 가장 본질적 기능은 법률의 제정과 관리 114
교황의 권위는 전임 교황으로부터 승계 받는 것이 아니라 성 베드로로부터 직접 승계 받는다 66
교황의 대관식과 착좌식 242
교황의 면책권 121
교황의 무오류성 전능권 122
교황의 법령 251
교황의 신성한 권위auctoritas pontificum 67
교황의 인격과 직무간의 분리 65
교황의 입법권 163
교황의 전권 231

교황의 파문령 289
교황이 황제들을 폐위할 수 있다는 것 119
교황 전능권 65
교황정부 225, 229
교황좌 131
교황주권론 16, 19, 28, 106, 122, 127, 296
교황주권자 250
교황중심적 병행주의론 127
교황청 298
교황청과 신성로마제국 간의 유대 77
교황청 법정 136
교황청 정부 248
교황청 특사 31, 36, 115, 160, 225, 226, 230, 231, 299
교황 팔라티움palatium 121
교황 폐위 사건 49
교회 개혁운동 30, 167
교회 계서제론 69
교회 구성원들 각각의 위계 혹은 등급 70
교회는 예수 그리스도의 몸 73, 110
교회법 21, 24, 29, 39, 42, 80, 126, 159, 195, 249, 275, 288
『교회법 모음집Collectio Canonum』 78, 196, 203, 209, 258
교회법 제도Institutio canonicorum 39
교회법의 발달 300
교회법적 선출 24
교회법 책자 196
교회법학자 21, 196
교회와 국가간의 구분이 아닌 성직자와 속인간의 구분 71
교회와 제국의 관계 67
교회의 계서제 231
교회의 유기체적 이론 69
교회의 자유 29, 294
교회의 제국화 교황의 삼중관, 기장 그리고 예식 125
교회재산의 공동 소유 40
교회정부 30
교회정부의 법률적 운용과 지배 300
교회정부체제 297
구약성서의 여호수아의 철저한 복종 57
국왕의 권한regalis potetas 67
군인-성인의 형태 264
군주 콘라트 1세 160
군주권 26
군주권의 신성성 30
군주-사제 유형 71
군주-사제 이념 29, 293
군주-사제rex et sacerdos 이론 75, 126
군주의 기능에 관한 목적론적 테제 73
군주의 기능은 악의 제거 165
군주의 대관식 216
군주의 불복종 164
군주의 위용과 힘 269
군주이면서 고위 사제 77
궁정사제 52, 208
궁정성당 140
권력에 대한 목적론적 시각 69
권한 정지령 154
귀베르트 라벤나 56, 162, 203
귀스카르의 노르만 군대 51, 178
그라도 47
그라티아누스 62
그레고리안 성가 34

그레고리우스 23, 57, 126, 159
그레고리우스 개혁 16, 87, 192
그레고리우스 개혁파 197, 274
그레고리우스 법령 253
그레고리우스 서한 56
그레고리우스의 개혁 18, 20, 25, 52, 295
그레고리우스의 개혁가 125
그레고리우스의 교황좌 208
그레고리우스의 기록집 47
그리스도교 공동체 사회societas reipublicae christianae 68
그리스도교 공화국 사회Society of the Christian Commonwealth 29, 69, 112, 113, 115, 215
그리스도교도 53, 55, 74, 108, 257
그리스도교는 제국의 종교 62
그리스도교도들의 유기체적 통합 안에서 황제의 역할 71
그리스도교 왕국 19, 23, 105, 252
그리스도교인들의 유기체적 통합 The Corporate Union of Christians 69
그리스도교 조직화 62
그리스도의 계명 54
그리스도의 대리자인 성 베드로 81, 252
그리스도의 전사 264
그리스도의 초상화 244
금욕 관행, 시편의 암송, 침묵 유지 85
기록집Registrum 215
기사 256
기셀라Gisela 270
까마돌리Camaldoni 수도원 169

나세포루스 3세 보타니아테스 181
남부 이탈리아의 노르만 제후 131, 272
노르드귀와 작센의 제후들 289
노르드하우젠 시노드 289, 290
노르만공 181
노르만인 43, 45, 186, 261
노르만제후 40, 50
농업혁명 15
니케아공의회 214
니콜라스파 140, 170

다윗 75
단식 253
대관식 90, 221
대립교황 43, 178, 191, 197
대립교황 귀베르트 49, 50, 212, 204
대립교황 아나클레투스 2세 168
대립교황 클레멘스 3세 49, 162, 178, 184, 192, 196, 203, 205, 274
대립교황 호노리우스 45, 100
대립군주 160
대립군주 루돌프 49, 236, 237
대립군주파 288
대부제Archdeacon 31, 38, 230
대부제 레인볼드 47
대부제직 218
대사 257, 263
대성당 관리직 218
대주교 아달베르 브레멘 144
대주교 지그프리드 마인쯔 153
대주교 휴 리용 196
대주교 힝크마르 232
데시데리우스 세실리아 206
데시데리우스 수도원장 168, 181

데오시데트 교회법학자 204
데올스 수도원 84, 88
데우스데디트Deusdedit 209, 210
덴마크의 군주 스위든 에스트리스선 46
도유식 76, 90
독신서약 141
독일 선교사업 37
독일의 서임권 투쟁 173
동로마 황제 미카엘Michael VII Dukas 262
동방과 서방 교회들의 재통합 262, 302
동방교회 240, 256
동방 원정 176
두 번째 폐위와 파문령 49
드니Denis 69
디오니시우스 아레오파지트Dionysius the Areopagite 69
디오니시우스 피아첸자 주교 223

라벤나 대주교 233
라이몬드 베랭가르 1세Raymond Berengar I of Barcelona 248
라테란 43, 51, 124, 214, 217
『라테란 교회에 관한 묘사Descriptio ecclesiae Lateranensis』 243
『라테란 교회의 신성성의 묘사』 204, 205
라테란 궁전 33, 34
라테란 바실리카 39, 153, 192, 198, 202, 243
라테란 성당 198, 231, 301
라테란 시노드 161, 198, 203, 291
라틴 교회 217
라틴 그리스도교 왕국 22, 71, 241
라틴 그리스도교 공화국 127
라틴어 성서Vulgate 62
란데릭 마콩 대주교 171
랑프랑 캔터베리 56, 134
랭스공의회 39, 171, 225
랭스 대주교 마나세스Manasses 1세 232, 233, 234
랭스 수도원 98
랭스 주교 힝크마르 78
로마 31, 33, 36
로마 공의회 214
로마 교황권 104
로마 교황청 19, 111
로마 교회 38, 46, 62, 68, 77, 111, 165, 198, 213, 217, 228, 301
로마 교회는 그리스도교 세계의 중심 108
로마교회의 무오류성 121
로마 교회의 보편성 115, 122, 233
로마교회의 사제급 추기경 47
로마 교회에 복속하는 수도원들의 면제권 172
로마 교회의 사법권 170
로마귀족 45, 188, 191, 192
로마 꾸리아 208
로마로 향하는 속죄와 순례 248
로마 사순절 회의 235
로마 사절단 225
로마 순례 240
로마 시노드 49, 216, 227, 236, 240, 299
로마 자유권 105, 171
로마 주교 29, 80
로마 주교의 수위권 65
로마 주교좌 121

로마 특사 226
로마행 속죄여행 247
로마황제 64
로메인모티에르 수도원 85, 87
로버트 귀스카르Robert Guiscard 47, 50, 133, 151, 179, 180, 182, 184, 219, 262
로베르 경건왕 96
로타르 1세 189
로타르 3세 178
로타르의 로마법령Constitutio Romana 130
로타링기아 177
롬바르드 공국 129, 156
롬바르드 주교 42, 154
롬바르드인(족) 32, 46, 162
루돌프 라인휄덴 160, 161
루돌프 슈바벤 공 149, 158, 159
루이 경건왕 39, 189
루카의 주교 안셀름 1세 42
루카의 주교 안셀름 2세 196, 229
뤼네부르크 가문 146
리용 37
리용 대주교 234
리용 종교회의 232
리용 주교좌 219, 220
리우티치족Liutizi 265
리차드 생 빅톨 228
리차드 카푸아 42, 179

마그누스 빌룽 146, 149
마그레이브 데디 148
마르세이유 237
마인쯔 25, 37
마인쯔 공의회 280, 291
마인쯔 대주교 루타르Ruothard 233, 281, 283, 290
마인쯔 대주교 지그프리드 234
마인쯔 시노드 213, 277
마콩 주교 103, 104
마태오 복음 16장 18절 64
마태오 복음 16장 19절 80
마틸다 백작부인 153, 156, 157, 174, 178, 182, 259
만찌케르트Manzikert 262
만투아 공의회 44
메로빙왕조 75
메쯔의 수도원장 와로Walo 194
멜키세덱 75
멜피 공의회 40, 179
멜피 시노드 181
면제권Exemption 29, 82, 99, 100, 101, 171
면직과 직위 박탈 220
모후 아그네스 프와투 섭정 37, 38, 41, 143, 154, 159, 269정 273
몬테카시노 175
몬테카시노 수도원장 데시데리우스 47
몬테카시노 수도원장 알리제르누스 33
몬테카시노 연대기 37
무력사용과 사랑의 논쟁 258
미니스테리알 26
미덕과 악덕 간의 전쟁 92

바바스트로 전투 263
바오로의 로마인들에게 보내는 편지 63

반동가 25
『반성직매매론Libritres Adversus Simoniacos』 142
반지와 지팡이 143
발렌티아누스 2세 62
밤베르그의 주교 오토 286
백작 제랄드Gerard of Vinne 101
법률에 의한 지배 29, 300
법률의 정당성 64
베너 막데브르크 149
베네딕트 규율 33, 83, 85, 99, 294
베네딕트 수도원 83, 100
베네딕트 아니안 83, 84, 85, 294
베네벤토 의정서 133
베네치아 공국 47, 129
베노Beno 203, 205
베드로 펜스 133, 298
베드로의 수위권 이념Doctrine of Petrine Primacy 65
베랑가르 투르 36, 39
베랑가르 투르의 성찬식 가르침 223
베르나르 237
베르나르 생 빅톨 237
베르나르 클레르보 210
베르노 84, 85, 86
베르셀리의 주교 레오 77
베르타 투랭 147, 160, 270
베르타 황후 50
베르톨드 카린티아 149, 158
베아트리스 174, 175
베아트리스 토스카나 백작부인 43, 145
베즐레 수도원 101, 102
벤조 알바Benzo of Alba 193
병행주의 67, 107
보니조 수트리 200, 203
보니파키우스 8세 28
보니페이스 알바노 36, 200
보니페이스 카노싸 174
보름스 154
보름스 시노드 49, 203
보름스 협약 167
보비오B 수도원 100
보수적 지배세력 28
보수주의자 23, 24, 25
보편 공의회 251
보편 교회 64, 69, 109, 122, 201
보편 교회의 어머니인 로마 교회 252
보편교회 통치권univerdalis ecclesiae reginmen 111
보편적 지배권 28
보편적 통치 이데올로기 27
보편 제국의 수호자로서의 황제관 77
보호자patricius 190
복종obedience 55
복종과 겸손의 덕목 58
봉건적 계약 162
봉건적 부조 133
봉건제 15
봉토 93
봉헌식 173
뵈켈하임Böckelheim 성 285
부르고뉴 왕국 99, 138, 271
부르카르트 보름스Burchard of Wonns의 『교령집Decretum』 261
부제vice-pontiff 226
부제급 추기경 169, 198, 202, 204, 205, 210, 212
부제보Subdeacon 38, 202, 230
부차드 할베르스타트 148, 149, 159
부활절 시노드 45, 192

분할 통치지배divide et impera 46
불복종 56, 162, 173, 195, 220
불복종자 172
불입권Immunity 29, 94, 95, 99, 102, 171
브레멘 대주교 리에마르Liemar of Bremen 232, 233, 234
브루군디 백작부인 아그네스 85
브뤼지 수도원 98
브르게스 37
브릭슨 시노드 161, 274
비로마인 201, 208
비엔 37
비이탈리아인 213
비잔틴의 동방교회 261
비잔틴제국 50, 128. 213
비잔틴 황제 미카엘 7세 두카스 181
비잔틴 황제 아나스타시우스 1세 66

사도좌 301
사라센인 51
사랑은 모든 덕목의 어머니 53
『사목서Liber pontificalis』 127
사법권 166, 249
사순절 215
사순절 시노드 39, 44, 152, 155, 180, 181, 214, 215, 219, 221, 223, 237, 252
사순절 의정서 154, 219
사순절 종교회의 255
사울왕의 불복종 55
사제 141
사제급 추기경 169, 195, 198, 202, 204, 205, 209, 210, 212
살레르노 32, 49, 51, 196, 214, 250
살롱-슈르-샤온 37
상스의 대주교 222
상인 256
새로운 창조물 혹은 새로운 인간 64
생 드니 128
샤를르 대머리왕 101
샤를르 비만왕 101
서구의 군주들은 교황의 아들 68
서구 입헌주의 30
서구 중세의 독특한 이원구조 303
서임권 투쟁 16, 18, 26, 27, 173, 228, 296
서품식 173
선거법령 43, 194
선교 특사legatus missus 226
선한 통치bene regere 73
섭정과 쿠데타 145
성 라테란 궁전palatium sacrum Lateranense 199, 243
성 루가 244
성 마리아 교회 286
성 마리아 마조레 성당 192, 199
성 마리아 수도원St. Mary's on the Aventine 33, 34
성 바오로 36, 190, 239
성 바오로 성당 43, 199, 244
성 베네딕트의 규율 55
성 베드로 120, 190, 239
성 베드로 교회 32, 42, 48, 177
성 베드로 성당 33, 50, 199, 242, 244, 245, 246, 301
성 베드로와 바오로 95, 104
성 베드로와 사도좌에 대한 클루니의 유일한 종속 98
성 베드로의 가족 228

성 베드로의 권한 29, 79
성 베드로의 대리자 72, 111
성 베드로의 방어에 대한 대가로 수도원의 로마 교회에 대한 복종 105
성 베드로의 보호 137
성 베드로의 봉신 163, 186
성 베드로의 세습영지 130
성 베드로의 수위권 64
성 베드로의 칼 259
성 베드로의 펜스 134
성 블라젠 173
성 시몬과 성 주드 교회 267
성 심마추스St. Symmachus 교황령 116
성 아우구스틴St. Augustine 88, 257, 302
성 아우구스틴의 규율 169
성 아폴리나리스St. Apollinaris 233
성 안셀름 루카St. Anselm of Luca 179, 203, 209, 258
성 안젤로 성 43, 50, 183, 245
성 암브로스 71
성 에노디우스St. Ennodius 116
성 오도St. Odo 85, 87
성 오딜로 33
성 요한 라테란 성당 242
성 요한 성당 50
성 제랄드 오릴락의 생애The Life of St. Gerald of Aurillac 91
성 제롬St. Jerome 62, 65
성 제오르젠 수도원 287
성서와 교부들의 말씀 53
성전holy war 240, 257, 260
성지순례 240, 244
성직 계서제Ecclesiastical Hierarchy 69
성직록 218
성직매매 17, 29, 37, 40, 161, 172, 200, 218
성직매매 금지 56, 138, 142
성직자 198
성직자 결혼 금지 24, 40, 56, 218, 295
성직자는 칼을 축복 260
성직자들의 지도력에 복종하는 것이 군주들의 의무 56
성직자정치론 22, 23, 29, 61, 79, 82, 111, 113, 126, 293, 297
성찬식 논쟁 39
세례자 요한 90
세속관리 256
세속군주 109, 173
세속군주는 그리스도교 사회의 유기체적 전체 체제를 방어 110
세속군주에 의한 성직서임 반대 166
세속권력의 존재 이유는 범죄적 행위에 대한 물리적인 진압 109
세속권력은 천상의 권력에 봉사 68
세속법 275
세속서임 금지법령 87, 163, 290, 295
세속적 통치권 74
세속 정부체제 297
세속제후 30, 132, 280
세속 통치자 53
세습 교황령 178
센수스census 132
센시우스 스테파니 192
소아나 32
속권과 교권 22, 28
속인에 의한 주교 서임 금지 150
속죄 264
속죄 규정 240, 252, 253
속죄의 순례 247
속죄적 257

솔로몬 75
수녀원장 102
수도 참사원 117, 167, 170, 299
수도승 53, 299
수도원 170
수도원 개혁운동 94
수도원의 면제권Exemption 98
수도원의 불입권Immunity 93
수도원의 자유권 104, 139
수도원의 자유와 면제권 170
수도원장 82, 86, 138, 200
수도원장 오딜로 96
수도 참사회 40
수염을 기른 고드프레이Godfrey of Bearded 공작 145
순례자 241, 248
순례지 241, 245
순회재판소 266
쉐프하우젠 수도원 118, 173
슈파이어 교회 286
슈파이어와 보름스의 유대인 공동체의 특권 인정 280
슈파이어 주교 존 1세 281
스칸디나비아반도 15
스테파니안 가문 189
승리의 나팔소리로 예리고의 성벽 57
승인장 39
시노도스synodos 212
시노드 30, 40, 229
시실리 186
시실리의 군주 로저 2세 133
신과 피조물들과의 합일 70
『신국』 88
신성로마제국 15, 16, 30, 44, 160, 191
신성로마제국 황제 41
신성한 전쟁 21
신앙공동체 110
신으로부터의 정화, 계몽, 완전성 70
신의 법률과 교회의 법률의 복종 58
신의 의지에 대한 인간 의지의 자발적인 복속 57
신의 평화 운동 25, 240, 276, 303
신정적 군주 28, 30, 75, 273
신정적 이론 23, 61
신정적 성격 137
신정적인 기능 26
실베스터 법령Actus Silvestri 231
실베스터 전설 123
실보 시카우리의 수도원장 성 그레고리우스 마노 42
십자군 21

아노의 쿠데타 155, 273
아노 쾰른Anno of Cologne 41
아달베로 위즈부르크 주교 158
아델라이드 백작부인 157, 160
아마투스 올롱 227, 229, 230, 235, 236
아비뇽 242
아우구스부르크 종교회의 155
아우구스틴 75, 88, 260
아이스툴프Aistulf 128, 129
아일랜드 수도원 100
아조 2세Margrave Azzo II of Este 157
아퀼리아와 카푸아 노르만인 40
아풀리아와 칼라브리아 노르만 공작 262
아프리카 공의회 214
악의=자애심의 결핍 89
안센 시노드 103

안즈 공의회Anse Council 96
알렉시우스 코메누스 182
알퀸 76
알트만 파사우 주교 229
암브로스 주교 152
앙주 백작 풀크 221
애볼루스 로우쉬 백작 47
어린 군주 23
어머니인 로마 교회와 아버지인 교황 68
엘스터 전투 49
영국 15
영국 군주 윌리엄 1세 46
영원한 축복 58
예루살렘의 초대 교회 40
예언자 사무엘 55
오도의 정치사상 88
오도의 『모음집Collationes』 88, 92
오딜로 수도원장 103
오를레앙 98
오를레앙공의회 100
오토 1세 77, 189
오토 3세 77, 96
오토 노르드하임 146, 148, 149, 160
오토-윌리엄 부르고뉴 가문 270
오토조 30, 78, 137, 145, 213
오토 콘스탄스 237
옥타비안 가문 189
왕실과 사제 108
왕실과 제국의 특허장 286
우상숭배 220
우트레히트 주교 윌리엄 155, 158
운슈트러트Unstrut 149
웰프 바이에른 149, 158
위 이시도르 법령집 122, 235
위아나클레투스Pseudo-Anacletus 81
위클레멘스Pseudo-Clement 81
윌리엄 아뀌뗀느 공작 82, 84, 86, 93, 294
윌리엄 정복왕 134
유기체적 성격에서의 퇴출 72
유대인 대학살 281
유대인 보호조치 303
은수자 집단 169
이교도 162
이단 162
이보 샤르트르Ivo of Chartres 167, 258
이스트리아 공국 129
이시도루스 메르카토르Isidorus Mercator 232
이시도르 세빌 73
이시도르 테제 73
이원주의 26
이탈리아 원정 271
인간의 육체corpus와 영혼anima 108
인격과 직책의 분리 승계의 원칙 66
인내와 자애심의 결합은 정의라는 미덕의 실현 91
인류의 복지 215
인민주의적 이론 61
인정법human law 58
1차 십자군 260
입법권 117, 166
입법자-군주lex-regia로서의 교황 300
입법회의체 224

자애심charity 53, 54
자유 선출 143, 161
작센 30, 149, 182

작센인 55, 146
작센전쟁 148
작센 주교들과 제후들에게 보낸 그레고리우스 서한 193
잘리에르 왕조 37, 78, 99, 137, 145, 146, 160, 213, 271
적그리스도교 162
전체 교회 통치권 111
정신사와 세속사 127
정신적 면제권Exemption 94, 101, 172
정신적 사법권 173, 294
정신적 이상 53
정신적 통치권 74
정의justitia 29, 57, 113
정의로운 전쟁 258, 259
제1차 라테란 공의회 225
제2차 라테란 공의회 225
제국의 수도원 294
제국의 시노드 213
제국의 평화 277, 278, 303
제권주의자 법령집 203
제라르 갈레리아 백작 42
제랄드 루실롱 101
제후 조르단 카푸아 50, 183
존 그라틴 34
존 만투아John of Mantua 112, 259
존 살레르노John of Salerno 84, 86
존 제타 169
존 포르토John of Porto 201, 205
종교회의 49, 214
종신직 교황청 특사 227, 228
주교 게하르 37
주교 하인리히 143, 276
주교 휴 디에 136
주교급 추기경 40, 47, 48, 168, 193, 194, 198, 200, 203, 204, 205, 210, 211
주교는 교회 복지의 수호자이며 아버지 166
주교들은 황제에 의해 공적인 기능들을 담당 62
주교좌 성당 139
주교좌에 대한 군주의 통제 163
주군과 가신의 관계 131
중세교회 24
중세교회 정치사상사상 한 지적 혁명 298
지그프리드 마인쯔 161, 232
지역의 평화 277

찰스대제 111, 127, 136
찰스대제의 위조문서 136
참사원 39
참회자 241
참회자의 복장 157
창립 승인장Foundation Charter 94
천국의 열쇠 81
1059년 교황 선거법령 41, 42, 48, 195, 201, 203, 210, 211
천상 계서제Celestial Hierarchy 69
추기경 123, 200, 207
추기경 데시데디트 203
추기경 오도 오스티아 196, 209, 237
추기경 제랄드 오스티아 47, 227
추기경 훔베르트 실바 칸디다 36, 295
추기경단 121, 187, 197, 203, 207, 210, 211, 299
추기경단에 의한 콘클라베(교황선출 비밀회의) 211

추기경회의consistory 225
충성서약 41, 145
『74개조 모음집Collection in Seventy-Four Titles』 125, 196

카노싸 49, 156, 157, 182
카노싸의 굴욕 23, 26, 28, 49, 159, 160, 161, 176, 214
카노싸의 성문 26
카달루스 교황 분열기 146
카로링 왕조 20, 29, 75, 76, 78, 101, 125, 126, 188, 270, 293
카로링 제국 88
카이제르스워스섬 41
카인과 아벨 89
카페 왕조 98
칸내Cannae 50
칼론 종교회의 231
칼케돈 공의회 172, 174
콘솔 센시오 51, 185
콘스탄티노플 123, 225
콘스탄티노플 교회 261
콘스탄티누스 대제 62, 121, 127, 243
「콘스탄티누스 대제의 기진장」 77, 123, 125, 246
콘스탄티누스 모후 헬레나 244
콜로세움 51
퀼른 155
퀴클로프스 39
퀼른의 대주교 아노Anno of Cologne 144
크레센티안Crescentians 가문 42, 189, 191
클루니 수도승 35, 84, 95
클루니 수도원 15, 17, 29, 34, 82, 85, 88, 93, 103, 106, 138, 170, 294
클루니 수도원의 면제권 99, 172
클루니 수도원의 사법제도 96
클루니 수도원장 오도 33
클루니 수도원장 휴 37, 157, 170, 172, 228, 263, 270, 285
『클루니의 성 오도 생애the life of St. Odo of Cluny』 84, 86

탄원자 241
탐욕의 우상숭배 90
테오도시우스 1세 62
테오피렉트Theophylact 130, 189
토박이 특사legatus natus 226
토스카나 31, 44, 177
투랭 주교 쿠니베르 172
투르 37
투르의 랄프 대주교 221
투스쿨란Tusculans 가문 42, 103, 189, 191
툴루즈 공의회 225
트리브르 제후회의 37, 155
트리에르 154
티베르강 183, 242

파노르미아Panormia 258
파리 공의회 125
파문excommunication 72, 115, 152, 158
파문령 173
파타레느Patarene 264
팔라티움 130
팔라틴 부제보 202
평화입법 25, 30, 113, 280
폐위 158

폐위와 파문령 154
포쉬하임 160
포힐데Pöhlde 271
프랑스 군주 필립 1세 90, 285
프랑스에서의 전형 220
프랑켄 146
프랑크왕국 68
프랑크족 68, 258
프랑크푸르트 종교회의 147
프루톨프 미켈즈베르그Frutolf of Michelsberg 282
프리칠라Fritzlar 288
플뢰리 수도원 87, 88
피조물들 70
피터 다미안Peter Damian 22, 38, 42, 45, 107, 139, 142, 147, 169, 194, 200, 208, 243, 261
피터 라이문디Peter Raymundi 248
피터 알바노 136, 227
피핀 127, 128

하느님의 사랑 54
하느님의 영광 54
하늘나라의 열쇠 80
하스팅즈의 전투 260
하인리히 2세 190
하인리히 3세 30, 32, 37, 38, 43, 140, 159, 269
하인리히 3세의 평화 공의회 279
하인리히 4세 16, 22, 23, 25, 26, 28, 30, 37, 41, 44, 49, 54, 126, 143, 157, 158, 160, 192, 195, 211, 219, 227, 236, 263, 290, 295
하인리히 5세 167, 177, 285, 288, 291
하인리히의 폐위와 파문령 49, 162
하인리히의 폐위와 파문령(2차) 181
행정권 166
허란드Herrand 283
헌금 253
헤르만 라이헤나우Herman of Reichenau 271
헤르만 메쯔 주교 159, 250
헤르만 빌룽 148
혁명가 23, 25
호에텐스레벤 148
화합Concordia 261
황제권 25, 26, 27
황제대관식 121
황제 막시안 72
황제의 신성 63
황제 콘라트 2세 97, 99, 138, 190, 269
황제중심적 병행주의론 127
황폐한 구 도시 로마 239
후버트 팔레스티나 227
훔베르트Humbert 194, 200, 261
훔베르트 실바 칸디다 추기경 39, 108, 141, 175
휴 디에 227, 228, 234, 236
휴 리용 210
휴 칸디두스Hugh Candidus 153, 203, 227
힐데베르트 라베르딘Hildebert of Lavardin 241
힐데브란드Hildebrand 17, 18, 31, 34, 35, 38, 41, 42, 44, 46, 47
힐데쉐임 편지 모음집 232

A~Z

「*Dictatus Papae*」 49, 114, 117, 127, 162, 231

지은이 | 이 영 재

숭실대학교 인문대 사학과 졸업 및 동대학원 졸업
미국 시애틀 퍼시픽 대학교 및 시카고 로욜라 대학교 대학원 수학
영국 리즈 대학교 중세연구소(IMS)에서 Post-Doc. 연수
성균관대학교 초빙교수, 명지대학교 객원교수, 숭실대학교 초빙교수 역임
현재 숭실대학교 출강, 문학 박사

연구서 | 「Gregory VII의 교황주권론 연구」(숭실대학교 박사학위논문, 2003)
역　서 | 존 볼드윈, 박은구 공역, 『중세문화 이야기』(혜안, 2002)
공저(역) | 『중세 유럽문화의 이해』 I·II (숭실대학교 출판국, 2012), 『프랑스의 종교와 세속화의 역사』(충남대학교 출판원, 2013), 『중세 유럽의 사상가들』(숭실대학교 출판국, 2014)

유럽 중세교회의 향연 1

11세기 교황 그레고리우스 7세의 개혁을 중심으로

이영재 지음

초판 1쇄 발행 2020년 10월 20일

펴낸이 오일주
펴낸곳 도서출판 혜안

등록번호 제22-471호
등록일자 1993년 7월 30일

주소 04052 서울시 마포구 와우산로 35길 3(서교동) 102호
전화 02-3141-3711~2 / **팩스** 02-3141-3710
이메일 hyeanpub@hanmail.net

ISBN 978-89-8494-648-4 93920

값 28,000 원